老子義理疏解

楊穎詩 著

史 哲 學 集 成

文史哲出版社印行

國家圖書館出版品預行編目資料

老子義理疏解 / 楊穎詩著. -- 初版 -- 臺北
市：文史哲，民 106.08
　　頁；　公分（文史哲學集成; 700）
　　參考書目：　頁
　　ISBN 978-986-314-377-2（平裝）

1.老子　2.注釋

121.311　　　　　　　　　　106013069

文 史 哲 學 集 成 700

老 子 義 理 疏 解

著　　者：楊　　穎　　詩
出 版 者：文　史　哲　出　版　社
　　　　　http://www.lapen.com.tw
　　　　　e-mail：lapen@ms74.hinet.net
登記證字號：行政院新聞局版臺業字五三三七號
發 行 人：彭　　正　　雄
發 行 所：文　史　哲　出　版　社
印 刷 者：文　史　哲　出　版　社
　　　　　臺北市羅斯福路一段七十二巷四號
　　　　　郵政劃撥帳號：一六一八○一七五
　　　　　電話886-2-23511028・傳真886-2-23965656

定價新臺幣四八○元

2017 年 （ 民 一 ○ 六 ） 八 月 初 版

莊　序

　　《老子》是道家智慧的源頭，和儒家同為傳統思想的兩大流派，而道家關懷的起點是生命的自然，一切人類文明、制度文化的建立，必以自然為依歸，故帝王的功化天下，必至於「百姓皆謂我自然」(〈十七章〉)而後已，於物則物各付物，令天下萬物各歸其自己，在其自己，而如其自己地充分實現之，所以才說「無棄人」、「無棄物」(〈二十七章〉)。第一章便告訴我們「道可道，非常道；名可名，非常名」，指出人類所建構的制度文明，無論初設時多麼完備美善，一旦執著、保守，終將異化成自我否定。因此，自然、沖虛無為，是《老子》思想凝鍊的智慧，偉大的洞見。至莊子則銷融於主體的「自適其適」，無論是治國安民的王侯將相，或百工百業的庶民，都可在精神領域的逍遙自在的境界中各適其所適，達到意義上的平等。

　　《韓非子》以法術思想詮釋老子，雖不能說老子是法家，但是卻是受老子影響而流傳至戰國末年秦初的面相之一。降至漢代，淮南道家以氣化為根據理解老子，發展成治國的理論，嚴遵則是在氣化型態下，道家意志理論的展示。《河上公章句》則以養生為宗旨詮釋老子，司馬談更以道家籠罩各家思想，推為最優。司馬遷的史學，不能不說有很大成分屬於道家意識，兩漢的老子學滲透在政治、哲學及史學等思想領域中，義蘊是

很豐富的，值得發抉。

　　魏晉玄學興起，究其內涵其實就是道家思想在魏晉階段的開展，在這樣的氛圍下，文學、音樂、繪畫、書法和人物審美都得到突破性的進展，每個領域都開始喊出擺脫政治教化和現實功用的呼聲，已然意識到事物本身獨立的意義，而佛教也同時在這時期進入中土，藉著玄學，格義的思維，逐步吸收，至唐而盛，終於開出禪學的奇葩。時至今日，西學東漸，科學知識、藝術、宗教、種族、文化制度等相互衝擊，激蕩，是否能包容吸納，抑或排斥對立，端看能否有沖虛的心靈，而予以平等，相互尊重的對待，相忘的共處，這是道家賢哲留給後人的智慧，亦是經典存在的價值所在，其深義端在於後人能否抉發實踐。

　　經典中的智慧，是聖哲生命的結晶，託諸文字，世代流傳。而後人讀之，只是糟粕？抑是菁華？或死或活，能死能活，賢哲已遠，全在後人參之。雖然詮釋學的理論上說，不可能有絕對客觀原意的再現，又因間距的關係，每個人的理解都只是自家的理解。但是，總是可以索求相對客觀，嘉善的理解，何況，重複即創造，固然是立足於生命實踐的說法，畢竟也切中了人性中的某些共通點，古今一揆。因此，詮釋固然無法復原作者的原意，但也不致落入詮釋的虛無，視野的融合，參悟多少，端在乎讀者，賢者識其大者，不賢者識其小者，得者同於得者，失者同於失者，各開境界，大小高下多寡而已。

　　經典的閱讀，是每個文化傳統共同的現象，人類智慧傳承的方式，也是植入存在者基因的重要成素，這已經指出經典閱讀的意義。至於年代遠隔，內容的疏離，意義的湮沒，語言文

字的歧變，在在都需要正視它，解決它，裨使法輪常轉，意蘊長存，這是每個世代存在者責無旁貸的工作。穎詩從事學術研究，傳承經典的詮釋已經多年，累積了豐厚的學力和經驗。在撰寫《老子思想詮釋的開展》之後，復從事於《老子》文本義理的疏解。其綱目為道論、工夫論、境界論，其詮釋原則是依宗起教，以教定宗，其疏解章句的方式則依詮釋學循環，以大定小，以小向大，從章句到義理融通為一體，洽恰無礙。這是學術研究的基本考驗，非有水磨工夫不成，不放過任何一字一句，任何一個問題，和所謂流觀泛覽，僅得會意者實不相同。箇中滋味，唯親自操作者才能切知。

坊間語譯疏解者不乏同類型的著作，能嚴謹而又值得一讀者恐不可多得，這是一本值得推薦的好書。

莊耀郎 序於臺北龍淵寓所
2016.12

自　序

　　《老子》為道家思想源頭，文雖五千，簡明扼要，卻言近旨遠。《老子》對後世思想發展影響極深，先秦《莊子》、《韓非子》均受其影響，秦漢以還注疏者眾，兩漢嚴遵《老子指歸》以客觀氣化思想籠罩主體修養，其氣化宇宙論詮釋進路對後世解說《老子》道生的說法影響甚深；河上公《老子道德經河上公章句》從養生思想詮釋《老子》，其注本流傳之廣影響亦極其深遠；張陵《老子想爾注》以道教思想詮解《老子》，則為道教思想發展奠下基礎，開啟了道教思想詮釋《老子》的方向。魏王弼《老子注》從玄理貴無的一面開展政治理想境界，唐代成玄英《老子義疏》以重玄思想解《老》，王真《道德經論兵要義述》以兵家之言展開《老子》思想面向，杜光庭《道德真經廣聖義》為唐玄宗《御注》、《御疏》釋義則從三教合流疏解《老子》，陸希聲《道德真經傳》以性正情詮解《老子》，宋代多以儒釋老、明代常有援佛入老的情況，近人亦常結合西方哲學思想重新詮釋《老子》義理內涵，可見《老子》一書所開展的面向是非常繽紛多樣的。

　　正因後世詮釋不同，歷朝注疏本繁多，且各自有其思想脈絡，若採用不同注疏本的說法詮解《老子》，則容易造成各章自說自話，和整體思想內容不能相互呼應，繼而割裂《老子》思

想為若干個不相涉的內容，甚或導向自相矛盾的詮釋。若以《韓非子·喻老》之說詮解〈三十六章〉「將欲歙之，必固張之；將欲弱之，必固強之；將欲廢之，必固興之；將欲奪之，必固與之」，則成權謀術用之說，而與《老子》以自然為宗，以無為而無不為為法，所呈現無為而治的理想境界相矛盾。若以《淮南子·天文》「道始於一，一而不生，故分而為陰陽，陰陽合和而萬物生。故曰『一生二，二生三，三生萬物。』」的說法詮解〈四十二章〉「一」、「二」、「三」的義理內涵，勢必導致《老子》落入氣化宇宙論思想之中，與其重本體修養的工夫進路，以及由此工夫進路所呈現之精神境界亦不甚相應。即使王弼《老子注》被譽為善注，以其說解《老》亦有不盡相合之處，王弼以「無」等同於道，刊落「有」的形上義詮釋《老子》道論，則不見《老子》相對積極成全萬物的一面，僅見其讓開成全的思想面向。因此，檢視歷代以集注的方式兼取眾人說法來詮解《老子》，未必都是較好的詮釋。

　　《老子》思想乃生命的學問，以實踐自然價值意義為主，凡是實踐進路的哲學思想，必定離不開「宗趣」與「教路」。思想宗趣又可分論為道論與境界論，道論是指實踐的根據方向，境界論則為實踐此根據後所呈現的內聖外王狀態；依此宗趣而起的實踐方式是謂教路，即工夫論。道論、工夫論及境界論三者並非不相干的內容，而是三個不同層次，相互照應、彼此相融的立體構造。為了避免詮解《老子》時造成割裂文本內容，形成各章相互矛盾的歧異現象，本書以「依宗起教，以教定宗」的方式詮釋《老子》思想，將八十一章分為道論、工夫論及境界論三個層次注釋、翻譯及疏解義理。消極而言，則能避免詮

釋陷入割裂文本、相互矛盾的困境；積極來看，則可建構《老子》思想體系、凸顯其哲學特色，釐清後世詮釋的不同說法，明辨各家義理分際。本書採用文本以王弼本為主，間亦參考出土文獻、歷朝不同版本的說法，透過比較說明，從《老子》文本演變呈現思想發展轉折，並澄清其思想宗趣，建構其思想體系。

　　章句注釋、白話翻譯、義理疏解，是詮釋者與文本之間最真誠的對話，亦是研究文本的重要功課。此書緣起於撰寫博士論文的過程中的一些讀書心得，基於學位論文篇幅所限未能完整呈現，因而另著新書。此書得以完成，首先得感謝莊耀郎老師在學術研究路上的指導，撰寫過程雖短，但每有難解疑義或新解時，老師總是適時指點，提供不同思考向度讓我斟酌思量。唯有勤勉向學，以此為報。其次，博士論文口試委員劉錦賢、江淑君、周大興、高柏園諸位老師提供的審查意見，啟發了我更深入討論說明《老子》章句義理，在此一併感謝。博士論文《老子思想詮釋的開展－－從先秦到魏晉階段》得以修訂，並與此書先後付梓，均屬本人近年研究《老子》及其後學的研究成果，還望出版以後，得到海內外方家的指正。

楊穎詩序於臺北
2017.01

老子義理疏解

目　次

第一章　緒　論

一、《老子》作者及成書時間

（一）《老子》的作者

　　關於《老子》一書作者，自漢朝起，一般採用《史記》「老子乃著書上下篇，言道德之意五千餘言而去」的說法，[1]認為《老子》乃老聃出關前所著。《史記》所言與今本《老子》五千言，分上篇〈道經〉，下篇〈德經〉，內容以討論道德為主的情況相符，今本《老子》義理思想亦與《史記》所言「李耳無為自化，清淨自正」相合，[2]可見老聃應為《老子》一書的作者。

　　及至唐宋以後疑經風氣盛行，加上儒道論爭，便開啟對《史記》所載《老子》是否為老聃所著的疑問。二十世紀初古史辨運動的興起，對於《老子》其人其書，特別是其書作者、成書年代起了激烈爭辯，主要說法收於顧頡剛編的《古史辨》第四、第六冊當中。至今對於《老子》作者仍沒有一致的定論，有的

1　瀧川龜太郎：《史記會注考證》（臺北：文史哲出版社，1993），頁854。
2　見《史記會注考證》，頁855。

認為《老子》乃老聃自著，在流傳過程中被增刪修改；有的認
為《老子》一書由老子口述，門人記錄而成；有的則認為《老
子》一書並非老子或老子及其門人所作。

　　眾說紛紜，從近年出土文獻來看，今本《老子》顯然是經
過後人整理而成，然而《老子》的主要內容、大部分內容應為
老子本人所作，只是在流傳過程被後人修改增刪而成今本所見
之《老子》。

　　今本所見的《老子》具有完整的思想脈絡，一貫的義理宗
趣，即使將來有新的出土文獻資料，證明《老子》一書非一人
一時一地之作，仍無損《老子》一書的整體意義。唐君毅先生
亦曾指出「不可因此而謂老子一書，唯是十口相傳之老人言之
集結，無一貫宗旨之著。而吾人縱假定此書為群言之集結，編
之成書者，亦必有其融鑄之匠心。則吾人於此書所陳之諸義，
自不能不求有一貫之解釋，以求契合於編之成書者之用心。此
中吾人所需之工夫，亦將與視老子為一人一手之所著者，無大
差異。」[3]從今本《老子》內容可見，不論為何人所作，既不影
響其思想脈絡之一貫，亦無損其體系之完整。

（二）《老子》成書時間的蠡測

　　《老子》成書時間可從先秦典籍、出土文獻兩方面的內容
推敲。第一，先秦典籍如《莊子》、《荀子》、《呂氏春秋》、《韓
非子》已多處引用或批評《老子》的思想內容。從《莊子》外

---

3 見唐君毅：《中國哲學原論》導論篇（臺北：臺灣學生書局，2004），頁386。

雜篇援引《老子》一書內容並常提及老聃的情況可見，《老子》
成書應在《莊子》之前，且在《莊子》成書之前已開始流傳。
第二，已出土之《老子》文獻，有郭店楚墓竹簡《老子》（簡稱
「竹簡本」）、馬王堆漢墓帛書《老子》（簡稱「帛書本」）以及
北京大學藏西漢竹書《老子》（簡稱「漢簡本」）。[4]能成為陪葬品
必須經過著書成冊、廣泛傳抄等階段，以當時資訊流通的狀況
考察，都必須經過一段頗長的時間，方可能廣泛流傳。竹簡本
在湖北，帛書本自湖南，漢簡本屬長江流域，其中以竹簡本最
古，當屬戰國中期偏晚的產物，從出土文獻流傳之廣來看，《老
子》成書下限不可能晚於戰國初期。因此，從先秦典籍所引內
容，以及出土文獻資料推估，《老子》成書可能在春秋末期至戰
國初年。

二、《老子》的版本

《老子》成書後，於兩千多年流傳的過程中，出現了不同
的版本。劉笑敢對於《老子》版本歧變現象，曾有深入的分析
說明，認為《老子》版本的歧變可分為兩種，一為無意識歧變，
二為有意識歧變。無意識歧變又可分為兩種，一是疏忽性歧變，

---

4 本書所引竹簡本主要根據荊門市博物館編：《郭店楚墓竹簡》（河北：文物出版
　社，1998）整理之簡文、釋文。帛書本則根據馬王堆漢墓帛書整理小組編：《馬
　王堆漢墓帛書老子》（河北：文物出版社，1976）整理釋文，亦參考後來學者
　之釋讀、釋文的說法。漢簡本根據北京大學出土文獻研究所編：《北京大學藏
　西漢竹書》貳（上海：上海古籍出版社，2012）整理釋文。

即錯抄、漏刻、粗心引起的歧變；二是習俗性歧變，即異體字、通假、因方言習俗不同引起的歧變。相對於無意識歧變，有意識歧變則是編校者、抄寫者有意識修改加工造成的，又可分為二類，一為獨斷性歧變，乃編校者個人不顧其他版本的不同，而堅持改造原文的行為；二為改善性歧變，乃編校者有一種改善原本的意願，或受一些共同的理解和原則所支配，逐步修改古本，使文句逐步趨向整齊、一致，思想逐步集中、強化的演化現象，諸如對文本分章、加標題，增刪原文虛詞以求句式整齊，重複章節以強化文本一致性等現象。[5]

今傳最早解《老》者，為先秦《韓非子》之〈解老〉、〈喻老〉，自兩漢起對《老子》作注疏章句者繁多，歷代更不乏集釋、校斟者，唐以後，河上公本和王弼本流傳最廣，至今二者仍屬最普遍的《老子》版本，因而被稱作「通行本」或「今本」。相對於通行本，唐・傅奕（555-639）校輯的古本《老子》，即為帛書本、竹簡本、漢簡本出土前最古本的《老子》。以下分別簡要介紹竹簡本、帛書本、漢簡本、傅奕本、河上公本及王弼本《老子》的特色。

（一）竹簡本

竹簡本《老子》，1993 年 10 月出土於湖北荊門郭店一號楚墓，發掘後經學者推斷該墓葬年代在戰國中期偏晚，約西元前

---

5 劉笑敢：《老子古今：五種對勘與析評引論》（北京：中國社會科學出版社，2006），頁 4-42。

四世紀的末期，即不晚於西元前 300 年。[6]

竹簡本《老子》抄寫在長度和形制不同的竹簡上，是迄今為止所見年代最早的《老子》傳抄本，其絕大部分文句與今本《老子》相近或相同。竹簡本順序與帛書本或今本完全不同，更無「道經」、「德經」的分篇情況。整理者將《老子》簡分為甲、乙、丙三組，同為篆書，然而三組字體、字間距離各不相同，應屬各自抄寫、編連成冊。每章之末多有方形墨釘或短墨綫作為分章標誌。甲、乙、丙三組文本，均為摘抄本，而非足本。甲組現存竹簡 39 枚，共 1090 字；乙組現存竹簡 18 枚，共 389 字；丙組現存竹簡 14 枚，共 270 字，這三組簡本保留的《老子》章句，大約是今本的五分之二。甲組年代稍早於乙組和丙組，乙、丙兩組與帛書本及通行本差別較少，但整體來看竹簡本在分章和文字內容與今本有不少差別。

在郭店楚墓文獻中的〈太一生水〉，或被認為屬《老子》的部份內容，李學勤指出簡本《老子》增多〈太一生水〉的內容，認為〈太一生水〉等文字，雖不見於傳世本，但就簡本而言，實與《老子》不能分割。又認為簡本《老子》丙原應有二十八支簡，包括今傳所見《老子》和〈太一生水〉等內容。[7]〈太一生水〉與三組《老子》同被荊門市博物館整理小組列為道家著作，而與〈緇衣〉、〈五行〉、〈性自命出〉、〈六德〉等十幾種儒家著作區隔開來，然而是否即能將〈太一生水〉視作《老子》的內容，則宜分別討論。丁四新、陳麗桂均認為〈太一生水〉

---

6 彭浩：〈郭店一號墓的年代與簡本《老子》的結構〉，《道家文化研究》17（北京：三聯書店，1999），頁 15。
7 李學勤：〈太一生水的數術解釋〉，《道家文化研究》17，頁 297。

的思想脈絡與《老子》不同，故非《老子》的一部份內容，而是另一系道家思想的傳本。[8]除此以外，〈太一生水〉不見於帛書本、漢簡本、傅奕本等古本之中，亦不見於嚴遵本、想爾本、河上公本與王弼本之內，更未見後世注疏《老子》中有所討論，故不擬將〈太一生水〉納入《老子》當中討論。

（二）帛書本

帛書本《老子》，1973 年 12 月出土於長沙馬王堆三號漢墓，分甲本、乙本兩種，為漢初抄本。

甲、乙兩本不同在於：一、有無尾題之別：乙本上篇尾題為「德　三千三十一」，下篇尾題為「道　二千四百二十六」，〈德〉在前，〈道〉在後，並標示每篇抄寫字數；甲本文章次序與乙本相同，但無尾題。二、分章標誌不同：甲、乙兩本均連續抄寫，乙本沒有任何分章標誌，甲本在〈德〉篇的少數段落之前殘留有十九個圓形墨點，〈道〉篇僅有篇首一個墨點，多數墨點位置與今本分章一致，章序與傳世本不盡相同。三、句型用字不同：甲本多用古字，乙本用今字。甲、乙本在經文句型、虛詞及其所用古今字、假借字等均有差別，全書用字差別約有二百餘處，可見甲、乙本來源不同，乃漢初兩種不同古本。四、關於字詞避諱：甲本不避「邦」字諱，乙本則避「邦」字諱，改為「國」字，而不避「盈」、「恒」字，因此二者抄寫時代或許有所不同。

8　國內外學者對於〈太一生水〉與《老子》關係的說法整理，可詳見陳麗桂〈〈太一生水〉研究綜述及其與《老子》丙的相關問題〉，《漢學研究》23：2，2005.12，頁 425-427。

五、抄寫方式不同：甲本字體介於篆書和隸書之間，乙本則以隸書抄寫，由此可推斷甲本抄寫時代應在乙本之前。六、抄寫時間不同：甲本抄寫年代可能在西元前 206－前 195 年，高祖時期；乙本抄寫年代稍晚，可能在西元前 179－前 169 年之間，文帝時期。

從整體來看，帛書本與通行本的章次、順序，大體一致。帛書本稍有不足之處，在於不僅有衍文脫字、誤字誤句，而且使用假借字也不甚慎重。帛書本雖非善本，然而甲、乙本同為古本，於勘校今本、訂正訛誤來說，均有一定價值。[9]

（三）漢簡本

2009 年初，北京大學接受捐贈，獲得一批從海外回歸的西漢竹簡，從漢簡本文字中沒有找到足以判斷其抄寫年代的直接證據，僅在一枚數術類竹簡上發現有「孝景元年」紀年。[10]書體

9 高明指出帛書本為當時一般的學習讀本，皆非善本。見高明：《帛書老子校注‧序》（北京：中華書局，2011），頁 5。

10 關於以避諱判斷漢簡年代的說法，學界持有不同意見，第一種意見認為無法用避諱字進行斷代，如韓巍認為漢代避諱不嚴，指出漢簡《老子》除了「邦」字皆寫作「國」字以外，「盈」、「恒」、「啟」、「徹」等字，即漢惠帝、文帝、景帝、武帝之諱皆不避，因此排除了用避諱方式推測漢簡本成書年代。見《北京大學藏西漢竹書〔貳〕‧西漢竹書《老子》的文本特徵和學術價值》，頁 208-209。來國龍亦指出秦漢時期官府文書避諱較為嚴格，私人藏書則較為寬鬆，因此難以用避諱字來推斷其抄寫年代。見來國龍：〈避諱字與出土秦漢簡帛的研究〉，《簡帛研究 2006》（廣西：廣西師範大學出版社，2008），頁 126-133。第二種意見則持相反之說，認為應參考避諱情況來判斷漢簡《老子》成書時期，如王中江即指出帛書《老子》、銀山漢簡和張家山漢簡均有避諱現象，不能「簡單地以漢代避諱不嚴來解釋」不避「盈」、「恒」、「啟」、「徹」等字的現象，因此推斷成書當在惠帝和文帝之前。見王中江：〈北大藏漢簡《老子》的某些特徵〉，《道家文化研究》27（北京：三聯書店，2013），頁 78-82。

為成熟漢隸，抄寫年代主要在漢武帝後期，下限不晚於宣帝。[11]

漢簡本是繼馬王堆帛書甲乙本、郭店楚簡本之後，第四個簡帛《老子》古本，且為簡帛古本中保存最為完整的版本。現存完整、殘斷竹簡共 281 枚，其中完整及接近完整的竹簡 176 枚，殘斷簡 105 枚。與帛書本一樣，同分兩篇，且先後次序一致；不同者在於帛書以「德」、「道」為篇名，漢簡本以「老子上經」、「老子下經」為篇名，於簡二（即〈德經〉第一章的第二簡）、簡一二四（即〈道經〉第一章的第一簡）背面上端分別提有「老子上經」、「老子下經」四字。《老子上經》（即今本〈德經〉）損壞較為嚴重，《老子下經》（即今本〈道經〉）保存相對完好，篇末均有「計字尾題」記有全篇字數。[12]《老子上經》計字尾題為「・凡二千九百卅二」，《老子下經》計字尾題為「・凡二千三百三」，計字尾題前均有「・」此圓形墨點作為提示符，且所記字數並沒有將重文計算在內。

漢簡本分章多與今本相同，且保存了完整的篇章結構。每章均另起一簡來抄寫，章首有圓形墨點「・」作為分章提示符號，章末留白，分章情況情況一目瞭然。《老子上經》分四十四章，與今本〈德經〉分章相同；《老子下經》分三十三章，較今本〈道經〉少四章，全書共分七十七章，多與今本相同。

---

11 韓巍指出北大簡與西漢早期的張家山二四七墓及馬王堆漢墓出土的簡帛中近於秦隸的書體有明顯區別，與下葬於武帝早期的銀雀山漢墓出土的竹簡書體相比亦顯稍晚，與宣帝時的定州八角廊漢墓出土的竹簡文字相比仍略顯古樸，因此從書體特徵並結合對全部竹書內容的分析，推測這批竹書抄寫年代主要在漢武帝後期，下限不晚於宣帝。見《北京大學藏西漢竹書〔貳〕·前言》，頁 2。

12 「計字尾題」的說法由陳夢家提出，見陳夢家：《漢簡綴述》（北京：中華書局，1980），頁 303。

　　整體而言，因其抄寫時間較竹簡本、帛書本晚，雖與傳世各本仍存有很多差異，然而卻為最接近傳世本的出土簡帛古書。對於了解《老子》文本定型化的過程，起了很大的作用。

　　值得注意的是，漢簡本《老子》全文內容自 2012 年 2 月北京大學出土文獻研究所出版《北京大學藏西漢竹書》（貳），公佈西漢竹書《老子》完整資料後，有學者質疑漢簡本之真偽，陳錫勇指出「西漢竹簡，海外歸來，其中文獻涵蓋《漢書‧藝文志》『六略』中各大門類，此簡如是一人所有，則此簡原主當是碩學之士，又抄寫者書體清秀飄逸，則《老子》簡抄寫不當訛誤如許。」[13]朱歧祥則透過大量舉證質疑漢簡本之真偽，認為漢簡《老子》每章文句，或用字或成詞或語法，無一章例外地同時兼見於諸簡帛本和傳世文獻版本之中，從整體來看，北大漢簡本確是「一分采於地下簡帛本和傳世文獻諸本作為底本的綜合《老子》底本」，難以用「多元複雜」一詞來解釋清楚相關情況。七十七章絕無例外的逐一連接簡帛本和傳世本的異同，實在過於完美無瑕，代表了漢簡本的抄手在謄抄《老子》時是有充分機會接觸到不同的早晚諸版本，且復在其中有逐字逐詞交錯挑選，甚至故意選擇錯誤字例的可能，故在同章同句中能夠包涵諸版本的異同。這種現象置諸西漢初期時的單純而工整的抄寫《老子》一書，在情理上是很難理解的，若判斷為今人作偽的成果，便是一次絕妙的安排。[14]朱氏更指出若抄寫者有能力對照諸《老子》版本，但書寫過程中竟會出現許多誤字、轉用同意、同音字等刻意的獨特狀況，和甚至選擇不少理解較差

13　見陳錫勇：〈讀漢簡《老子》雜記〉，《鵝湖學誌》51，2013.12，頁 182。
14　朱歧祥：〈由字詞的應用質疑北京大學藏《老子》簡〉，《中國文字》新 41，2015.7，頁 3-4。

的用字，真是讓人費解；又認為逐字詞選錄不同古今楚秦版的綜合體，發生於西漢時期，是很難想像的「盛事」，由是懷疑漢簡本《老子》的真實性和學術價值。[15]漢簡本資料公開至今約有四年，相關研究成果不多，若謂漢簡為後人所作，似乎還需要更充分證據說明，始能定奪。前述學者的質疑或釋義等說法亦可備一說，作為參考詮釋的一途。

（四）傅奕本

唐初傅奕校定的古本《老子》，稱為傅奕本，今存正統《道藏》之中，為明朝刻本。傅奕本為校勘本之《老子》，乃據北齊武平五年（574 年）彭城人開項羽妾冢所得之《項羽妾本》、北魏太和中道士寇謙之所傳的《安丘望之本》、北齊處士仇岳傳的《河上丈人本》校勘而成，是唐代根據九個版本對校加工而成的古本，全書分為八十一章，每章之後注明章次和字數，凡五千五百五十六字，體例與今本同，〈道經〉在前，〈德經〉在後。傅奕本雖然根據了幾個古本校對而成，保存了不少古字詞句，然而在流傳過程中，亦可能曾經改動，有不少訛衍之文、脫文倒置等問題，當亦非《老子》的原貌。

（五）河上公本

河上公本屬漢代版本，相傳為河上丈人所注《老子》的文本，在東晉以來神仙道教的發展的影響下，廣泛流傳。

---

15 同上注，頁 21，29-30。

　　自漢及今，經多次增補刪損，故今日所見之河上公本已非漢代舊貌。唐初《河上公章句》的經文字數就有四種不同傳本，如唐・陸德明（？550-？630）《經典釋文》所引《河上公章句》，就有所謂「河上本」與「河上一本」的區別。又據南宋・謝守灝（1134-1212）《混元聖紀》卷三稱：唐初傳奕考覈《道德經》眾本，勘數其字，河上丈人本，齊處士仇家傳，有五千七百二十二字；河上公本，有五千五百五十五字，或五千五百九十字。又據唐・成玄英《老子道德經開題序訣義疏》稱：河上公本《道德經》較五千文本多五百四十餘字，可見唐初河上公本的經文字數便有四種不同傳本。

　　唐代傳本各章並未見逐章有標題，今傳河上公本所見的標題或始於宋代，每章以二字概括全章章旨以作標題，如「體道第一」、「養身第二」、「安民第三」等，凡八十一章。

（六）王弼本

　　王弼本乃三國・魏・王弼（226-249）注《老》所據的版本，但今傳王弼注的《老子》文本，乃唐宋以後通行的版本，已與魏晉時期的文本有所出入。南宋・范應元於其《老子古本道德經集註》逐章校注，以明王弼注《老》的底本與古本多有相合處，然而范氏所言之古本並非竹簡本、帛書本或漢簡本。[16]陳錫

---

[16] 范應元所言「王弼與古本同」者之「古本」並非指竹簡本、帛書本、漢簡本，如今傳王弼本〈三十九章〉之「是以侯王自謂孤寡不穀」，范應元作「是以王侯自稱孤寡不穀」，並謂「王弼同古本」，見范應元著，黃曙輝點校：《老子古本道德經集註》（北京：中華書局，2010），頁72。范應元之說與帛書本相較，今傳王弼本反與帛書本相同，而不同於范應元所言之古本，可見范應元之「古本」，並非竹簡本、帛書本、漢簡本之古本。

勇曾作〈《通行本》非《王弼注本》原文〉一文，力陳今傳王弼本之《老子》文本已非魏晉時期的文本。

今傳王弼本分為上下兩篇，凡八十一章，並無標題，僅標章數。然而北宋・晁說之（1059-1129）曰：「弼題是書曰道德經，不析乎道德而上下之，猶近於古歟。」[17]明・薛蕙（1489-1541）曰：「老子書，舊分八十一章，或謂出河上公，或以為劉向所定著。然皆無所考，大氐其由來遠矣。故諸家註本多從之。王輔嗣、司馬公本雖不分章，迺其注意實與分章者相合。」[18]可見北宋時王弼本尚未分上下經，亦未分章，及至明代亦無分章之說。誠如劉笑敢所言「越是流傳廣、通行久的版本，其演化越多，距離原貌越遠；倒是不大流傳的傳世古本比較接近古本舊貌。」[19]縱然今傳王弼本的《老子》文本與王弼時所見之《老子》於文字表達上略有不同，後世仍習慣稱今傳王弼本之《老子》文本為「王弼本」。

可見今傳河上公本、王弼本應晚於唐代定稿的傅奕本。從竹簡本、帛書本、漢簡本到嚴遵本分章情況不一，篇名章題或有或無，竹簡本、帛書甲本即無篇名或章題，帛書乙本即有「德」、「道」為篇名，漢簡本則有「老子上經」、「老子下經」為篇名。即使同有章題，亦有所不同，今傳嚴遵本分為七十二篇，取每篇首句數字作篇名，如「上德不德篇」、「得一篇」、「上士聞道篇」；河上公本分八十一章，以概括各章內容的二字作為

---

17 王弼：《老子註》（臺北：藝文印書館，2001），頁2。

18 薛蕙：《老子集解・下》〔明嘉靖十五年刊本景印〕，《無求備齋老子集成初編》（臺北：藝文印書館，1965），頁41A。

19 劉笑敢：《老子古今：五種對勘與析評引論》，頁3。

章名，如「論德第三十八」、「法本第三十九」、「去用第四十」。從無篇題章題，到分篇分章，並取首句為題，再到統一以二字為標題，是《老子》文本規範化的演變過程，使《老子》體例更為一致，為有意識地改善文本的一種表現。其他如刪減虛詞以求句式整齊，亦屬常見，如河上公本、王弼本與出土文本相較，則已大量刪減虛詞。除此以外，《老子》編者遍及各地，或受其地區文化、方言影響，使其用詞不同，如竹簡本自湖北、帛書本自湖南、漢簡本自長江流域、嚴遵本自四川、河上公本自山東、王弼本自河南。歷經長年的演化過程，以及歷朝歷代的文本校勘、編校加工，而形成今日所見的各種不同版本。

校勘《老子》原文，使版本不斷發生歧變，這種情況至今不絕，如樓宇烈《老子道德經注校釋》、蒙文通《《老子》王弼本校記》、王卡《老子道德經河上公章句》、王德有《老子指歸》、樊波成《老子指歸校箋》、陳鼓應《老子注譯及評介》等。或為恢復《老子》古本面貌，或為順通章句文意而校改文本。然而校改文本，動輒更易原文字詞、調動章句，未必就能恢復《老子》面貌，即使能恢復出土竹帛本的面貌，也未必就能順通文意。編校者有意識地修改文本，或會淪為「獨斷性歧變」，正如清‧張爾岐（1612-1678）所言：「注《老子》者，人人胸中皆有一《老子》。」後來校改《老子》的人，亦各有其《老子》於胸中。[20]

兩千多年來《老子》傳本雖多，文字內容各有差異，但不同版本的《老子》其義理宗趣仍然是一致的，即總不離「無為

---

20 見蒙文通：《道書輯校十種》（成都：巴蜀書社，2001），頁258。

而無不為」的道家義理性格，以及其道化政治理想的論學宗趣。[21]將來或許還會有較竹簡本更早的《老子》書出土，但出土文獻，只能讓後人了解早期《老子》面貌，論其價值總是歷史意義大於內容意義，因為出土《老子》對通行本《老子》的義理架構並無多大影響。袁保新曾指出「考據上就是證明某些章句是後人添補上去的，但在思想面上看，也未必就證明了《道德經》思想成分的異質性。……但是今本《道德經》，大概從魏晉以後，就被視為一部『完整』的經典，卻是中國哲學史上鐵案如山的『事實』。」[22]誠如袁保新所言，今本《老子》自魏晉以後流傳千餘年，自身已成為一部體系「完整」的經典之作，流傳過程或經輯校修改，亦必有編修者匠心之融鑄，當視之為一部思想一貫的系統之作。

若從版本最古與近今的《老子》作比較，便可證明袁保新的說法：竹簡本與帛書本、漢簡本、今本《老子》最為不同的地方，主要是虛詞的增刪，句式整齊化等轉變，唯獨竹簡本「**䋝**智弃卞」章與帛書本、今本《老子》〈十九章〉歧異較大，也因此曾經引起學術界廣泛的討論，論者往往以竹簡本作「**䋝**智弃卞」、「**䋝**偽弃慮」與今本作「絕聖棄智」、「絕仁棄義」為爭論點。然而細究其意便能發現，竹簡本與今本棄絕內容雖異，但泯除心知執著的旨趣則同，從義理性格來說，仍屬《老子》無為而

21 所謂道化政治是相對於德化政治而言，道化政治是以道家自然無為之道作為最高的思想原則來治理天下；德化政治則是以儒家仁義之道作為最高的思想原則來治理天下，二者有著不同的宗趣指向，相關論說，詳見牟宗三：《政道與治道》（臺北：臺灣學生書局，2003），頁 27-37。

22 袁保新：《從海德格、老子、孟子到當代新儒學》（臺北：臺灣學生書局，2008），頁 263。

無不為之義理性格。[23]

　　後世研究《老子》者，或因出土文獻而對文本作出修訂，姑勿論修訂之內容為何，大體也沒有對《老子》義理性格方向作出改變性的影響。然而，透過不同版本的比較，可以隨著各本採用字詞的演變，推敲文意，並豐富《老子》的詮釋內容，亦可以見證每個時代詮釋者的關懷面向。

三、編寫體例

　　下文先說明本書所採用的底本，再從疏解《老子》義理的章節排序，說明本書編寫體例。

（一）採用底本

　　文本歷經久遠的流傳演變，而形成今日所見的面貌，自有原因，且多屬「改善性歧變」。詮釋文本時，或許因為「時間距離」（Zeitenabstand），即由於文本與詮釋者之間的歷史距離所造成不可消除的差異，或許因為文本與詮釋者之間，各自有其不同的前見，自然有不同的「視域」（Horizont）使詮釋者不能順通文本文意，而隨意更易文本，使文本產生「獨斷性歧變」。在這種情況下，便會造成「人人胸中各有一《老子》」。若注《老》、

---

23 竹簡本與今本〈十九章〉義理內涵的異同，詳細論述見本書〈十九章〉之義理疏解。

解《老》者均隨意更易文本,則《老子》流傳不消一代,便被修改得面目全非,因此,非不得已,實在不宜隨意更易文本。

　　本書所用底本以通行本為主,通行本《老子》又有河上公本與王弼本之別,二者差異雖不若出土文本與今本之大,然而確實有著明顯不同。朱謙之指出「今案《老子道德經》舊本,流傳最廣者,有河上公、王弼二種。河上本近民間系統,文句簡古,其流派為景龍碑本、遂州碑本與敦煌本,多古字,亦雜俗俚。王本屬文人系統,文筆曉暢,其流派為蘇轍、陸希聲、吳澄諸本,多善屬文,而參錯己見,與古《老子》相遠。自開元《御注》本出,因時世俗尚,依違於河上、王弼二本之間。……然則言舊本者,嚴遵與傅奕尚矣。嚴遵本與河上本相接近,傅奕則為王弼本之發展,此為《老子》舊本之兩大系統。」[24]王弼本與河上公本,屬不同系統的版本,則為顯然易見,朱謙之又指出「惟在河上、王弼二注俱行之中,河上相傳已久,王注則多後人所改。」[25]若比較二者優劣,認為王弼本劣於河上公本者六:一、河上所用文字較古,如〈五十七章〉「我無欲而民自樸」,「樸」字河上本作「朴」,景龍、敦煌均作「朴」。(案:從帛書、漢簡本可見,均從「樸」。)二、河上本於義為優:如〈三章〉「使心不亂」,王弼本「心」上有「民」字,贅。(案:帛書甲、乙本皆有「民」字。)〈九章〉「功成、名遂、身退」,王弼本「名遂」二字缺。(案:竹簡本、帛書本、漢簡本均無「名遂」二字。)〈五十一章〉「長之育之」下,王本作「亭之毒之」,嚴本與河上公本均作「成之熟之」。(案:帛書乙本與王弼本同,帛書甲

24 朱謙之:《老子校釋‧序文》(北京:中華書局,2011),頁1。
25 同上注引書,頁2。

本作「亭之口之」，漢簡本則作「亭之孰之」。）〈十三章〉河上公本「何謂寵辱？寵為上，辱為下」，王弼本作「何謂寵辱若驚？寵為下」。（案：竹簡本、帛書本、漢簡本均無「寵為上」句，除了異體字的不同外，出土本均與王弼本同。）三、河上本合韻：〈十五章〉河上公本作「儼兮其若客」，王弼本作「儼兮其若容」。（案：王弼本「容」字，竹簡本、帛書本、漢簡本，均作「客」。）四、河上公本與嚴遵本、景龍本、遂州碑本多相合，至敦煌發現之六朝唐寫本，則為河上公本之古鈔本。五、河上公本較王弼本為早：如〈五十五章〉河上公本「毒蟲不螫」，王弼本作「蜂蠆虺蛇不螫」，此六字乃河上公注，王本誤以河上公注羼入，為王弼本後於河上公本之鐵證。（案：竹簡本作「蟲蠆蠆它弗蘁」，帛書甲本作「逢𤟮蠍地弗螫」、乙本作「蠡蠣虺蛇弗赫」，漢簡本作「鏨蠆蚖蛇弗赫」，王弼本似乎更近古本。）六、王弼本多脫文：如〈四十六章〉，河上公本有「罪莫大於可欲」句，嚴遵本、傅奕本及《韓非子・解老》同，王弼本無此句。（案：竹簡本、帛書本、漢簡本，也有此句，王弼本則缺。）〈四十九章〉「聖人皆孩之」上，河上公本有「百姓皆注其耳目」句，王弼本誤脫。（案：帛書本、漢簡本，亦有此句，王弼本則缺之。）[26]

　　朱謙之認為河上公本優於王弼本之說，是在帛書本出土前得出的結論，在帛書本、竹簡本、漢簡本相繼出土以後，則認為河上公本用字較古、於義為優、較王本為早等說誠可商榷；河上公本與嚴遵本、景龍本、遂州碑本多相合，至敦煌發現之

---

26 同上注引書，頁 2-3。引文中案語為筆者語。

六朝唐寫本，謂之為古鈔本，亦可再議，因為後來出土的帛書本、竹簡本、漢簡本，均較朱氏所列舉之古本成書更早。至於河上公本較為合韻、王本多脫文之說，從朱謙之所舉的例證來看，則屬事實，然而於八十一章來說實屬少數。綜觀王弼本內容，實多與出土文本相合，而河上公本則由於兩漢以後廣泛在民間流傳，演化日多，因而以王弼本為底本，[27]並參考竹簡本、帛書本、[28]漢簡本、傅奕本、河上公本的說法，作隨文注釋、疏解義理。[29]為免造成文本「獨斷性歧變」，僅有在王弼本與出土文獻及傅奕本均不相同，而他本用字能勝於今本的時候，始依他本更易王弼本的《老子》文本。以下則舉例簡要說明，面對王弼本與他本文本不同時，所處理的情況。[30]

1.並非所有版本的不同均在注釋說明

若不影響義理內容的字句，則不擬多作說明。如〈十七章〉王弼本「功成事遂」，帛書本、漢簡本作「成功事遂」。王弼本「百姓皆謂我自然」之「謂」，竹簡本、漢簡本、傅奕本作「曰」，帛書本作「胃」，類此則不多作說明。

2.從王弼本而不從他本

---

27 本書所引《老子》及王弼注《老》、〈老子指略〉原文均自樓宇烈校釋：《王弼集校釋》（北京：中華書局，1999），標點或經筆者重新點斷，而不另作說明。
28 若帛書甲乙本相同，則只稱「帛書本」，若當中一者有缺，則會明確指出「帛書甲本」或「帛書乙本」。
29 承前文《老子》版本中「漢簡本」所論，學界質疑漢簡本為後人所作，或為偽作，然而本書所論，並不以漢簡本為底本，僅以漢簡本為其中一項參考內容，即使日後有更多證據能斷定其為偽作或晚出於今本，仍無損《老子》一書的義理內涵，及其宗趣。
30 詳細論述見該章義疏。

（1）他本與王弼本用字不一，而不影響義理內容，則從王弼本。如〈二十六章〉「是以聖人終日行不離輜重」之「聖人」，帛書本、漢簡本、傅奕本均作「君子」，河上公本、王弼本作「聖人」則從王弼本。〈二十九章〉「或挫或隳」之「挫」，帛書甲本作「杯」，乙本作「陪」，漢簡本作「怀」，傅奕本作「培」，河上公本作「載」。「挫」與「隳」其文意亦應相對，若「隳」有落下、墮下之意，則「挫」應有安立、承載之意。不論「挫」、「培」、「載」皆可與「隳」相應，由於三字對前後文意的理解、義理脈絡的詮釋影響不大，故從王弼本之說。〈三十章〉「善有果」三字竹簡本、帛書本、漢簡本、傅奕本、河上公本均作「善者果」，由於文意影響不大，例從王弼本。

（2）他本與王弼本用字雖不一，而義理內容不衝突，則從王弼本。如〈四十九章〉「無常心」，帛書乙本作「恒无心」、漢簡本作「恒無心」。傅奕本、河上公本、王弼本均作「無常心」。恆無心，即常無心，因聖人常能保持無心，故能以百姓心為心，此是一說。無常心，即無有固定不變的心，能虛應萬變，故能以百姓心為心，此亦成一說。二者義理內涵並無衝突，今從王弼本。〈五十七章〉「法令」之「令」，竹簡本、帛書乙本、漢簡本、河上公本均作「物」，傅奕本與王弼本同作「令」。法物即法之事也，與法令相通，今取王弼本之說。

（3）文句增刪或字詞增刪，若不影響義理內涵，則從王弼本。如〈二十三章〉「從事於道者，道者同於道」，帛書本、漢簡本均作「從事而道者同於道」，傅奕本、河上公本、王弼本均重出「道者」二字，由於重出「道者」二字不影響義理內容，從王弼本。〈七十三章〉「是以聖人猶難之」，王弼本、河上公本

均有此句，而嚴遵本、帛書本、漢簡本無此句，例不刪原文。〈五十章〉「人之生動之死地」，帛書本於「生」字下有重文符號，傅奕本亦言「民之生生」，漢簡本則言「民姓生」；河上公本、王弼本則作「人之生」。出土本、傅奕本重言「生」，其義為人執著於護養生命，則一動就走向死地；今本言「人之生」，其意為人的生命只要一動，就走向死地。前者著重於執有其生而言「生生」，相應於下文「以其生生」之說；後者就生命動向而言，凡有所動、有所指向，就有走向死地、窮途的可能，再從「夫何故」引申出「生生之厚」的弊病。二者於義理上不相違背，且皆合於《老子》義理脈絡，亦能與此章前後文意相通。今取王弼本所言「人之生動之死地」之說，而不據出土本、古本更易今本。

　　（4）增刪字詞或改字，而與他本不同，然而其所表達義理內涵更為清晰，亦從王弼本。〈六十七章〉「天下皆謂我道大」之「謂我道大」，帛書乙本作「胃我大」，傅奕本作「謂吾大」，漢簡本、嚴遵本、河上公本均作「謂我大」，王弼本言「謂我道大」強調我所體之道為絕對的大，而不與物對，其所表達義理內涵更為明晰，故從王弼本。〈十六章〉「夫物芸芸」之「夫物」，竹簡本作「天道」，帛書本、漢簡本作「天物」，傅奕本作「凡物」，河上公本、王弼本作「夫物」。可見出土本「夫」皆作「天」，「天物」，即常道此物。首先，從前文來看，「萬物並作」之「萬物」顯非常道，「萬物」與「夫物」相對，均就生命中的人事、行為物而言，因此才需要「致虛極，守靜篤」、歸根復命等工夫，來體證常道。其次，從後理來看，常道本身就是自然，何須歸根復命；又怎會有「不知常」、「妄作」的情況出現。從文本演

變來看，作「夫物」較「天物」能呼應前文後理，今從王弼本。

3.依他本改王弼本

（1）他本詞義較為通達，則據他本改王弼本。如〈十五章〉「儼兮其若客」之「客」，竹簡本、帛書本、漢簡本、傅奕本、河上公本均作「客」，獨王弼本作「容」。作「容」則難以通其義，遂據各本改王弼本字。

（2）他本詞義於義理上較能相應前後文意，則依他本改王弼本。如〈十章〉「能為雌乎」之「為雌」，王弼本作「無雌」，帛書乙本、漢簡本、傅奕本、河上公本均作「為雌」，加上「為雌」較「無雌」義理上能相合文意，今依他本之說。〈十五章〉「蔽不新成」，竹簡本無此句，帛書甲本此句亦殘缺，乙本作「襲而不成」。漢簡本作「敝不成」。傅奕本作「敝而不成」。《淮南子‧道應》引《老子》此句作「弊而不新成」。河上公本、王弼本作「蔽不新成」。從帛書乙本、傅奕本來看，「新」字乃後人所加，無「新」字句意較能相應前文，亦能呼應其他章句說法，「不成」與〈四十一章〉「大器晚成」之「晚成」義相近，遂將王弼本「蔽不新成」改為「敝而不成」。

（二）章節排序

本書雖逐章疏解《老子》八十一章內容，卻不按王弼本順序依次注釋、翻譯、疏解義理，而是將八十一章分為道論、工夫論及境界論三個層次，剋就各章義理內涵疏解。道論、境界論為《老子》義理的宗趣，道論是從義理之超越面討論其根據，

以貞定其義理性格和生命實踐的方向；境界論則為體證常道，將常道內在於實踐主體，為常道具體化時所呈現的修養境界，此二者均為《老子》論學的宗趣。工夫論，則為根據此宗趣所開出的教路，為實踐常道、達致生命最高境界的工夫途徑，此乃《老子》的教路。若要立體呈現《老子》思想體系，則須透過「依宗起教，以教定宗」的方式建構詮釋系統，依其標舉的宗趣而設立相應之教路，從其實踐的方式來確立論學的宗趣，使「宗」與「教」二者互為表裡，相互照應，彼此互融。

中國哲學思想的特質，皆依實踐生命價值意義而開展，各家本著不同價值意義的取向，建立其相應的教路。從個人主體修養到群體實踐的落實，由個人到家國天下的關懷，莫不如是。道家作為傳統中國哲學重要的思想，而《老子》又是道家思想源頭，揆其所關心的內容，自然緊扣生命實踐而論，其道是就價值意義而說，工夫修養亦是調適精神修養而立，所成之境界則承接其道論、工夫論而呈顯生命的境界。因此透過「依宗起教，以教定宗」的詮釋方式，便能立體地建構其思想體系，並凸顯其論學特色，亦可以避免所論的內容產生矛盾。

在「依宗起教，以教定宗」的詮釋下，《老子》思想的宗趣定必一致，即道論為本體宇宙論的方式生化萬物，其境界論則為自然無分別的境界，加上立論對象以人君為主，故所呈現的境界便是以道化政治理想為最高境界，此即其「大者」而為「整體」。各章思想內容，包括去病、歸本等工夫論，個人修養所體證的境界，對外應物治國、治天下的方法，以及由此方法所呈現的境界，均屬於「小者」，而為「個別」。透過「依宗起教，以教定宗」的詮釋方法，以「整體」籠罩「個別」，再從「個別」

回應「整體」，確保了《老子》義理的一致性與系統性，而不致詮釋時造成割裂文本，或造成自相矛盾之說。如此詮釋，《老子》八十一章思想內容均籠罩在常道自然的脈絡下，由此宗趣開啟無為而無不為的教路，並由此教路而體證道化政治的理想境界。

　　本書根據八十一章內容，分別從道論、工夫論、境界論三個層次闡述各章義理思想，三者內容互相呼應，而不是將它視為三個不相干的領域。在論述道論的時候，亦可由是而見其境界；論及工夫論的時候，亦可由是體證常道，呈現其境界；討論境界論的時候，亦可由是而見其工夫論、道論，三者相互融攝。只是在討論道論時，則偏重常道內容的論述；討論工夫論時，則集中分析工夫論；討論境界論時，則要在呈現不同的修養境界。如〈九章〉「持而盈之，不如其已。揣而梲之，不可長保。金玉滿堂，莫之能守。富貴而驕，自遺其咎。功遂身退，天之道。」置於工夫論作義理疏解，其既言「天之道」實可置諸第二章道論展開討論，然而，所謂「天之道」，亦是「人之道」，不持、不盈、去梲、不居功，亦即其謙退不爭的工夫修養，因而扣緊去病工夫闡述。又如〈七十二章〉「民不畏威，則大威至。無狎其所居，無厭其所生。夫唯不厭，是以不厭。是以聖人自知，不自見；自愛，不自貴。故去彼取此。」此章主要在呈現聖王治國的理想境界，然而亦有治國者「無狎其所居，無厭其所生」、「自知，不自見；自愛，不自貴」的工夫修養，透過「去彼取此」而成其大威、不厭。置此章於境界論之下，可承前章工夫論進一步深論，由工夫圓熟處見其境界。可見道論、工夫論、境界論三者是彼此互融，層層關聯，只是在分析論述過程中，不得已因應八十一章內容偏重有不同的層次，剋就其重點

疏解義理。

　　綜觀而論，道論、工夫論、境界論的思想內容，實為一立體架構：自超越的、普遍的常道往下貫，實踐履道工夫，呈現體道境界，使常道內在、具體化於生命之中，再由各人體證的自然之境，證成一群體之自然，共同體現道化政治的理想境界。

第二章　道　論

　　先秦諸子著書立言，自有其對時代關懷，大多是針對僵化的周朝禮樂制度作出反省，各自提出因應的智慧。道家面對周文疲弊此一時代問題，[1]提出以自然無為的方式，保存事物的純粹價值，使制度不致僵化，體證自然治道。在這種情況下，《老子》所言之「道」應緊扣主體生命存在的價值而論，非就客觀外物之生成而言「道」，這是對《老子》義理方向的定調。

　　《老子》的道論可從道生、道的特性兩方面說明。所謂道生，是針對常道實現萬物主體價值的根據而言，並不是就客觀萬物之如何生成立說。透過討論《老子》道生的內容，則可清楚得見《老子》關切的重點是生命存在的價值意義，以及得以實現此價值的根據；從討論道生的過程，則能揭示眾人存在價值如何透過實踐常道，並在聖人無心輔助下步步落實。分析言之，《老子》以「無」、「有」、「玄」作為常道的內容，「無」、「有」為常道的雙重性，「玄」作用於「無」、「有」之間，因著「玄」的作用，使無而能有，有而能無，讓生命無所執滯、無所封限，又能有其徹向、有所實現，凡此均就生命的自然價值而言，不是就著思辨客觀外物立說。

　　《老子》常以或似、惚恍形容常道的特性，由是表達常道

---

1 關於周文疲弊之說，見牟宗三：《中國哲學十九講》（臺北：臺灣學生書局，1999），頁89。

不可道、不可名，亦不能被具體化的形象特徵。究其原因有二，一是扣緊生命實踐而說，常道要透過實踐證成，而不是經由言說分析可得。二是所謂常道，是指人生的路，生命具體而真實的實現之途。生命之途不能拘限於某一個形態裡，若為某一形態限定則為可道之道；因此，如要勉強形容它，只好以或似、惚恍之詞說明。只有不落在某一形態裡，才不至於被封限，由是而見生命有無限的可能性。常道的形象雖不能被具體描繪，僅能勉強透過比喻說明並非什麼都沒有，而是真實存在且有其作用。

雖說常道不可言說，《老子》卻著書五千言論道，不但以似若、惚恍等比喻勉強指點常道，更明確指出常道具有先在性、獨立性、絕對性、普遍性、永恆性、根源性等特質。強調常道與人的關係，使超越的、客觀的、普遍的常道，透過個人的實踐，於主體生命中，體現為內在的、主觀的、具體的德，讓眾人得以實現自身的價值意義。

以下將分別說明《老子》道生、道的特性的相關章句，以見其道論的內容及特色。

一、道　生

一　章

道可道，非常道；名可名，非常名。無名天地之始，

有名萬物之母。〔一〕故常無欲以觀其妙，常有欲以觀其徼。
〔二〕此兩者同出而異名，〔三〕同謂之玄，玄之又玄，眾
妙之門。

【注釋】

〔一〕無名天地之始，有名萬物之母：此句句讀有二。一為「無
名，天地之始；有名，萬物之母。」河上公本、王弼均
以「無名」、「有名」斷句，《河上公章句》曰：「無名者
謂道，道無形，故不可名也。始者道本也，吐氣布化，
出於虛无，為天地本始也。有名謂天地。天地有形位、
有陰陽、有柔剛，是其有名也。萬物母者，天地含氣生
萬物，長大成熟，如母之養子也。」見王卡點校：《老子
道德經河上公章句》（北京：中華書局，2011），頁 2（《老
子道德經河上公章句》，以下簡稱《河上公章句》）；王弼
《老子注》則曰：「凡有皆始於無，故未形無名之時，則
為萬物之始。及其有形有名之時，則長之育之，亭之毒
之，為其母也。言道以無形無名始成萬物，萬物以始以
成而不知其所以然，玄之又玄也。」見樓宇烈校釋：《王
弼集校釋》，頁 1。二為「無，名天地之始；有，名萬物
之母。」南宋・王應麟（1223-1296）指出「首章以『有』、
『無』字斷句，自王介甫始。」見朱謙之：《老子校釋》，
頁 6。北宋・王安石（1021-1086）曰：「無，所以名天地
之始；有，所以名其終，故曰『萬物之母』。」見羅家湘
輯校：《王安石老子注輯佚會鈔》（上海：華東師範大學，
2013），頁 14。牟宗三先生則指出以上兩種句讀均可，包

括下句之「常無欲以觀其妙，常有欲以觀其徼」亦可以「常無」、「常有」或「常無欲」、「常有欲」點斷之，牟先生指出「這種就是訓詁，不是嚴格的考據問題。這種問題不影響大意的。」見牟宗三主講，盧雪崑記錄：〈老子《道德經》講演錄〉（一），《鵝湖月刊》334，2003.4，頁3。案：無名、無欲與有名、有欲，分別與常道的「無」、「有」同層，同屬形而上者，為道的雙重性，故兩種斷句對義理解讀的影響不大，兩種句讀均可。在這種情況下，名，不是指名稱。無、無名，即生命價值意義沒有被封限的意思。有、有名，不與「無」相對，是指生命價值進一步落實，有所成的意思。

〔二〕徼：王弼曰：「歸終也。」（《王弼集校釋》，頁2）指生命中事物抉擇落實的方向。

〔三〕兩者：指常道「無」、「有」這兩種性格，即前文之「無」、「無名」、「無欲」與「有」、「有名」、「有欲」。「無」與「有」乃道的雙重性，為牟宗三先生所提出，見牟宗三：《中國哲學十九講》（臺北：臺灣學生書局，1999），頁100-102。牟先生認為道的雙重性只有從《道德經》頭一章可看出來，後面的章句是看不出來的。見牟宗三主講，盧雪崑記錄：〈老子《道德經》講演錄〉（六），《鵝湖月刊》339，2003.9，頁5。從下文討論可見〈四十章〉、〈四十二章〉亦有談及道的雙重性。

【今譯】

可以言說的道，則不是恆常不變的常道；可以作為確定的

名，就不是永恆不變的名。不封限的時候則是開創價值天地的起始，有一定方向的時候便是萬物得以實現的根源。所以常以無欲的方式觀察常道的妙用，常以有欲的方式觀看常道落實的方向。無與有此兩者同出於常道而名稱不同，都可說是奧妙、深奧的，玄深又奧妙，生命中一切奧妙都從這裡出來。

【義疏】

此章言常道「無」、「有」、「玄」的特性。

《老子》首章針對人生的路而言「道」，人生是通過實踐而完成的，非僅憑言說便能窮盡。要窮盡天下生命的路，則不能局限於某一形態，若為某一形態所限則為可道之道。凡是可道之道，便不是恆常不變的人生之道。同理，如果可以作為確定的名，就不是永恆不變的名。

既明《老子》論道是就主體價值而言常道，則其所謂「天地」、「萬物」之義，亦應從價值意義定位。其言天地為價值的天地，言萬物則指向行為物，凡此均屬內在的、主體的價值天地事物，而非外在的、客觀的天地萬物。在實踐歷程場域中雖然無可避免涉及客觀的天地萬物，但《老子》並不以此客觀義之天地為首出。

《老子》言「無名天地之始，有名萬物之母」並不是認為天地間有一樣東西叫做「道」，能以母生子的方式生成天地萬物，若如此理解《老子》之道，則容易落入兩漢氣化宇宙論詮解《老子》的說法。所謂氣化宇宙論者，是指以元氣作為客觀宇宙生成的根據而形成的宇宙論的論述，所謂客觀是相對於主體價值實踐而言，舉凡天地、人物等客觀存在都以此作為解釋

的根源，嚴遵《老子指歸》、河上公《河上公章句》詮解《老子》即屬此思想進路。[2]

　　以「無名」、「無欲」、「無」與「有名」、「有欲」、「有」來說天地萬物的創始，均就主體價值而言，簡而言之，可視首章之「無」、「有」為道的雙重性，同屬常道的形上內容，是以本體宇宙論的方式說明萬物的生成。所謂本體宇宙論，是指從生命主體出發來討論與生命價值意義相關的根源性問題，而藉宇宙論的方式說明之，都屬於本體宇宙論。[3]《老子》言價值宇宙生成的方式，是以無欲的方式，無心玄覽，觀照常道的妙用；以有欲的方式，落實實踐的方向，指向生命中種種事物的歸終。

　　所謂「無名」、「無欲」較易理解，於其他篇章亦時有所見，論「無名」者，如「道常無名」（〈三十二章〉）、「吾將鎮之以無名之樸」（〈三十七章〉）、「無名之樸，夫亦將無欲」（同前章）、「道隱無名」（〈四十一章〉），所謂無名，是指「無狀之狀」（〈十四章〉），為不可名狀之意，因其不可名狀，便不會只突出某一面相，落入私意分別之間。[4]《老子》論「無欲」者，如「常使民無知無欲」（〈三章〉）、「常無欲，可名於小」（〈三十四章〉）、「我無欲而民自樸」（〈五十七章〉），所謂無欲，是指無意欲於

2　關於《老子指歸》以及《河上公章句》以氣化宇宙論詮解《老子》思想的說法，詳見拙作《老子思想詮釋的開展 —— 從先秦到魏晉階段》（臺北：文史哲出版社，2017），第四、五章。

3　關於本體宇宙論詳細的說明，可參照牟宗三主講，盧雪崑錄音整理：《四因說演講錄》（臺北：鵝湖出版社，1997），頁 94-95。

4　徐復觀認為《老子》以「無名」作為對名的反省。見徐復觀：《中國人性論史》（臺北：商務印書館，1999），頁 331。案：《老子》首章所言恐怕不是對名的反省，是指常道創生價值天地意義時，不能有所名狀之意，但凡有所名狀即有所封限，故以「無名」言之。

心知分別、不刻意造作的狀態。

相對於「無名」、「無欲」,「有名」、「有欲」是否就有所作意而言?從首章內容來看,「無名」與「有名」、「無欲」與「有欲」,並非對立,而是一體兩面。「天地」、「萬物」既然就主體價值而論,則應從主體修養上開出,透過無限心的實踐,來實現其價值意義,故曰「始制有名,名亦既有,夫亦將知止」(〈三十二章〉),落實制作便產生不同名位,名位由是而生,只是制作名位宜當事當時而用,止於無心無欲,不可作意為之。「無名天地之始」是指常道沒有固定名狀,在創生價值天地時便無有限定,不會只突出某一面相。「無」是不可封限之義,生命的本然是開放的,已經實現的是經驗的存在,而生命的當下及未來,永遠是開放不被封限,由此「無」為始,可知常道的自然、自在。承此而下「有名萬物之母」,是以母生子來作比喻說明,指開始落實生命每件事的時候,名亦從此而出。「天地之始」是指天地萬物價值的根源,是總持地說、根源的說;「萬物之母」是指天地萬物的化育,是萬物始作的徵向,實現萬物之端。「無名天地之始,有名萬物之母」,常道是自上而下縱貫地落實,故其「有名」,是形而上之有,指價值的實現。同樣,「常有欲以觀其徼」亦是承「常無欲以觀其妙」而下,「無」是無限心的虛靈妙用,「有」是此無執心境的徵向,故其言「有欲」,不是就有心作為之私欲來說,而是就無限心承其虛靈妙用,落實到生命上有所徵向來說。[5]觀其妙是「無」性,成其無限妙用;觀其徼

---

5 徐復觀認為「常有欲以觀其徼」的「有」,是指現象界中各具體存在的東西。
　徐復觀:《中國人性論史》,頁332。案:於《老子‧一章》來看「玄」、「無」、「有」均屬形上價值的意義,作為說明萬物的根源,因此「有」不能脫離具體

是「有」性，顯其妙有之相。「有」、「無」是一體的兩面，當其
為「有」之時，便能成其功能、功效的一面；當其為「無」之
時，便能見其作用、妙用。由是可見「無名」、「有名」並非指
有無名稱之意，若以「名稱」釋「名」，則常道便淪為可道之道，
成為生化客觀萬物之理，不能緊扣本體宇宙論詮釋此「非常
道」。因此「無名」、「無欲」與「有名」、「有欲」可簡括而言「無」、
「有」，此兩者之名雖異，但同出於道，是常道的雙重性，故曰
「同出而異名」。謂之「無」、「有」只是分析地分別說明之，實
則兩者是一體的兩面，方便解說才分別論述。

　　王弼注《老子》時，言「兩者，始與母也」（《王弼集校釋》，
頁2）以「始」、「母」釋「兩者」，同出於「玄」，即同屬於道，
此說雖異於《老子》以「無」、「有」言「兩者」，然而亦有所本。
《老子・五十二章》曰：「天下有始，以為天下母。」此處「始」
與「母」均指道而言。以「始與母」作為「兩者」的內容，甚
能呼應「無名天地之始，有名萬物之母」句下注：「凡有皆始於
無，故未形無名之時，則為萬物之始。及其有形有名之時，則
長之育之，亭之毒之，為其母也。言道以無形無名始成萬物，
萬物以始以成而不知其所以然，玄之又玄也。」牟宗三先生認
為「未形無名之時」、「有形有名之時」是指天地萬物說，「言無
形無名之道既於萬物『未形無名之時』，始萬物，又於萬物有形
有名之時，終萬物。自其『終萬物』言，則謂之母。自其『首
萬物』言，則謂之始。」[6]牟先生所言甚是，始、母皆由道而言，

事物，但並非現象界之具體，乃價值義實現下之具體。

6 此說見於牟宗三先生《才性與玄理》初版，後於1978年三度重印時，先生修
　訂前說，未見於今本《才性與玄理》。牟先生對於王弼老學早年說法，現已收

與道同體，而非形而下之萬物，於萬物未形無名之時創始萬物，又於萬物有形有名之時始終成萬物，故王弼曰：「在首，則謂之始。在終，則謂之母。」(《王弼集校釋》，頁 2) 然而王弼以「始與母」言兩者，與「無與有」言兩者，實為詮釋體系的不同而致，王弼以無論道，直接將「無」等同於道，刊落常道「有」的形上性格，使其注以「始與母」作為兩者的內涵，箇中詮釋轉折涉及義理分際的不同，宜當細察。[7]

《老子》言「無」、「有」二者同出於道，是就常道的雙重性分別言之，故曰「此兩者同出而異名，同謂之玄」。可見「玄」、「無」、「有」同屬於形而上，是道的不同面相。然而，並不是說「玄」、「無」、「有」其中一物即等同於「道」，而是「道」兼「玄」、「無」、「有」三者，缺一不可。如是看來，「玄」、「無」、「有」同屬於形而上者，則是否指出道實有三重性，而不是僅有「無」、「有」二者之雙重性？關於此問題則應扣緊〈一章〉內容而論，「無名天地之始」、「常無欲以觀其妙」與「有名萬物

入《牟宗三先生全集》之中，見牟宗三：《才性與玄理》，收於《牟宗三先生全集》2（臺北：聯經出版社，2003），全集本編校說明，頁 3。案：牟先生早年解王弼注《老子・一章》的內容甚具參考價值，後來《才性與玄理》改版後，先生以《老子》之說解王注，似乎未及舊說相應於王弼注《老》的義理系統，關於先生論王弼老學舊說，可參考《才性與玄理》(《牟宗三先生全集》2)，全集本編校說明，頁 3-6；新說見《才性與玄理》（臺北：學生書局，2002），頁 131-137。

7 王弼以「無」等同於道的說法如：「萬物雖貴，以無為用，不能捨無以為體也。捨無以為體，則失其為大矣，所謂失道而後德也。以無為用，則得其母，故能己不勞焉而物無不理。下此已往，則失用之母。」(〈三十八章〉注)「道以無形無為成濟萬物，故從事於道者，以無為為君，不言為教，綿綿若存而物得其真，與道同體，故曰同於道。」(〈二十三章〉注) 關於王弼《老子注》與《老子》論道異同，詳見拙作《老子思想詮釋的開展 —— 從先秦到魏晉階段》，第六章第二節。

之母」、「常有欲以觀其徼」明顯僅就常道「無」、「有」的妙用
及徼向而論。「玄」不是一物，而是一種作用，作用於「無」、「有」
之間，使無而能有，有而能無。所謂無而能有者，是指常道非
空無，只懸在那邊光顯其「無」，徒顯其虛靈妙用而不落實實踐，
透過「有」進一步落實，生命便有其徼向，方能無而能有，成
為具有無限妙用的「無」。所謂有而能無者，是指常道落實於生
命之中成其「有」之時，不執滯於「有」，時刻皆能回歸於無的
妙用上，得以作用保存其純粹的價值，[8]方能有而能無，落實貞
定為有信有真的「有」。因其無而能有，故能無為而無不為，在
無心作用下成全一切無心為而為的行為價值；因其有而能無，
故其無不為有無為的保證，無有封限地成全人間世之自然價
值。若只偏滯「無」的一面，以無論道，則無而能有的一面便
得不到積極的開展；同時，因滯於「無」的關係，有而能無的
一面亦無法充分實現，更失去「玄」的作用。

　　「玄」作用於「無」、「有」之間，讓常道的雙重性同時發
揮作用，無所偏滯。分析言之，「無」、「有」乃道的雙重性，「玄」
乃作用於道的雙重性之間，使之不滯一方。其言「玄之又玄」
是為了不執於「玄」，而能生生不息地作用於「無」、「有」之中，

8　「作用地保存」乃牟宗三先生提出的說法，先生認為「絕聖棄智」、「絕仁棄義」、
　　「絕學無憂」並非是從存有上棄絕而斷滅之，其實義乃只是即于聖智仁義等，
　　通過「上德不德」之方式或「無為無執」之方式，而以「無」成全之。此「無」
　　是作用上的無，非存有上的無。見牟宗三：《圓善論》（臺北：臺灣學生書局，
　　1996），頁281。牟先生又指出道家只「玄用」一面，即可保存而且決定道德上
　　的真理，此之謂作用地保存與決定，見牟宗三：《才性與玄理》，頁340。案：
　　牟先生言「作用地保存」剋就仁義聖智之道德義而言，若以道家「無為而無不
　　為」的思想論之，則不僅名教內容可由此保存其價值意義，一切無心作用下之
　　純粹價值亦當由是而得以保存，今借用先生「作用地保存」的說法說明此義。

讓生命所有意義的奧妙均能從此開出，是謂「眾妙之門」。

十一章

　　三十輻共一轂，〔一〕當其無，〔二〕有車之用。〔三〕
埏埴以為器，〔四〕當其無，有器之用。鑿戶牖以為室，〔五〕
當其無，有室之用。故有之以為利，無之以為用。

【注釋】

〔一〕三十輻共一轂：輻，車輪中連接軸心與支撐輪圈的木條。
　　　轂，車輪軸心的圓孔。
〔二〕無：沒有，指轂中空處，因其中空車軸方能旋轉。
〔三〕用：運用、功能。
〔四〕埏埴：埏，摶揉、揉合。埴，土。即指摶揉黏土，做成
　　　器皿。
〔五〕鑿戶牖以為室：鑿，鑿開。戶，單門。牖，窗。室，屋。
　　　開鑿門窗成為房屋。

【今譯】

　　三十根輻條共聚於一個車轂之中，因著車轂中空的地方，
便成就了車子的功用。揉合黏土為器皿，因著黏土中空的地方，
便成就了器皿的功用。開鑿門窗成為房屋，因著室內中空的地
方，便成就了房子的功用。因此「有」成就了事物的便利，「無」
成就了「有」的妙用。

【義疏】

　　此章以一般事物之無、有，說明常道「無」、「有」為一體。

　　車輪之所以能轉動、器皿之所以能盛物，房子之所以能居住，是因為車輪軸心的圓孔中空、器皿中間挖空、牆壁上面有洞，它們之間的空洞，就是無；若車輪中心圓孔填滿、器皿裡面塞滿黏土、房子的牆壁沒有洞，則為填滿無縫。輪子中心沒有空間，則不能旋轉，車輪不能旋轉，車子便不成其為車子，失其功用。器皿中間不是中空的，則不能容納任何東西，器皿便不成其為器皿，失其功用。房子四壁是牆，沒有挖空做成窗子門戶，則人亦不能進出，房子便不成其為房子，失其居室之用。由是可見，有輪子、有黏土、有牆壁，是「有」的便利，讓事物得以實現，但如果僅有「有」而沒有「無」，則失其妙用，而不能成就它的功能，因此「有」、「無」是一體的，缺一不可。

　　透過事物之無、有作譬喻，說明常道的雙重性——以「無」的妙用成就「有」的用處，「有」的功能亦須靠「無」的作用方能運行，此兩者是一體的兩面，不能分割，由是呼應〈一章〉「常無欲以觀其妙，常有欲以觀其徼」的說法。

四十章

　　反者，〔一〕道之動；〔二〕弱者，〔三〕道之用。天下萬物生於有，有生於無。〔四〕

【注釋】

〔一〕反者：復、歸之意。

〔二〕動：動作、活動。

〔三〕弱者：柔弱也。

〔四〕天下萬物生於有，有生於無：竹簡本作「天下之勿生於
　　　又，生於亡。」帛書乙本作「天下之物生於有，有□於无。」
　　　漢簡本、傅奕本均作「天下之物生於有，有生於無。」
　　　生，是指價值義上之「實現」、「保全」、「圓成」。

【今譯】

　　歸復，是常道的活動；柔弱，是常道的作用。天下萬物由
「有」來實現，「有」由「無」來保存。

【義疏】

　　此章言常道特性及道生過程。

　　所謂「反者」，即復返、返歸於虛靜無為之意，此乃常道的
活動，故《老子》又曰「復歸於無物」（〈十四章〉）、「觀復」、
歸根復命（〈十六章〉）、「復歸於嬰兒」、「復歸於無極」、「復歸
於樸」（〈二十八章〉）、「復守其母」、「復歸其明」（〈五十二章〉），
於常道而言，則指常道復歸自然，自「有」的一面復歸於「無」；
落在主體修養而言，則透過無為無心的工夫修養，復歸於常道，
體證無為純樸的理想境界。復返、復歸於自然，乃常道活動與
作用，而不是就客觀事理而言反與動。

　　所謂「柔者」，即柔弱、謙下之意，此乃常道的作用，故《老
子》常言「柔弱勝剛強」（〈三十六章〉）、「天下之至柔，馳騁天
下之至堅」（〈四十三章〉）、「守柔曰強」（〈五十二章〉）、「柔弱

者生之徒」、「柔弱處上」(〈七十六章〉)、「弱之勝強,柔之勝剛,天下莫不知,莫能行。」(〈七十八章〉)透過「弱其志」(〈三章〉)、「專氣致柔」(〈十章〉)等虛心不為的工夫,得柔弱之用,自然能成為生之徒,以不爭的方式處於上,因此而能制勝剛強。可見常道以柔弱為用是從存在的價值意義而言柔弱,而不是客觀事理上說柔弱定能制勝剛強,若是由客觀物勢說明柔弱能制勝剛強,則沒有必然性。

　　《老子》言「反者,道之動;弱者,道之用」實為互文方式的表達,復返與柔弱同屬常道的活動與作用,但常道不僅只有復返與柔弱此作用。一般人以前進為動,堅強為用,《老子》於此則指點眾人復返、柔弱,是因為能復返於無極、純樸,始能不失其「無」,若只顧徹向發展,則容易一往不返,成全了「有」而忘其「無」,能返即能「有而能無」,不會只是「無而能有」,如是方能玄之又玄,而不失常道。同理,以柔弱為用,是因為謙下不爭,才能虛心無為,始能成就無不為,馳騁天下。

　　「天下萬物生於有,有生於無」一句可從分章排序、版本異同、義理判斷三方面討論。第一,從分章排序來看,此句義理內容似與上文不相關連,或被疑為帛書本之錯簡造成。劉笑敢則指出「今人習慣根據章節內容考慮章節的分組和順序的排列。但大多數古文獻似乎都沒有這樣周到的安排。」更指出《老子》並非嚴格的論文,亦不按內容嚴格分類編排,其章節大多有獨立性,獨立章節的重新組合也有多種的可能;亦從《緇衣》、《性自命出》、《五行》等出土文獻皆有分章不同,來說明章節

的排序、分組對古人來說並非至關重要。[9]劉氏此說說明了古文章節安排的一些現象，只是從竹簡本、帛書乙本、漢簡本、傅奕本乃至嚴遵本、河上公本、王弼本均合為一章，而無錯簡現象，理應於義理上有其一定關連性。「反者，道之動；弱者，道之用」言常道的特色，「天下萬物生於有，有生於無」則言道生的過程，前後文均就常道立說。下文「有生於無」是偏重常道「無而能有」的一面，「反者，道之動」則偏重常道「有而能無」的一面，如此詮釋，則前後相應，而非互不相干。

　　第二，從版本異同來看，竹簡本與帛書本以至漢簡本、傅奕本、通行本不同的問題，可以版本歧變的角度來討論。假設竹簡本並沒有漏刻重文號，即《老子》本為「天下之勿生於又，生於亡」，承前文「《老子》的版本」所述，《老子》自古至今，經歷著不同的歧變，其中一種叫做「改善性歧變」，乃編校者有意修改古本，使文句一致、思想集中起來，若果如此，即帛書本以後的《老子》編校者均認為「有生於無」較為合理，並且較能呼應其他篇章說法，因而改之。

　　第三，從義理判斷來看。若竹簡本真的是漏刻重文號，或是即使沒有重文符號，亦應將「有」字重讀，即同於通行本〈四十章〉所說，亦可與〈一章〉「無名天地之始，有名萬物之母。故常無欲以觀其妙，常有欲以觀其徼。」作出循環詮釋，「無」乃無限心的虛靈妙用，「有」從實踐至道時，無限心承其虛靈妙用，落實到生活上有所徼向來說，就此來看自「無」作用於「有」，透過「無」的妙用來實現、成就「有」的徼向，即由「無」生「有」。

---

9 見劉笑敢：《老子古今：五種對勘與析評引論》，頁 420-421。

　　由是可見，〈四十章〉「天下萬物生於有，有生於無」，通行本與出土本義理並無悖礙之處。從義理內涵分析來看，〈四十章〉指出「無」生「有」，「有」生「萬物」，可見「有」與「萬物」並不同層，「有」是形而上者，而「萬物」則屬形而下者，因「物物者非物」(《莊子‧知北遊》)，[10]若以此理推敲，似亦可得「無」與「有」並不同層。若「無」同於「有」，「無」便不能生出「有」，「無」、「有」兩者具有道的雙重性，同屬於形而上的層次，但二者涵義並不全同。只是何以「無」能生「有」，是否指「無」於時間上先於「有」？既謂「有」、「無」兩者「同出而異名」(〈一章〉)，可見二者並無時間上之先後分別，其所謂「有生於無」，是指「無」較「有」具有理論上的優先性，而非時間上之先。其所謂「生」，亦非生物學上母生子之生育義，天下萬物之所以得以存在，充分實現其自己，若溯其源，必至於「有」，「有」之能使萬物如其自己地實現、圓成其價值，必賴於「無」的作用、妙運，故其「生」義，當從價值義上之「實現」、「保全」、「圓成」義理解。[11]「有」賴於「無」的妙用，復返於常道的運行軌跡，亦即是「反者，道之動」的意思。

四十二章

　　道生一，一生二，二生三，三生萬物。〔一〕萬物負陰而抱陽，〔二〕沖氣以為和。〔三〕人之所惡，唯孤寡不穀，

---

10 見清‧郭慶藩（1844-1896）集釋，王孝魚點校：《莊子集釋》（臺北：萬卷樓圖書，1993），頁763。
11 關於《老子‧四十二章》「生」之義涵，見莊耀郎：〈論牟宗三先生對道家的定位〉，《中國學術年刊》27，2005.9，頁72。

〔四〕而王公以為稱。故物，〔五〕或損之而益，或益之而損。人之所教，我亦教之。強梁者不得其死，〔六〕吾將以為教父。〔七〕

【注釋】

〔一〕道生一，一生二，二生三：一，指「玄」；二，指「無」；三，指「有」。

〔二〕負陰而抱陽：以陰陽來象徵說明萬物皆有兩面，亦可以柔、剛；縮、伸；雌、雄；牝、牡言之。

〔三〕沖氣以為和：沖氣，即沖和之氣，亦可以虛氣言之。和，指太和境界，透過虛其氣的方式達至太和境界。

〔四〕孤寡不穀：孤，指無父者；寡，指無配偶者；不穀，指不德之人。

〔五〕物：行為物、事情。

〔六〕強梁者不得其死：強梁，剛強橫暴。不得其死，不得其正壽而死。

〔七〕教父：《河上公章句》曰：「父，始也。老子以強梁之人為教戒之始也。」頁170。教父，即教導之始。

【今譯】

　　道中有玄，玄實現了無，無作用了有，有實現了萬物。萬物背負了陰而同時環抱了陽的一面，虛其氣以達太和境界。人們所厭惡的就是孤、寡、不穀，但王公卻以此來自稱。所以事情的發展，有時候減損反而增益，有時候增益反而減損。人們教導我的，我也以此教導別人。剛強橫暴的人不得其正壽而死，

我以此作為教導之始。

【義疏】

此章言常道生化萬物的過程。

歷來詮解「道生一，一生二，二生三，三生萬物」眾說紛
紜，亦堪稱八十一章之中最難詮釋的內容。從眾人詮釋《老子》
道生之說，可窺見各家對《老子》道論的理解，以及對《老子》
論學宗趣的定位，亦因後世詮解此章的不同，在思想體系上開
展了不同的詮釋面向。

詮釋「道生一，一生二，二生三」爭論有二，首先是對「一」、
「二」、「三」的內容詮解，其次是道如何生物，前者就道生的
內容而論，後者則就道生的方式而說。

關於道生的內容。對「一」、「二」、「三」的內容詮解，主
要說法約可類歸三類。一為順王弼《老子注》援引《莊子‧齊
物論》之說，二為順兩漢以下氣化宇宙論詮釋之，三為從本體
宇宙論進路，以價值義之「無」、「有」、「玄」詮解之。以下分
別討論此三種不同的詮釋，或許得出較能符應於整部《老子》
文本的思想，且能成為順當、一致的詮釋。

第一，王弼《老子注》的詮釋。王弼注〈四十二章〉時指
出「萬物萬形，其歸一也。何由致一？由於無也。由無乃一，
一可謂無？已謂之一，豈得無言乎？有言有一，非二如何，有
一有二，遂生乎三。從無之有，數盡乎斯，過此以往，非道之
流。」（《王弼集校釋》，頁 117）王弼指出道就是「無」，故曰「何
由致一？由於無也。」可見無生一，道就是「無」。從無生一，
便不能謂之無，既已謂之一，即已落入言說之中。由無生一此

表達過程可見，既有言說，亦有「一」，二者相加，即為「二」。既有「一」，且又有言說與「一」即「二」的分別，則「一」與「二」相合，是謂「三」。從常道的無到有，由有及萬物的過程是一個心知分別的過程。陳鼓應即由是而引申詮釋《老子》道生之說，認為〈齊物論〉這裡就以『自「無」適「有」』來解釋一二三。依此我們可以將四十二章這段文字表述為：道是獨立無偶的（「道生一」），渾沌未分的統一體蘊涵著『無』和『有』的兩面（「一生二」），（道）由無形質落向有形質則有無相生而形成新體（「二生三」），萬物都是在這種有無相生的狀況中產生的（「三生萬物」）。」[12]在討論王弼此說及陳鼓應所引申說明能否對《老子》道生此問題有順當、一致的詮釋時，得先討論以下問題：〈齊物論〉「一與言為二，二與一為三」之說能否與「道生一，一生二，二生三，三生萬物」的說法相提並論。〈齊物論〉言「天地與我並生，而萬物與我為一。既已為一矣，且得有言乎？既已謂之一矣，且得無言乎？一與言為二，二與一為三。自此以往，巧曆不能得，而況其凡乎！故自無適有以至於三，而況自有適有乎！無適焉，因是已。」（《莊子集釋》，頁79）一、二、三的分別，是指成心隨順言說，復有種種分別計度，以至僅言「一」卻輾轉引生出兩種，甚至三種的虛妄對待。萬物與我為一，是體道的境界，渾淪不可言說的一體境界。可體證而不可說的常道，與所說的「一」，則分別為「二」，而存在之真實與前說的「二」則成為「三」，從道以下若以成心分別看待事物，縱使有巧於計算的人，亦無法窮盡其間的分別。能止息有

---

12 陳鼓應：《老子注譯及評介》（修訂增補本），頁226。

為的心知分別，唯一的方法是「休乎天鈞」，以自然之道觀之，即《莊子》所言之「莫若以明」、「兩行」的方法，以道心觀物，呈現萬物之純粹價值而不為成心紛擾，妄加判別。[13]從無的境界往語言分別的路走，由無至於有，以至成心分別之一、二、三，均是自價值之執有分別而起，只有「無適」，不作成心分別，回歸絕對的常道，才能如實呈現其自然價值，故曰「無適焉，因是已」。由是可見《莊子》言一、二、三是剋就成心對於言說的執取而言，《老子・四十二章》言道生，若要呼應其他章句義理內涵，則應剋就主體價值意義之如何具體落實論說，可見〈齊物論〉與〈四十二章〉雖同言一、二、三、無與有，然而於義理內涵來看，並不能互相詮釋。王弼「從無之有，數盡乎斯」的說法，表面上雖與〈齊物論〉「自無適有以至於三」的說法相近，然而二者所關切的問題並不相同，王弼所言從無到有，以至於三的說法是就價值生成落實之事來說；〈齊物論〉自無而有，以至於三則針對成心繳起的種種分別相而論，二者不應相提並論。陳鼓應就王弼「自無適有」之說作出申述，認為道是獨立無對的故言「道生一」，蘊涵「無」和「有」而言「一生二」，以無形落入有形的有無相生之說而言「二生三」，說明萬物生成狀況。此說有窒礙難解的問題存在：首先，常道既為獨立無偶，則道即是一，而不是「道生一」；其次，從「無」和「有」的無形質落向有形質的生成，此有無相生的說法，即落入有形的、外在的客觀萬物生成，其詮釋終將逼向氣化宇宙論一途來解說道生的內容與過程。由是可見，王弼雖被譽為善注，然而就詮

---

13 「休乎天鈞」、「莫若以明」、「兩行」均自〈齊物論〉，分別見《莊子集釋》，頁70、63、70。

釋的一致性來看，亦不相應於《老子》其他章句的說法，徐復觀、牟宗三二位先生亦曾指出王弼此注不相應於〈四十二章〉義理內涵。[14]

第二，氣化宇宙論的詮釋。自兩漢起，詮解《老子》道生一的說法，多從氣化宇宙論展開論述。如《淮南子‧天文》曰：「道始於一，一而不生，故分而為陰陽，陰陽合和而萬物生。故曰『一生二，二生三，三生萬物。』」[15]《淮南子》以「一」能生萬物，而不從「道」生「一」開始論道生，再從「一」說生化萬物，可見其以「一」作為物之所以能生的根據，因而曰：「所謂無形者，一之謂也。所謂一者，無匹合於天下者也。卓然獨立，塊然獨處，上通九天，下貫九野。員不中規，方不中矩，……道者，一立而萬物生矣。」[16]「一」者，無有形狀，亦不能被方圓形狀所限，無法被具體事物所規範，沒有可與它匹配之事物，卻普遍周存於天地之間，超然獨立、巍然獨處，若總括「一」之特性，則不難發現「一」是具有普遍性、絕對性、

---

14 徐復觀《中國人性論史》：「王弼援《莊子‧齊物論》的『一與言為二，二與一為三』作解釋，當然不適當。因為〈齊物論〉是表述『道』與『言』的關係；而此處則是表述創生的實際過程。」頁334。案：誠如徐復觀所言，以〈齊物論〉解《老子‧四十二章》固為不適當，〈四十二章〉是就創生過程而論，但〈齊物論〉是借言說來說明成心分別，而不僅表述道與言的關係。牟宗三先生認為王弼此說「雖未嘗不可方便借用，亦比一切其他解者為成義理，然實語意不合，亦即立言精神不合。莊子重在無言之化境，故云『無適焉，因是已』。而老子則重在明『道生萬物』之妙用。」見牟宗三：《圓善論》，頁284。

15 清‧王念孫（1744-1832）云：「曰規二字（按：即指原文『道曰規，始於一』之「曰規」者），與上下文義不相屬，此因上文『故曰規生矩殺』而誤衍也。《宋書‧律志》作『道始於一』，無曰規二字。」見馮逸、喬華點校：《淮南鴻烈集解》（北京：中華書局，2011），頁112。

16 《淮南鴻烈集解‧原道》，頁29-30。

獨立性，故東漢・高誘注曰：「一者，道之本。」[17]因「一」為
「道」之本，故「一」與「道」同層，並且「道」是由「一」
開始生化萬物。可以推知，《淮南子》直接從一開始言生化萬物，
而不由「道」說生化，是因為「道」、「一」同層，故「一」不
由「道」生，「一」即是「道」，由「一」便能生化萬物。然而，
〈四十二章〉的「一」並不等同「道」，「一」僅僅為「道」的
某一面相，故曰「道生一」，此即異於《老子》之言道生的意涵。
除此以外，嚴遵《老子指歸》、河上公《河上公章句》亦由氣化
宇宙論來詮釋《老子》道生義，嚴遵分別以「虛之虛、虛、無
之無、無」和「道、德、神明、太和」詮解《老子》「道生一，
一生二，二生三」之道、一、二、三，認為天地人物之所生，
是根源於氣，氣根源於太和，太和由於神明，神明由於道德，
道德由於自然，以此見萬物之所以得以保存之理，此乃存有論
式的說明。[18]所謂存有論的說明，是對於宇宙萬物的存在，往後
返思考萬物得以存在的根據，而給出一根源性的說明者。太和
生萬物是以清濁、陰陽、和氣等內容，生化萬物，故屬氣化宇
宙論的方式言道生，因此其言萬物是實指客觀萬物，如「三光」、
「群類」、「有形臠」、「有聲色」等現象物而言之。[19]河上公之言
道生，則以無為、太和精氣、主布氣而畜養之德而言「一」，是
以氣論道，以陰、陽二氣而言「二」，又以和、清、濁而言「三」，
由是可見河上公言之太和精氣、陰陽二氣、和清濁等「一」、
「二」、「三」內容均自氣而言，此乃氣化進路言宇宙萬物的生

---

17 見《淮南鴻烈集解》，頁29。
18 見嚴遵著，王德有點校：《老子指歸》（北京：中華書局，1997），頁18、9-10。
19 見《老子指歸》，頁18。

成，故曰《河上公章句・道化第四十二》曰：「一生陰與陽也。陰陽生和、清、濁三氣，分為天地人也。天地人共生萬物也。天施地化，人長養之。」（《河上公章句》，頁 168-169）其天地人共生萬物的方式，是以天施地化，人參與其中養育萬物，並不是生物義地從天、地、人生出萬物。《河上公章句》言「元氣生萬物」（〈養身第二〉，頁 7）、「萬物皆得道之精氣而生」（〈虛心第二十一〉，頁 87），以元氣作為道的內容，以此論宇宙生成，將太和精氣、陰陽二氣、和清濁三氣同時列為萬物之所以能生化的形上根據，故其道生義乃氣化宇宙論地言客觀萬物的生化。以氣化宇宙論方式闡述《老子》「道生一」的義涵，是否能切於《老子》文意，實有商榷餘地。雖然，作為創造性詮釋詮解《老子》，可以以此開展《老子》不同的思想面向，成一家之言。然而，綜觀《老子》一書，並非為了說明客觀外物生成而論，從其無為而無不為的工夫進路可見，所欲成之境界乃無為之境，根據「依宗起教，以教定宗」的詮釋原則，其教路與宗趣均不為成就客觀外物而論，故其論道生萬物，氣化之進路實難謂之相應於《老子》全書之旨趣。然而，自《淮南子》詮解《老子》道生義起，學者多從氣化宇宙論的進路詮解〈四十二章〉的義理內涵。如徐復觀先生，以「道」為「無」，以「一」為「有」，以「二」為「天地」，以「三」為「天地」與「一」。其原因在於「二」不應釋為陰陽，若「二」為陰陽，則原文可乾脆言「一生陰陽」，且《老子》他處談到創生過程時，再沒提到陰陽生物，加上若以陰陽為創生宇宙的基本元素，則萬物的本身，即是陰陽二氣的和合。若僅就陰陽二氣自身而言，則在層次上應居於萬物的上位，不可言「萬物負陰而抱陽」，負陰抱

陽則陰陽反而處在萬物的下位，而成物以後，則陰陽已融入於
萬物之中，亦不可謂「萬物負陰而抱陽」。職是之故，遂以「天
地」為「二」，因〈六章〉言「玄牝之門，是謂天地根」、〈七章〉
言「天長地久。天地所以能長且久者，以其不自生」、〈三十九
章〉言「昔之得一者，天得一以清，地得一以寧……萬物得一
以生」，可見在《老子》思想中，天地與萬物是分別的創生，在
生天地的理序中，天地乃在萬物之前，否則萬物將無處安放，
且天地為萬物存在不可缺的條件，而且直接指出天地是一個「時
空的形式」，持載萬物。[20]誠如徐先生分析，從上下文理以及其
餘八十章內容來看，不應以陰陽二氣理解《老子》言「一生二」
之「二」的內涵，然而落入時空義言天地，而不從價值意義詮
釋天地，則是從現象理解「天地」，又恐再次落入以客觀外物言
道生的詮解困局，綜觀《老子》之言「天地」宜就價值意義之
天地而言，如是方能相應《老子》之教路與宗趣。[21]

20　徐復觀：《中國人性論史》，頁 334-336。

21　蔣錫昌、陳鼓應、劉笑敢認為《老子‧四十二章》是就客觀萬物生成論，提
　　供一說法，說明一二三，乃萬物愈生愈多之義。然而以客觀萬物論《老子》
　　之道生義，無可避免流入以氣化宇宙論的方式闡釋「道生一，一生二，二生
　　三，三生萬物」的義理內涵。陳鼓應認為「道生一，一生二，二生三」是《老
　　子》說明萬物生成論的說法，此乃由簡至繁的過程，更引蔣錫昌之說，說明
　　一二三，乃萬物愈生愈多之義。見陳鼓應：《老子注譯及評介》（修訂增補本），
　　頁 225。劉笑敢：《老子 —— 年代新考與思想新詮》（臺北：東大圖書有限公司，
　　2009），頁 205-206。劉笑敢又提出「一、二、三都不必有確切的指代對象……
　　老子完全不解釋甚麼是一、二、三，這是因為他根本不想解釋，不需要解釋，
　　他所要提出的是一個理論化的模式，而不是天體物理學的具體描述。」更認
　　為《老子》此說是「對世界萬物生發演化過程所作的理論假說的抽象化、模
　　式化表述，反映世界有一個共同的起始點」，勉強稱之為道。見《老子古今：
　　五種對勘與析評引論》，頁 439。案：若就「世界萬物生發演化過程」而論道
　　生，仍落在外在的客觀萬物論道生的過程，而不是就內在的主體價值言道生，
　　則無可避免與氣化宇宙論之說同歸一途。

　　第三，本體宇宙論的詮釋。牟宗三先生具體地指出〈四十二章〉道生之說為本體宇宙論的說法，並以「玄」為「一」，「無」為「二」，「有」為「三」，原因在於「故吾以老解老，以道德經首章之有、無、玄說此一、二、三，以為道之『無』性（先以無表象道）是一，此為『道生一』（由道引生一）；而無不一于無，即道亦有徼向之『有』性，有與無相對為二。即以有代表二，是即為『一生二』（由無之一引生出有之二）。而有無『兩者同出而異名，同謂之玄』，故玄（有無融于一，由于是道之雙重性而融于一）是三，此即為『二生三』（由有之二以與無相對亦即有無相對為二以引生出三）。『玄之又玄眾妙之門』即是『三生萬物』。三生萬物實即道生萬物，蓋玄即代表道之真實而具體的作用，而有無是道之雙重性，是對于道之分解的表象，故必至乎有無融一之玄始能恢復道之自己之具體而真實的妙用。」[22]從詮釋的方向來看，牟先生能回扣主體存在價值而論《老子》道生義，實屬慧解，亦能以此呼應〈一章〉、〈四十章〉的義理內涵，然而牟先生此說的理序仍容有更可以細致安排的思考。

　　關於理序安排的觀點，或可以從文本詮釋的一致性來討論，〈一章〉言常道的「玄」、「無」、「有」乃扣緊主體修養來談，故其道生之說，亦必定與主體修養、主體價值意義相關。加上「一項合理的詮釋應該儘可能運用經典本身無疑義的文獻來解釋有疑義的章句，用清楚的觀念來解釋不清楚的觀念」[23]此一詮釋觀念，〈四十章〉內容較〈四十二章〉清楚，應從〈四十章〉

---

22 見牟宗三：《圓善論》，頁 284-285。相關說法又見牟宗三主講，盧雪崑記錄：〈老子《道德經》講演錄〉（七），《鵝湖月刊》340，2003.10，頁 2-9。

23 袁保新：《老子哲學之詮釋與重建》（臺北：文津出版社，1997），頁 77。

並配合〈一章〉理解〈四十二章〉內容，如此方能利用詮釋學的循環，[24]較為合理地詮解〈四十二章〉義理內涵。〈四十章〉在無生有，有生萬物的前提下，則「道生一，一生二，二生三，三生萬物」的「一」、「二」、「三」當中便可推敲出「無」和「有」的位置，而另一項便是「玄」，因為首章言「玄」、「無」、「有」，「無」、「有」同出而異名，同謂之「玄」，此三者同屬道的內涵且為形而上者，以此理解〈四十二章〉，則「一」、「二」、「三」當與「玄」、「無」、「有」相應。在這種狀況下，可有兩種的理解：第一，以「玄」為「一」，以「無」為「二」，以「有」為「三」，即道生玄，玄生無，無生有；第二，以「無」為「一」，以「有」為「二」，以「玄」為「三」，即道生無，無生有，有生玄。

　　若推求《老子》其他篇章的義理內容來看，當以「玄」為「一」，以「無」為「二」，以「有」為「三」，似乎較能符應文本章句。理由有三：第一，以「玄」為「一」呼應首章「此兩者同出而異名，同謂之玄。」即「無」和「有」同出於「玄」，

---

24 帕瑪（Richard E. Palmer）（1933-2015）著，嚴平譯：《詮釋學》指出「通過整體與部分間的辯證之相互作用，它們就把意義互給了對方；這樣看來，理解就是一種循環。由於在此『循環』之內意義最終持存著，故我們就稱它為『詮釋學的循環』。」見帕瑪著，嚴平譯：《詮釋學》：（臺北：桂冠圖書，2002），頁 98。值得注意的是，此所謂循環，並非為一惡性循環，海德格爾（Martin Heidegger）（1889-1976）曾指出：「循環不可以被貶低為一種惡性循環，即使被認為是一種可以容忍的惡性循環也不行。……這就是解釋（Auslegung）理解到它的首要的經常的和最終的任務始終是不讓向來就有的前有（Vorhabe）、前見（Vorsicht）和前把握（Vorgriff）以偶發奇想和流俗之見的方式出現，而是從事情本身出發處理這些前有、前見和前把握，從而確保論題的科學性。」伽達默爾（Hans-Georg Gadamer）（1900-2002）著，洪漢鼎譯：《真理與方法——哲學詮釋學的基本特徵》（修訂譯本）（北京：商務印書館，2005），頁 363。

「玄」的理序應在「無」、「有」之前。若以「三」為「玄」則變成，「有」生「玄」。根據首章所言「無」與「有」同出、同謂之「玄」，於是「玄」可涵有「無」與「有」，而「無」的作用中亦必涵有「玄」和「有」；同理，「有」在徹向成物中亦必涵有「玄」和「無」，三者必相融無間，而共成為道的內容。然而無論如何，在符應章句的詮釋上，「玄」於三者理序之間應仍具有優先性。以「玄」為「一」，即「玄」生「無」、「有」，即「玄」作用於「無」、「有」之間，如此方能呼應首章之說。第二，以「玄」為「一」呼應《老子》其他章句內容，如〈三十九章〉「昔之得一者，天得一以清，地得一以寧，神得一以靈，谷得一以盈，萬物得一以生，侯王得一以為天下貞。」得「一」，即得「道」，此章說明常道是天地萬物的所以然，若以「一」為「無」，則刊落了「有」的一面，如此便不能兼有道的雙重性，「無」而不能「有」，則不能充分落實道的徹向。[25]若以「一」為「玄」，同兼「無」、「有」，因「此兩者同出而異名」，故「一」即「玄」。又如〈十章〉「載營魄抱一」及〈二十二章〉「聖人抱一，為天下式」之「抱一」，即抱道、合於道，若以「無」為「一」，則聖人體道時僅抱「無」，而落失了常道「有」的一面；若以「玄」為「一」，則能「無」、「有」並兼，而不偏重一邊。第三，以「玄」為「一」呼應〈四十章〉「天下萬物生於有，有生於無。」（〈四十章〉）無生有，有生萬物，而〈四十二章〉言「三生萬物」，可見「三」即「有」；以「有」為「三」，則「無生有」即「二

___

25 牟宗三先生解「天得一以清」章句時認為「一」不單指「有」，亦不單指「無」，是指有而無，無而有的「玄」，就是道的本身。見牟宗三主講，盧雪崑記錄：〈老子《道德經》講演錄〉（六），頁8。

生三」，故「一」即「玄」的安排也就順當。若以「玄」為「三」，
在文本中似乎不容易找到切合的章句支持，且違背〈四十章〉「天
下萬物生於有」的敘述次第。

　　以上是順通《老子》章句得出不會導致章句矛盾的理解，〈四
十二章〉道生內容的義涵，應為常道開出了「玄」的作用，「玄」
作用於「無」、「有」之間，由「玄」保存了「無」，再由「無」
作用於「有」，而「有」實現了天下萬物，此亦是天下萬物之所
以能自然地實現其價值意義的所以然。故其言「道生」乃從道
之如何保全、作用、實現萬物之價值來說，據上所論，則第一，
不宜混《莊子‧齊物論》「一與言為二，二與一為三」之說來理
解〈四十二章〉的內容，因《莊子》一、二、三之辨，是指成
心隨順言說，復有種種妄作分別，以至僅言「一」卻輾轉引申
出兩種，甚至三種的對待，故其言一、二、三者是剋就成心對
於言說的執取而言，與〈四十二章〉說法並無義理上的關連。
第二，不能從萬物生成由簡至繁的過程來理解此「道生」義，
如是則失其價值意義而落入現象義的理解道生萬物的過程，失
去本體義的立場。第三，不能落入氣化宇宙論來理解《老子》
道生的過程，如是則落入客觀萬物的生化過程理解《老子》道
生之說，偏就客觀萬物而論道，與其成就無為之境的宗趣不相
符。

　　既明《老子》之言「道生」者並不從氣化生成而說，則將
如何說明「萬物負陰而抱陽，沖氣以為和」？其所謂「陰陽」
者，是否與《淮南子》一樣，是就陰陽二氣而言？所謂「沖氣
以為和」，是否就「氣」而言「和」？若「陰陽」、「和」者均就
氣言，則是否與上文「道生一，一生二，二生三，三生萬物」

不就氣化生成之說相互矛盾？若要一貫前後文理，則所謂「陰陽」，便不能落在創生之氣來解說。《河上公章句》以下文「萬物負陰而抱陽」反解上文思路，自陰陽之氣規定「道生一」之「一」的內容，以「一生陰與陽」釋「一生二」，以「陰陽生和、清、濁」釋「二生三」便落入氣化宇宙論的思想進路詮解《老子》道生萬物的意義。[26]陰陽本義為山之南北，背光向陽之義，與是否受日光照射有直接關係，因而引申出陰闇、明朗，天氣寒暖等相關意思。陰陽雖為二氣之名，仍為具體可見之自然現象，與人之生理相關，《莊子‧大宗師》曰「陰陽之氣有沴」（《莊子集釋》，頁 258）即用此義，屬形而下的層次。[27]由是可見，言氣者多就自然之氣來說，故「陰陽」者，應指萬物皆有兩面，陰陽是取其象徵義，若不名之為陰陽，則可謂之上下、剛柔、內外等，凡此種種均為相對的人事、現象、亦涉及主體價值的說法，然而面對萬事萬物之種種分別，應抱著虛其氣的方式以達太和境界，故曰「沖氣以為和」。「沖氣」即虛氣，透過沖虛的工夫修養，調適上遂，使生命回歸至太和境界，由是更見《老子》以「和」來回應「玄」、「無」、「有」等常道的內涵，一貫其本體宇宙論的說法。

關於道生的方式。承前文所述，《老子》道生義之「生」，不是生物學上母生子之義，而是指價值義上之「實現」、「保全」、

---

26 《河上公章句‧道化第四十二》曰：「道始所生者一也。一生陰與陽也。陰陽生和、清、濁三氣，分為天地人也。天地人共生萬物也。天施地化，人長養之。萬物無不負陰而向陽，迴心而就日。萬物中皆有元氣，得以和柔，若智中有藏，骨中有髓，草木中有空虛與氣通，故得久生也。」頁 168-169。

27 關於陰陽釋義，及《莊子》「陰陽之氣有沴」為形而下者相關說法，見莊耀郎：《原氣》（新北：花木蘭出版社，2011），頁 49。

「圓成」。然而,《老子》言道生萬物的方式,到底是以何種方
法生?牟宗三先生認為「生」有兩種:一是「呈現原則」之生,
一是「創生原則」之生。「呈現原則」之生,乃感性直覺下認知
地呈現一物之生,是感性的、被動的接受之認知地呈現;「創造
原則」之生,乃智的直覺下如如地呈現物之在其自己之生,是
非感性的、內在的生,即呈現即創生。[28]牟先生根據王弼注《老》
的內容,指出《老子》之言道生乃「不生之生」,[29]是以「不塞
其原」、「不禁其性」的方式讓開成全,[30]使物自生,是消極地、
主觀地講,不能客觀地說客觀世界有個東西叫無來創生萬物。
牟先生指出「那道具體的運用一定和萬物連在一起說,就是連
著萬物通過徼向性而生物,這就是不生之生。若不和萬物連在
一起,徼向性完全從無說,使你了解道的創造性,那只是開始
的分解的了解,一時的方便。圓滿的說法是無與有合一的玄做
為萬物之母、之根據,『玄之又玄,眾妙之門』一切東西都由此
出。……道家的道之具體的妙用即玄固然必須要和天地萬物連
在一起來說,但這時說創生,創造的意義就不顯,而生就是不
生之生,這才是道家的本義、真實的意義。」[31]牟先生認為《老
子》雖說創生,但不顯創造義,原因在於牟先生僅以道德實踐
為創造內容,[32]而《老子》僅屬「不生之生」。將《老子》的「道
生」義理解成王弼注《老》之不禁不塞而使物自生,由此而認

28　牟宗三:《現象與物自身》(臺北:臺灣學生書局,2004),頁99。

29　「不生之生」語出郭象《莊子‧大宗師》注曰:「無也,豈能生神哉?不神
　　鬼帝而鬼帝自神,斯乃不神之神也;不生天地而天地自生,斯乃不生之生也。」
　　見《莊子集釋》,頁248。

30　「不塞其原」、「不禁其性」之說見王弼《老子注‧十章》,《王弼集校釋》,頁
　　24。

31　牟宗三:《中國哲學十九講》,頁106。

32　牟宗三:《中國哲學十九講》,頁117。

為「道生」只是個姿態，[33]並判為境界形態之圓境是縱貫者橫講。[34]牟先生以境界形態形上學來判定道家思想形態，認為此乃縱貫橫講之說，於其哲學體系之中，自有其詮釋的理論脈絡，亦為牟先生對中國哲學之判教。本文僅針對牟先生以王弼之說詮解《老子》而論，並不就牟先生透過王弼《老子注》詮釋《老子》作出判教進行後設研究。

王弼注《老》雖被譽為善注，然而其道生的義理內涵，與《老子》已有不同。王弼論道生，是以不塞、不禁、不宰、不生等無心無為的方式，讓開一步，讓物自生自化，其生確可視為「不生之生」。「不生」是就其不塞、不禁、不恃而說，是從作用義上無的妙用來說「不生」。王弼從不生之生的方式論道生，刊落「有」的形上意義，使《老子》的常道失去徼向性，不能積極成全萬物，僅能以消極的方式生化萬物，即以不生生之。〈十章〉言「生之、畜之，生而不有，為而不恃，長而不宰。」王弼則注曰：「不塞其原也。不禁其性也。不塞其原，則物自生，何功之有？不禁其性，則物自濟，何為之恃？物自長足，不吾宰成，有德無主，非玄如何。凡言玄德，皆有德而不知其主，出乎幽冥。」引文中明顯可看出《老子》生之、畜之，是具有積極意義的生化、畜養萬物，其「生而不有，為而不恃，長而

---

33 牟宗三先生認為《老子》之道生乃一個姿態的說法，見《才性與玄理》，頁149、179，《中國哲學十九講》，頁127，《四因說演講錄》，頁77。其中《圓善論》便曰：「老子雖言『無名天地之始，有名萬物之母』，又言『天下萬物生于有，有生于無』，言『道生之，德畜之』，此似對于天地萬物（一切存在）有一根源的說明，然此實只是一姿態（豎說之姿態，縱貫之姿態），最後總歸于此境界形態之圓境，而非真有一實有形態之圓境也。」頁302。

34 牟宗三先生判定道家為「境界形態之圓境是縱貫者橫講」這種說法，散見於牟先生各大著作之中，如《圓善論》第六章第四節；《中國哲學十九講》第五、六、七講；《四因說演講錄》第七、八、九講，均見先生此說。

不宰」，是有生、為、長之主動義，是先有生養萬物之功而不私有萬物，作育萬物而不自恃其功，長成萬物而不宰制萬物。王弼純就不生言生，透過無心無為的方式讓開一步，不干涉萬物，讓萬物自生，於此言不塞、不禁，使物自生、自長、自濟。以讓開一步的方式說道生，僅具被動義，相對《老子》之道生德畜來得消極。〈一章〉言「無名天地之始，有名萬物之母。故常無欲以觀其妙，常有欲以觀其徼。」「無」、「有」並兼，在「玄」的作用下，無而能有，有而能無，均不偏一方而言常道；〈四十章〉言「天下萬物生於有，有生於無」、〈四十二章〉言道生萬物的過程中，道生玄，玄生無，無生有，有生萬物，並沒有單就「無」來概括道生的過程，常道「有」的形上性格，為「無」提供徼向，終成萬物的純粹價值，使之得以充分實現其自己。在不僅以道德意識為創生的唯一內容的情況下，於此亦可借用牟先生對「創生」義之說來說明《老子》道生的方式，實為即呈現即創生，而不與物對。

　　由是可見《老子》之言「道生」，並不只是讓開一步之生而不有，為而不恃，讓開成全之「不生之生」。讓開成全之「不生之生」，乃王弼詮解《老子》之說，與《老子》所言「道生」者實有分別。[35]《老子》之道作為萬物存在得以生畜的價值秩序或形上根據，一方面超越於天地萬物之上，不為任何形名所限；另一方面，則又內在於天地萬物之中，使之生而不宰制之，故《老子》「道生」是從生命主體出發來說明萬物如何充分落實其價值意義，其道以本體宇宙論的方式生物，其言「道生」乃典型的道家式的「本體宇宙論」說法。

---

35 唐君毅先生亦指出《老子》之生與王弼之生有著本質的不同，見唐君毅：《中國哲學原論・原道篇・卷二》（臺北：臺灣學生書局，1993），頁 358-361。

三十九章

　　昔之得一者,〔一〕天得一以清,地得一以寧,神得一以靈,谷得一以盈,萬物得一以生,侯王得一以為天下貞。〔二〕其致之。〔三〕天無以清將恐裂,地無以寧將恐發,〔四〕神無以靈將恐歇,谷無以盈將恐竭,〔五〕萬物無以生將恐滅,侯王無以貴高將恐蹶。〔六〕故貴以賤為本,高以下為基。是以侯王自謂孤寡不穀。此非以賤為本邪?非乎?故致數輿無輿。〔七〕不欲琭琭如玉,〔八〕珞珞如石。〔九〕

【注釋】

〔一〕得一:一,即道,與〈十章〉、〈二十二章〉言「抱一」之「一」同義,均指常道。以「一」論道可有兩層意思,首先,一是整全的,說明常道獨立渾成,不可分割;其次,「一」即「玄」,與道同層。得一,即體得常道。

〔二〕貞:傅奕、王弼本作「貞」,帛書、漢簡、河上公本作「正」,貞者,正也,安定之意。

〔三〕其致之:推而言之。

〔四〕發:廢。

〔五〕竭:枯竭。

〔六〕蹶:顛覆、敗亡。

〔七〕致數輿無輿:致,即求。數,屢屢、頻頻。輿,帛書乙本、漢簡本均作「輿」;傅奕本作「譽」;帛書甲本作「與」;河上公本作「車」。輿即車輿,古人身份地位的象徵。

〔八〕琭琭：華美貌。
〔九〕珞珞：堅硬貌。

【今譯】

從前凡得一的，天得一而清明，地得一而安寧，神得一而靈通，谷得一而充盈，萬物得一而存在，侯王得一而使天下安定。推而言之。天不能持之以清明則恐怕要崩裂，地不能持之以安寧則恐怕要荒廢，神不能持之以靈顯則恐怕要耗損，谷不能持之以充盈則恐怕要枯竭，萬物不能持之以存在則恐怕要滅絕，侯王不能持之以治理天下則恐怕要敗亡。因此貴以賤為根本，高以下為基礎。所以侯王自稱為孤寡無德。這不是以賤為根本嗎？難道不是嗎？所以欲求常常得到車轎是因為沒有車轎。不強求像華美的玉塊，堅硬的石頭。

【義疏】

此章言「得一」即能體道，萬物只有體得常道才能實現其自己。

所謂「得一」之「一」，即得常道，常道是整全的、不可被分割的，落在價值意義上來說是就生命的整全性而言「一」。若剋就道生的意義來說，「得一」，即得「玄」，體證常道的作用，「無」、「有」並兼，並不偏就「無」而言「一」，職是之故，能創生價值天地、實現萬物自然如此的意義，而不偏不滯，一切生命奧妙都自此開出，故以「一」稱之。

天地之所以清寧、神明之所以靈通，山谷之所以充盈，萬物之所以得以存在，侯王之所以能治理天下，並不由於清、寧、

靈、盈、生、貞本身，而是在於常道，能體道則能保住一切存在的純粹價值。《老子》言天、地、神、谷，並非為了說明客觀萬物的存在根據，而是透過以萬物為喻說明主體存在價值。即使萬物也不能外於道，不失道才能如其自己地存在，侯王若能以自然之道治理天下，則能貞定天下，安邦定國。若天、地、神、谷、萬物、侯王不得道、不能踐道而行，則喪失其存在的根據，縱然活著亦失其自然價值，繼而從不能保住其純粹價值的一面而言發、歇、竭、滅、蹶，並不是指天、地、神、谷失其道時，於現象義變得崩解壞敗；眾人不能體道時，將導致滅亡；治天下的人失去常道，便立即亡國，而是剋就價值意義之失其自然來說發、歇、竭、滅、蹶。

《老子》立說是就人而言體道、得一，僅人能透過修道工夫，體道證得沖虛太和之境，故曰「聖人抱一，為天下式」（〈二十二章〉），透過體道、守道工夫，而能為天下範式。整部《老子》立言的對象更是以治國者為主，所述內容乃「君人南面之術」，[36]故遂曰侯王應以賤為本、以下為基，自稱孤寡不穀，凡此均指出人君應謙下虛心。治天下者應以賤為本，才能得其貴；以下為基，方可成其高，此說非就權謀用術來說，而是只有謙下無為，方能廣納百川而為侯王。因其為侯王，治理天下，得其位而成其貴、成其高，此乃自然而然所得之爵位、食祿。「侯王無以貴高將恐蹶」並非指侯王不得高位、厚祿便會被民眾顛覆，而是侯王不能體道自然，以無為的方式治理國家，則無法

---

36 東漢・班固（32-92）：《漢書・藝文志第十》（臺北：鼎文書局，1979），頁 1732。班固以「君人南面之術」概括道家論學宗趣，以此來簡述《老子》一書著書宗旨亦甚相應。

貞定一國，便會失其爵位；失其爵位，則失其高位、厚祿，國家便會被顛覆。「人之所惡，唯孤寡不穀，而王公以為稱。」(〈四十二章〉) 便是以賤為本，以下為基的道理：眾人所厭惡的就是無父、無配偶、不德之人，侯王卻以此自稱，足見其取向謙下。因此越是欲求得到很多車輪，實際上越是沒有車輪，因為富貴與地位不是由富貴地位本身而得，是由其所以然，即謙下虛心而得，因能謙下自可成其高貴，自然而然得其車輪。侯王亦不強求美玉、堅石，事事表現謙虛，只有謙下無為，才能體道得一，貞定天下。

五十一章

道生之，德畜之，〔一〕物形之，〔二〕勢成之。是以萬物莫不尊道而貴德。道之尊，德之貴，夫莫之命而常自然。〔三〕故道生之，德畜之。長之、育之、亭之、〔四〕毒之、〔五〕養之、覆之。〔六〕生而不有，為而不恃，長而不宰，是謂玄德。

【注釋】

〔一〕畜：畜養。

〔二〕形：形著。

〔三〕莫之命而常自然：命，宰制、命令。不加以宰制而以自然的方式待之。

〔四〕亭：成也、定也。

〔五〕毒：治也、安也。

〔六〕覆：呵護、保護。

【今譯】

以常道實現萬物，以常德畜養萬物，以事物形著萬物，以形勢成就萬物。因此萬物沒有不尊崇道而珍貴德。道之所以受到尊重，德之所以得到珍貴，全在於道德不宰制萬物，而以自然的方式對待他。因此常道實現萬物，常德畜養萬物：長成萬物、撫育萬物、安定萬物、治理萬物、調養萬物、保護萬物。生成萬物而不據為己有，興作萬物而不恃己功，長育萬物而不加以宰制，這就是奧妙的德。

【義疏】

此章言常道生畜萬物之德。

《老子》所言道生、德畜、物形、勢成的對象是「萬物」，然而承前文所言，《老子》所言之萬物、物、事均針對人立說，僅有人才能修道，透過無為而無不為的工夫修養，調適上遂體證自然境界，故其言萬物、物、事，均就人或行為物而言，並針對主體價值立論，而不就客觀萬物立說。

所謂道生德畜、物形勢成的說法，可從形上、形下的分判來理解：道生、德畜為形而上者，物形、勢成則屬形而下者。生命以道的方式存在，常道自然，故以自然的方式使生命存在，此乃超越的、普遍地說；以德的方式畜養，即得之於內、得道於內落實於生命之中，此乃內在的、具體地說。道德乃成就萬物之所以成其為萬物的所以然，使生命的價值得以實現、開顯。生命的價值意義通過事情的實踐來形著，倚順外物的客觀形勢

成就它，故物、勢使生命自然而然的價值意義得以彰顯、形著。作為生化天下萬物的原則來看，道德處先，屬形而上說，是體；物勢序後，歸形而下說，是用。道德作為開創生命價值的形上之體來說是備受尊崇，以及值得珍而貴之，因其不宰制萬物，以自然而然的方式成就萬物。道生德畜從積極的角度來看，它對萬物有長成作育、成全安定、調養呵護的作用，妙用萬物使之得以貞定，而不隨心知執定起種種分別，浮沉不定，是謂無而能有；從消極的角度來看，它生成萬物而不私有，興作萬物而不自恃，長養萬物而不宰制，無私毫作意地成就萬物，使之能如其自己地實現自身價值意義，是謂有而能無。如是無而能有，有而能無，不泥於無、不拘於有的衣養萬物方式，足見玄作用於其間，因此稱作「玄德」。

在大道「生而不有，為而不恃，長而不宰」的情況下，不自執其生，萬物便能自生長久，因而得以保存其純粹價值意義。值得一提的是，所謂「道生之，德畜之」，道生並非單靠常道消極地「不有」、「不恃」、「不宰」，讓開一步使萬物自生；道生的前提是，道是有著積極的生、為、長、育、亭、毒、養、覆，只是其生、其為、其長，是無有作意地使之生，故有生、為、長之功，而不居功、不自恃、不宰制，因而又曰：「生而不有，為而不恃，功成而弗居。」（〈二章〉）「功遂身退，天之道。」（〈九章〉）外其功而不處，為自然之道，然而不等同沒有生化之功。故至道生天地，「萬物恃之而生而不辭，功成不名有。衣養萬物而不為主，常無欲，可名於小；萬物歸焉而不為主，可名為大。以其終不自為大，故能成其大。」（〈三十四章〉）萬物依恃大道而得以生生不息地存在，然而大道功成事遂而不自以為有功，

養育萬物而不自以為可以主宰萬物，讓萬物自己作主。無欲為主，無欲為私，便是不恃、不有、不為主，由於沒有什麼私欲故為「小」；因其不恃、不有，不為主，萬物歸向它，於是道無所不包，由是而見其「大」。大道在無所不包的情況下，自始至終的不宰制萬物，不自以為大，故能成就讓萬物自主，可以讓萬物自然地實現自己之「大」。由道德之「小」以成萬物之「大」，是道德值得尊貴的地方，故言「道之尊，德之貴，夫莫之命而常自然」，並以「玄德」稱之。

二、道的特性

十四章

視之不見名曰夷，聽之不聞名曰希，搏之不得名曰微。〔一〕此三者不可致詰，〔二〕故混而為一。〔三〕其上不皦，〔四〕其下不昧，繩繩不可名，〔五〕復歸於無物，是謂無狀之狀，無物之象，是謂惚恍。迎之不見其首，隨之不見其後。執古之道，以御今之有，能知古始，是謂道紀。〔六〕

【注釋】

〔一〕「視之不見名曰夷」三句：搏，指觸覺觸摸。夷，平坦不突出。希，音希不清楚。微，即無，常道無形體故曰無。

夷、希、微指道無形體，所以無法通過感官途徑把握道。

〔二〕致詰：說明清楚。

〔三〕混而為一：混成為一整體，不可分割。

〔四〕皦：光亮。

〔五〕繩繩：繩絞在一起，有若「玄」字，幽深奧妙、綿綿不絕。

〔六〕道紀：常道的綱領、綱要。

【今譯】

看它而不能見到，名叫「夷」；聽它而不能聞得，名叫「希」；摸它而不能得到，名叫「微」。這三樣行為都不可以說明它，所以它是混成為一體。它上面不光亮，它下面不幽暗，綿綿不絕而不可名狀，回到無形體的狀態，這叫做沒有形狀的形狀，沒有形體的形象，稱作惚恍。迎著它而不見其開頭，跟隨它而不見其後面。掌握古時候所傳的道，來駕御生命當下的事，就能了解自古以來就有的道，這就是道的綱領。

【義疏】

此章嘗試說明道的形象，然而基於可道者非常道，終究只能以夷、希、微、不皦、不昧、不可名、無物等無狀之狀、無物之象此惚恍之詞形容常道。

語言文字是永遠無法窮盡常道的內容，而常道確實存在，為了表達不可言說的常道，而又不以概念定義它，只好對道作出惚恍的形容，以明常道的真實存在，而不是一個永遠無法體證、空洞無內容的光影。因為常道不能形狀化，故通過感官的

視、聽、搏均無法把握它，由於視而不能見、聽而不能聞、觸而不能得，故曰夷、希、微，以平坦不突出、音希不清楚、精微不易發現來形容常道，亦不足以說明。凡此三途均不能清楚說明常道的存在，因為常道是混成為一整體，不能被分割的。所謂「混而為一」，不是指常道混合了玄、無、有，或是由什麼元素混合組成，而是常道本身是渾然天成，為一個整體。同樣，生命存在亦是一個整體不能被分割。〈二十五章〉言「有物混成」之「混成」亦屬此意。在不得已的時候，分析地說，才從玄、無、有說明，常道生化萬物時，無而能有，有而能無的狀況，以及玄作用於無、有之間的情形。凡此分解的、分別的述說，終究不是不可道的常道，只有透過實踐體證，進入非分別說，體證的道，才是常道。

常道雖不能被清楚描述，但仍能大概地說明它。《老子》除了指出夷、希、微不足以說明常道以外。又指出常道「其上不皦，其下不昧」，所謂上不光亮，下不幽暗，是互文地說：常道上下不光亦不暗，用遮詮的方式說它不是光亮的，亦不是幽暗的，到底常道上下是怎樣一個狀況呢？於此《老子》仍沒有給出具體的說詞，究其原因即在於常道無法用言說具體地表達，故以遮詮言之。常道上下無所謂光明與幽暗，綿綿不絕且不能被名狀，以見常道不可道的無形體之狀，由是強調常道並非一客觀外物，不能通過感官具體地把捉，故謂「惚恍」。由於其惚恍，所以迎著它不見其前，追隨它不見其後，首尾前後並無分別。可是，只要實踐它、體證它的時候，就能掌握古時候所傳之道，來駕御生命當下所遇的事。由是可見常道是具有普遍性、恆常性。只有透過工夫修養來體證的常道，在生命實踐的當下

才能被具體化的呈現。

十五章

　　古之善為士者，〔一〕微妙玄通，〔二〕深不可識。夫唯不可識，故強為之容。豫焉若冬涉川，〔三〕猶兮若畏四鄰，〔四〕儼兮其若客，〔五〕渙兮若冰之將釋，〔六〕敦兮其若樸，〔七〕曠兮其若谷，〔八〕混兮其若濁。〔九〕孰能濁以靜之徐清？孰能安以久動之徐生？保此道者不欲盈，夫唯不盈，故能敝而不成。〔十〕

【注釋】

〔一〕善為士者：傅奕本、帛書乙本之「士」作「道」，竹簡本、
　　　漢簡本、河上公本、王弼本均作「士」，「道」與「士」
　　　均指善於修道的人。

〔二〕微妙玄通：微，幽微；妙，神妙。玄通，竹簡本、帛書
　　　乙本、漢簡本均作「玄達」，玄，深遠；通，通達。

〔三〕豫：小心準備貌。

〔四〕猶：戒懼警覺貌。

〔五〕儼兮其若客：儼兮其若客之「客」，王弼本作「容」，竹
　　　簡、帛書、漢簡、傅奕、河上公本均作「客」，「容」則
　　　難以通其義，今據各本改王弼本字。儼，拘謹嚴肅貌。

〔六〕渙：渙發解融貌。

〔七〕敦：敦厚其德貌。

〔八〕曠：開闊寬廣貌。

〔九〕混：混然純樸貌。

〔十〕敝而不成：竹簡本無此句。帛書甲本此句殘缺，乙本作
「𢃹而不成」。漢簡本作「敝不成」。傅奕本作「敝而不
成」。《淮南子・道應》引《老子》此句作「弊而不新成」。
河上公本、王弼本作「蔽不新成」。今本「蔽不新成」需
改字始能順通文意，如高亨《老子正詁》引清・易順鼎
（1858-1920）曰：「疑當作『故能蔽而新成。』『蔽』者
『敝』之借字。『不』者『而』之誤字也。敝與新對。能
敝而新成者，即二十二章所云『敝則新』。與上文能濁而
清，能安而生同意。《淮南子・道應訓》作『故能蔽而不
新成』。可證古本原有『而』字。『不』字殆後人臆加。」
高亨認為易說是，為篆文「不」、「而」形近故譌。又引
《墨子・兼愛下》：「不鼓而退也。」「而」乃「不」字之
譌為證。《易・謙・象傳》：「天道虧盈而益謙，地道變盈
而流謙，鬼神害盈而福謙，人道惡盈而好謙。」為證指
出〈十五章〉應作「夫唯不盈，故能蔽不新成。」見高
亨：《老子正詁》（北京：清華大學出版社，2011），頁 28。
隨著帛書《老子》出土，高亨作《老子注譯》修改前說，
認為「新」字乃後人所加，當作「敝而又成」，「又」形
近誤為「不」。敝，破也，乃破敗轉化為成功之意。見高
亨：《老子注譯》（北京：清華大學出版社，2011），頁 34。
案：誠如高亨後來所言，蔽乃敝之借字，敝者，破也，
從帛書乙本、傅奕本來看，「新」字乃後人所加，古本無
「新」字，句意較能呼應前文，然而帛書、傅奕、漢簡
本作「不」，而非「又」，似非形近而誤，故不應改字順

通文意。出土本「敝而不成」較今本「蔽不新成」能呼
應其他章句說法，且為既有之說，亦不必透過改字進行
詮釋，遂將王弼本「蔽不新成」改為「敝而不成」。「不
成」與〈四十一章〉「大器晚成」之「晚成」義相近，即
破損而不能有所成，關於此句義理詮釋，見義疏。

【今譯】

　　從前善於修道的人，幽微神妙，深遠通達，高深而不可測。
正因為深不可測，所以只能勉強形容他。小心準備像冬天涉足
冰川一樣，戒懼警覺像被四隣窺伺一樣，拘謹嚴肅像作客一樣，
渙發解融像冰之消融一樣，敦厚其德若素樸原質一樣，開闊寬
廣得像山谷一樣，混然純樸得像濁水一樣。誰能使濁水安靜下
來而慢慢變得澄清？誰能使生命安於長期變動而慢慢生發？保
持此道的人不希望自滿，只有不自滿，所以能破損而無成。

【義疏】

　　此章就「善為士者」的修道之人說明體道境界，並由體道
之人的表現窺見常道的微妙玄通。

　　《老子》指出修道之人表現的幽微、神妙、深遠、無不通
達，深奧不可測，均因所體證的為不可道之道，故言「不可識」。
若勉強以言說形容體道的狀況，僅能「強為之容」，可見常道不
可道、不可名，體證常道境界亦屬於不可道、不可名的層次。

　　常道微妙玄通、深不可識，但凡是可以辨識測度的，便不
會是幽微神妙、玄遠通達，若要以言說來形容，只好勉強為之：
小心準備像冬天涉足冰川一樣，戒懼警覺像被四隣窺伺一樣，

拘謹嚴肅像作客一樣端莊，渙發解融像冰之消融一樣，敦厚其德若木之原質一樣素樸，開闊寬廣得像山谷一樣能容萬物，混然純樸得像濁水一樣，豫、猶、儼、渙、敦、曠、渾各樣狀況都有，均為體道的其中一種面貌，由是可見，但凡是無心之狀的形容均可繼續列舉下去，並無一定限制。重要的是，至道能使生命從像濁水般的動盪中，安靜下來慢慢澄清；又能使生命安於變動中慢慢成長，可見生命的成長是不能急成，必須透過工夫修養，調適上遂，方能成為「善為士者」。

　　能體此道者不會自滿，故「不欲盈」。因其不盈，有若谷神，能容眾物，源源不絕地成就生命一切的價值意義，故能「敝而不成」。有若破損之狀，而無所成，凡有所成，即被限定為某一形態；若為某一形態所限定，便為可道之道，而不能開決封限，不突出某一面地生化一切生命中的奧妙，故曰「不成」。「敝而不成」與〈四十一章〉「大器晚成」之「晚成」義相近，「晚」通「免」，晚成即無成之意。[37]常道以無特定方式成就生命，故其成為「不成之成」，因此曰「道隱無名，夫唯道善貸且成。」（〈四十一章〉）

　　常道體現於生命之中而為具體的德，然而雖曰「具體」，亦只能「強為之容」，更何況常道本身，故〈二十五章〉又言「吾不知其名，字之曰道，強為之名曰大。」《老子》僅能勉強以絕對的「大」來形容不可道之道。

---

37 陳柱指出「晚猶免也，免成猶無成也。」見陳柱：《老子韓氏說》，《無求備齋老子集成續編》（臺北：藝文印書館，1965），頁73。

二十一章

　　孔德之容，〔一〕惟道是從。道之為物，〔二〕惟恍惟
惚。惚兮恍兮，其中有象；〔三〕恍兮惚兮，其中有物；〔四〕
窈兮冥兮，其中有精。〔五〕其精甚真，其中有信。〔六〕
自古及今，〔七〕其名不去，〔八〕以閱眾甫。〔九〕吾何以
知眾甫之狀哉？以此。

【注釋】

〔一〕孔德之容：孔，大。德，道是超越的、普遍的；德是內
　　　在的，已將道特殊化，其普遍是特殊形態的普遍，具體
　　　而真實的普遍。所謂真實，是就其通過實踐而證成的無
　　　妄來說其真實。雖然德是特殊形態的普遍，但德仍是開
　　　放性而無有限定。容，樣態。

〔二〕道之為物：牟宗三先生指出「道之為物」並不是實指有
　　　一實在物，是指有這麼一個東西的意思。關於「道之為
　　　物」的「物」字釋義，詳見牟宗三主講，盧雪崑記錄：〈老
　　　子《道德經》講演錄〉（五），《鵝湖月刊》338，2003.8，
　　　頁 6-7。今以「道這個存在」來解釋「道之為物」是在牟
　　　先生之說的基礎上，再推進一步說明。

〔三〕象：形著、示現。

〔四〕物：事、物。

〔五〕精：凝聚、凝鍊精神。

〔六〕信：可以驗證、信驗。

〔七〕自古及今：河上公本、王弼本均作「自古及今」，帛書本、
　　　漢簡本、傅奕本作「自今及古」。不論自古及今還是自今
　　　及古，其義均是說明常道的真實性可以永遠被檢驗，從
　　　義理影響來說，二者分別不大。

〔八〕其名不去：名，同於「有名萬物之始」（〈一章〉）、「始制
　　　有名」（〈三十二章〉）之「名」，即常道「有」的特性，
　　　落實生命價值之意。不去，不離。

〔九〕以閱眾甫：閱，閱歷。眾甫，帛書甲本作「眾仪」、乙本
　　　及漢簡本作「眾父」，傅奕本、河上公本、王弼本均作「眾
　　　甫」。《河上公章句》曰：「甫，始也。」頁87。王弼曰：
　　　「眾甫，眾物之始也。」（《王弼集校釋》，頁53）眾甫，
　　　即眾物之始。

【今譯】

　　大德的樣態，只依順常道自然。常道這個存在，恍恍惚惚。
惚恍卻有形著的表現，恍惚卻有事理在其中，幽深卻凝聚精神。
它的精神很有真實性，當中亦可以驗證它。從以前到現在，它
落實生命價值的一面不可除去，由此來閱歷眾物之始。我為什
麼能知道眾物之始的樣態呢？從大德得知。

【義疏】

　　此章說明常道形象彷彿，卻為萬物生化的根據。

　　〈十四章〉以「惚恍」這種無狀之狀、無物之象，形容常
道。〈二十一章〉則對常道的惚恍，有更深入的說明。《老子》
從修養之至德來說「孔德」，指出修養的大德，只依從常道自然。

常道這個存在，恍惚不定、窈深冥昧，不易被感官掌握，卻有象、有物、有精。所謂「其中有物」與〈十四章〉「無狀之狀，無物之象」之「無物之象」，以及〈四十一章〉「大象無形」並不矛盾。「無物之象」、「大象無形」是從道不能被感官把捉、以言語說明，故言常道沒有具體形象；「其中有象」則指常道雖恍惚不定，卻隨著實踐主體體證而能形著、示現，故「其中有象」之「象」是形著的意思。常道雖惚恍窈冥，體道者則能形著於生命之中，即「有象」；能踐道便能成就生命裡的事物，即「有物」；能證道便能凝聚生命中的精神而應物，即「有精」，於此「有象」、「有物」、「有精」層層遞進，為生命境界調適上遂的表現。由是可見，常道透過實踐便能見其有真實性，是可以徵驗的。

　　正因常道是透過實踐，得以體證其真實性，所以自古及今，常道生化萬物，讓萬物得以自然而然地實現其價值意義，由是見其恆常性。從常道生化萬物的過程，更見道不離物，是以謂之「不去」。然而，所謂「其名不去」之「其名」又當作何解釋？《老子》八十一章中，「名」有二義，一為命名、名稱之意，如〈一章〉「名可名，非常名」、〈十四章〉「視之不見名曰夷，聽之不聞名曰希，搏之不得名曰微」、「繩繩不可名」、〈二十五章〉「吾不知其名，字之曰道，強為之名曰大」之「名」；二為與道同層，則不作「名稱」義，如〈一章〉「無名」與「有名」與常道的雙重性「無」與「有」同義，即分別就生命價值意義之沒有封限，以及生命價值進一步落實，有所成的意思而言「無」與「有」。又如〈三十二章〉「始制有名，名亦既有，夫亦將知止，知止所以不殆」之「有名」是指常道「有」的一面，落實

實踐制作名位時，能不違自然，無有危殆，因此「無名」、「有名」均與道同層，而不釋作「名稱」。今人詮解，多針對「自古及今」以及「自今及古」版本異同來討論，少就「其名不去」釋義說明其義理內涵。歷代注解亦鮮少闡述「其名」的蘊涵，然而若就前人注解語脈來看，主要亦有兩種不同說法，一是以名稱釋之，成玄英曰：「時乃有古有今，而道竟無來無去，既名不去，足顯不來，文畧故也。」[38]北宋・蘇轍（1039-1112）曰：「古今雖異，而道則不去，故以『不去』名之。」[39]稱常道不離這種特性為「不去」，或以「不去」作為常道的別稱。二是直接疏解義理，以此論常道特性，而不從「名稱」釋「其名不去」之「名」，如《河上公章句》曰：「從古至今，道常在不去。」（《河上公章句》，頁 87）另外王弼則曰：「至真之極，不可得名。無名，則是其名也。自古及今，無不由此而成，故曰『自古及今，其名不去』也。」（《王弼集校釋》，頁 53）將「名」釋為「無名」，為不可名之名，與道同層。

　　從詮釋學循環來看，前文既言常道「有象」、「有物」、「有精」、「甚真」、「有信」，卻恍惚窈冥，不可名狀，〈一章〉又言「名可名，非常名」，〈十四章〉指出常道「繩繩不可名」，〈二十五章〉並明言「吾不知其名，字之曰道，強為之名曰大。」可見常道不可名，僅能勉強說之為「道」、「大」而已，因此《老子》絕不可能著實稱常道為「不去」，以「名稱」釋「其名不去」之「名」實有不妥。加上自古及今生化萬物而不離萬物，「其名」必須緊扣常道而論，〈一章〉「有名萬物之始」、〈三十二章〉「始制有名」的「有名」，甚能與「其名不去」的「名」相應。「有

---

38 成玄英：《老子義疏》（臺北：廣文書局，1974），頁 151-152。
39 蘇轍著，黃曙輝點校：《道德真經註》（上海：華東師範大學，2010），頁 29。

名」與「常有欲以觀其徼」之「有欲」同屬常道「有」的特性，
能讓萬物落實實踐的方向，實現其自然價值，而不僅只有「無」
的一面。因常道能生化萬物，「天下萬物生於有」（〈四十章〉），
所以常道不離萬物，亦可由「有名」得見眾物的根源，由是而
曰「以閱眾甫」。王弼以「無名」釋「其名不去」之「名」，是
由於其說以「無」等同於道，刊落了「有」形上性格，因此僅
以「無名」釋「其名」，此其常道內涵異於《老子》之故也，不
可不辨。[40]

　　怎樣才能知道眾物的根源的樣態呢？得回到道之「甚真」、
「有信」來驗證，而道之真、道之信，則源於修道實踐。所以
「孔德之容，惟道是從」，就是指點體證不可道之道的一個重要
原則。《老子》又名《道德經》，「道」與「德」並稱，「道」、「德」
兩者有著不同的義涵，德者得也，得之於內之謂「德」。「孔德」
即「大德」，是從主體修養至至德、大德來說，大德的樣態依順
於大道，道是客觀的、形式的、普遍的、超越的；德是主體性
的、內容的、具體的、內在的。道的客觀是理的客觀，通過主
體的修養的德，便能使普遍的、超越的、不可道之道具體而真
實地呈現於生命之中，使道內在於主體，是謂得之於道，故道
之「有象」、「有物」、「有精」須緊扣實踐而談。

三十五章

　　執大象，〔一〕天下往。往而不害，安平太。樂與餌，
〔二〕過客止。道之出口，淡乎其無味，視之不足見，聽

---

40 關於王弼道論刊落《老子》常道「有」的一面的相關說法，詳見拙作《老子
　思想詮釋的開展——從先秦到魏晉階段》，頁 317-345。

之不足聞，用之不足既。〔三〕

【注釋】

〔一〕執大象：大象，即道。把握常道。
〔二〕樂與餌：悅耳的音樂和美食。
〔三〕既：竭。

【今譯】

把握常道，天下人便歸往。歸往而不妨害百姓，便安樂平和國泰。悅耳音樂和美食，能吸引過客停住。常道表現出來，平淡而沒有味道，探視它而無法見到，傾聽它而無法耳聞，運用它卻不會窮竭。

【義疏】

此章說明常道形象平淡卻用之不盡的特性。

《老子》論道，認為能把握道、體道之人，則天下百姓便歸順他，加上體道之人不妨害歸順的百姓，便能安享太平。又認為悅耳的音樂、美味的飲食，能吸引過客歸順。由是可見《老子》所論「執大象」之人，是指治國、治天下的人。治國者能體道，即能達太平之治。

《老子》進一步就「執大象」之「大象」的內容進行描述，指出常道的表現，淡若無味，並無特別形象特色。視則無睹，聽則無聞，不能通過感官把握它，與〈十四章〉「視之不見名曰夷，聽之不聞名曰希，搏之不得名曰微」的說法相近，常道均為惚恍窈冥，「無狀之狀，無物之象」。由其無狀、無象，不足

見聞，見其淡若無味之相。雖然常道不可被名狀，也無法用感官把握，可是常道在體證時卻用之則無盡，有若源頭活水，取之不竭，此即道的特性。

二十五章

　　有物混成，〔一〕先天地生，寂兮寥兮，獨立不改，周行而不殆，〔二〕可以為天下母。吾不知其名，字之曰道，強為之名曰大。大曰逝，〔三〕逝曰遠，遠曰反。故道大，天大，地大，王亦大。〔四〕域中有四大，而王居其一焉。人法地，〔五〕地法天，天法道，道法自然。

【注釋】

〔一〕物：與〈二十一章〉「道之為物」的「物」義相同，是就道這個存在而說，故「物」即道。

〔二〕殆：衰疲、停止。

〔三〕曰：語助詞，無實義，如《詩經・豳風・東山》：「我東曰歸，我心西悲。」《詩・小雅・采薇》：「曰歸曰歸，歲亦莫止。」

〔四〕王亦大：竹簡本、帛書本、漢簡本、河上公本均作「王亦大」，傅奕本作「人亦大」。

〔五〕法：效法。

【今譯】

　　有一存在混然天成，早在天地存在時已先存在，既無聲而

又廣闊，獨立無對而不變，周普作用而不衰疲，可以作為天下
事物的根據。我不知道它名字，權且稱之為道，勉強叫它名字
為大。廣大而往前，往前而無遠弗屆，無遠弗屆而回反循環。
因此道大，天大，地大，王也大。宇宙中有四大，而王位居其
中之一。人效法地，地效法天，天效法道，道效法自然。

【義疏】

此章說明道的特性及道與人的關係。

從道的特性來看，所謂「有物混成」之「物」與「道之為
物」（〈二十一章〉）相呼應，均不就客觀外物而言，而是指常道
本身。常道混然天成，不可分割，先天地而存在，無聲廣闊，
不與物對，恆常不變，普遍作用而生生不息，且為生化萬物的
根據，由是可見常道有以下六個特性：第一，獨立性：所謂「有
物混成」，並不是指有一客觀外物實實在在的放在眼前，而是常
道渾然天成。獨立自足，並不需要借由外物來成就它，故混然
獨立乃道之特性一。第二，先在性：所謂「先天地生」之「先」，
不只是邏輯的先在，亦不是指時間上的先在，而是理論上的優
先性、形而上學的先在性，[41]因此理論涉及存在，故亦是形而上
學的先。其「生」不是就母生子之生而言生，是就存在而言，
道先於萬物而存在，是理論上、形而上的優先存在，故先在性
乃道之特性二。第三，絕對性：由「獨立不改」的「獨立」，見

---

41 邏輯的先在不一定是形而上學的先在，形而上學的先在一定涵有邏輯的先
在，而邏輯的先在與形而上的先在，分別在於前者不涉及存在，而後者涉及
存在。關於邏輯與形而上學之先在性的區別，詳見牟宗三主講，盧雪崑記錄：
〈老子《道德經》講演錄〉（五），頁 10。

道之與物無對，與物不同；不更易變改，見其絕對。形而下的萬物存在於變動之中，常道則不是形而下的萬物，若為形下之物則有對而非獨立，變易而非不改。然而常道並不因其獨立不改而與萬物隔絕，卻能順應萬物，使萬物能以自然的方式實現其自己，不改常道的自然特性。常道獨立無對、恆常不變，故絕對性乃道之特性三。第四，普遍性：由「周行而不殆」之「周行」見道的作用遍在，故〈三十四章〉言「大道氾兮，其可左右。」常道之廣大，其可左可右，無處不在，因此普遍性乃道之特性四。第五，永恆性：由「周行而不殆」之「不殆」見道之永恆，道周行不止，生生不息而不衰微，故又言「用之不足既」(〈三十五章〉)、「谷神不死」(〈六章〉)。〈十四章〉又云：「迎之不見其首，隨之不見其後。執古之道，以御今之有，能知古始，是謂道紀。」(〈十四章〉)常道無首尾前後的分別，只要能掌握常道、體證常道，便能得自古以來所傳之道，以駕御生命中之事，能掌握古之道以御今之事，可見常道不受時間限制，因此永恆性乃道之特性五。第六，根源性：以「可以為天下母」之「母」作為比喻，萬物由此「母」而生，顯其為萬物之所以為萬物的價值根源，職是之故，常道被視為「眾妙之門」(〈一章〉)、「玄牝之門，是謂天地根」(〈六章〉)，故根源性乃道之特性六。

　　透過以上討論可知常道、至道雖不可道，但勉強為之言，還是可以知其特性，即道之為物，乃獨立、先在、絕對、普遍、永恆，且作為萬物價值意義的根據。常道之廣大普遍、不與物對見其「大」；大而能往前推進，生物不殆，是謂「逝」；逝而能無遠弗屆，是謂「遠」；遠而能返，不斷循環，生生不息，無

而能有，有而能無，歸復不已，是謂「反」。大、逝、遠、反乃常道生化萬物，實現萬物自然價值的過程，此乃常道的特性。

道不遠人，常道具有獨立、先在、絕對、普遍、永恆，且作為萬物存在的根源等特性，落實在人身上完全實踐，則為聖人；落實在治國者身上，即為聖王。在道大的前提下，天大、地大、王亦大，故道是一個統攝的實踐原則，層層落實下來，天為超越原則，地為具體原則，王為主體原則，常道具有以上形式的規定。在宇宙當中，道大、天大、地大、王亦大，而王居其中之一，可見主體實踐對於體道的關鍵性，而聖王乃體現常道的具體原則，由此說明道與人的關係。

「道大，天大，地大，王亦大」是自上而下來說明道與人的關係，「人法地，地法天，天法道，道法自然」則是自下而上來說明道與人的關係。人效法地，地效法天，天效法道，道效法自然，此所法者由個人具體地推而廣之，先法具體事物，再法抽象內容，層層遞進。天法道，道是絕對的，何以又法自然？是否代表自然比道還要高？王弼注曰：「自然者，無稱之言，窮極之辭也。」自然乃無有封限之物，不能以言辭來說明，是不可道之道，應與大道相通，道與自然並非分屬兩層。然而道法自然，是因為大道實無物可法，「自然」乃抒義字，[42]以自然作為道的內容來說明道已是最終的、絕對的，到最後道亦不能執定，故成玄英曰：「既能如道，次須法自然之妙理，所謂重玄之域也。」[43]是以法自然來消解對道的執持，實則道即自然，能做到無為而無不為者，即能體自然之境。因此，《老子》言「道法

---

42 牟宗三先生指出「道法自然」之「自然」乃抒義字。見牟宗三主講，盧雪崑記錄：〈老子《道德經》講演錄〉（五），頁14。

43 成玄英：《老子義疏》，頁180。

自然」，並非謂「道」之上更有一「自然」者生「道」，而是以自然作為常道的內容，消解對常道的執定。

《老子》言「道法自然」而不曰「道法無為」足見其道兼「無」、「有」的一面，若以無等同於道與自然，則刊落了常道徼向性的一面，僅能以消極「不生之生」的方式成就萬物，而失其無而能有，有而能無的特色。

此外，《老子》雖曰「道法自然」，卻「希言自然」（〈二十三章〉），是因為自然、與道均為不可道者，需要透過實踐來證成，不能光靠思辨言說來體證。《老子》其他篇章論及「自然」，有著無為、不刻意的意思，如「道之尊，德之貴，夫莫之命而常自然。」（〈五十一章〉）「輔萬物之自然，而不敢為。」（〈六十四章〉）可見自然一詞，是通過無為修養以達至沖虛之境，故不能視之為自然科學研究對象義之自然，亦不能理解為西方哲學中之「自然主義」（Naturalism）。[44]西方之自然主義是用機械因果說明宇宙現象，一切現象均是彼我依待，落在因果規律之中，故為他然，恰好與道家「自己如此」之自然義相反，[45]故《老子》之「自然」與西方之「自然主義」是截然不同的思想體系。

四　章

道沖而用之或不盈，〔一〕淵兮似萬物之宗。挫其銳，解其紛，和其光，同其塵。〔二〕湛兮似或存，〔三〕吾不

---

44 關於道家之自然義的內涵，莊耀郎先生有更詳盡的闡述，見莊耀郎：《王弼玄學》（新北：花木蘭文化出版社，2011），頁 80-81。

45 見牟宗三：《中國哲學十九講》，頁 90。

知誰之子，象帝之先。〔四〕

【注釋】

〔一〕沖而用之或不盈：沖，沖虛。或，「或」與下文之「似」、
　　　「象」均為疑似不清楚之狀，由於道不可道，僅能以大
　　　概的方式描繪道的形象。不盈，不會滿溢。

〔二〕挫其銳，解其紛，和其光，同其塵：四句或被疑為〈五
　　　十六章〉錯簡重出，與前後文不甚相應。竹簡本不見此
　　　章，然而帛書本〈四章〉及〈五十六章〉均有相近內容，
　　　〈四章〉乙本作「銼亓兌，解亓芬，和亓光，同亓塵」，
　　　〈五十六章〉乙本則作「和亓光，同亓塵，銼亓兌而解
　　　亓紛」；漢簡本〈四章〉作「㨡其脫，解其紛，和其光，
　　　同其袗」，〈五十六章〉則作「和其光，同其畛，挫其銳，
　　　解其紛」。劉笑敢指出「傳世本中，各章重複相當明顯，
　　　有幾處都是字字相同的重複，但查帛書本和竹簡本，其
　　　重複則沒有傳世本嚴重，往往是選擇性的或略有變化的
　　　重複。」劉笑敢更以帛書〈四章〉、〈五十六章〉為例說
　　　明二者句序、句式並非完全一樣。從帛書本來看，這是
　　　思想的再現，而不是語言的重複。見劉笑敢：《老子古今：
　　　五種對勘與析評引論》，頁 122。此四句之義理疏解見第
　　　三章工夫論。

〔三〕湛：《說文》曰：「湛，沒也。」樓宇烈曰：「湛，深暗不
　　　可見之貌。」（《王弼集校釋》，頁 13）

〔四〕帝：王弼曰：「帝，天帝也。」（《王弼集校釋》，頁 11）；
　　　王安石曰：「帝者，生物之祖也。」（《王安石老子注輯佚

會鈔》，頁 24）

【今譯】

常道沖虛，然而用之卻像不會滿溢，深遠像萬物的根源。挫掉他的鋒芒，消解他的紛擾，中和他的光耀，渾同他於世俗之中。暗沉不可見好像存在，我不知道它是誰的兒子，像天帝之前就有它。

【義疏】

此章言常道沖虛且先於萬物的特性。

《老子》首章言可道、可名即非常道，常道既為不可道、不可名，何以又作五千言論道？常道雖然不可被言說限定，被定義封限，只是說明語言文字的進路，永遠無法窮盡宇宙人生之道的內容，而常道則是真真實實存在的，為了表達常道這種真實的存在，而又不以定義封限它，從遮詮來說，則以不可道、不可名說之，並沒有明說道是什麼，因為道不能被定義，只要一被定義就會有所封限，由是可以看出道不可道的特徵。若要表詮道的形象，只好對道作出大概的描述，因而以大概、彷彿、或若之詞形容它；若能具體形容道的形象，常道便與萬物同層，而為可道、可名之道。因是之故，《老子》以「或不盈」、「似萬物之宗」、「似或存」、「象帝之先」來形容常道，以證實道的存在，而不是一個永遠無法觸及、空洞無內容的存在。

常道沖虛故能容納天下萬物、承載一切人事，然而卻能保持虛而不滿，故言「或不盈」。其玄之又玄的深遠之貌，為「眾妙之門」，能實現一切人事的自然價值，有若萬物生成的根源，

故言「似萬物之宗」。常道非具體的一物擺在那邊，其幽深奧妙
之狀，湛然是清，然而卻有著無限妙用，真實的存在著並創造
一切純粹價值，讓萬物能如其自己地實現自己，故言「似或存」。
因常道在生畜、長育萬物的過程中，具有理論上的優先性，不
知其之先有誰，是謂「不知誰之子」，似是在天帝之前便存在著，
故言「象帝之先」。

透過「或不盈」、「似萬物之宗」、「似或存」、「象帝之先」
來形容常道沖虛之用、深遠幽深之貌，並由是而見常道在生化
萬物的過程中的優先性。《老子》不斷以似、或、象形容常道，
目的是強調常道不可被名言所局限，被定義所規範。透過語言
可以指點常道的存在，但是永遠無法窮盡常道的內容。

八　章

上善若水。〔一〕水善利萬物而不爭，處眾人之所惡，
〔二〕故幾於道。〔三〕居善地，〔四〕心善淵，〔五〕與善
仁，〔六〕言善信，〔七〕正善治，〔八〕事善能，動善時。
〔九〕夫唯不爭，故無尤。〔十〕

【注釋】

〔一〕上善：上善，指最好的德，剋就自然之德而言，是就沖
　　　虛無為來說「上善」，與儒者道德義之善不同。
〔二〕惡：厭惡。
〔三〕幾：近。
〔四〕居：處。

〔五〕淵：深廣。

〔六〕與善仁：與，即相與、相處。仁，仁愛，以自然的方式
　　　　成就「仁」，非「德失而後仁」之「仁」，更非儒家標舉
　　　　仁義之仁。

〔七〕信：有真實的內容。

〔八〕正：通「政」。

〔九〕時：當機，合於時機。

〔十〕無尤：沒有過失、怨尤。

【今譯】

　　最好的德有如水一樣。水善於成全萬物而不相爭，居處大
家所厭惡的地方，因此幾近於常道。具此德的人，處居於自然
之境，心靈沖虛深廣，與人相與以自然的方式成就仁愛，言語
自然具真實內容，為政以自然之德來治理天下，處事以自然的
方式把事情做好，行動以自然的方式切合時機。因為不與人相
爭，所以不致於造成過失怨尤。

【義疏】

　　此章以水喻道，說明常道不爭的特質。

　　水順流而下，利達萬物，有若常道利達眾人，有生物之功
仍能謙下不爭，故言「上善若水」、「幾於道」。「道沖而用之或
不盈，淵兮似萬物之宗」（〈四章〉），常道為生化萬物的根據，
用之不盡、取之不竭，然而卻能沖虛不盈，原因在於常道有著
與水相同的特性——不與物相爭。水縱有與道相近的特性，同屬
無形、利物而不爭、處於卑下之勢，然而水畢竟不是道，故言
「若」、「幾」，以水的具體形象來形容常道。

　　所謂「上善」最好的德，是就自然而然、沖虛不為來說「德」，「德」有無為之用，以「玄」、「無」、「有」為本，故道家之言「道德」，與今人所謂之「道德」（moral）、儒者見孺子將入於井，無條件救人之道德行為的「道德」不同。道家之「道德」是以無為而無不為的方式體證，乃自然不造作之境；儒家之「道德」是仁心發用，透過存養擴充等工夫體證，乃仁者的境界。

　　能體證上善之德的人，即能體沖虛之道、無為之理，故於做人處事時，自能不離上善之德。具體言之，行事能處居於沖虛之地，心靈保持自然深廣方能容物，人事之間的相與相為以自然之仁德成全之，言而有信亦屬發乎自然之事，治理政事亦不離自然無為的方式，處事以自然方式做好，行動能合於自然時機，一切合應自然，不執持、造作，行其所當行，為其所當為，待人處事自能水到渠成。由於謙下不爭，自處、與物共處時，便能做到無有過失，不生怨尤。

　　值得注意的是，《老子》言「與善仁」之「善仁」，與儒者之言「善仁」並不同。《論語・述而》曰：「擇其善者而從之，其不善者而改之。」〈泰伯〉「人之將死，其言也善」。《孟子・告子上》言「乃若其情，則可以為善矣，乃所謂善也」之善與不善，是就仁義禮智為內容的道德實踐義來判定，與《老子》之言「上善」、「善地」、「善淵」、「善仁」、「善信」等內容不同。《老子》以「善」成全的「仁」，其言「善」是以符合於自然與否而定，以自然的方式實現仁德。在自然無為的情況下，以正面方式保存名教的純粹價值，此乃表詮論名教，與其以遮詮方式言道，遂曰「不仁」（〈五章〉）之說不同。「不仁」並不是否定「仁」的本身，而是否定刻意突出「仁」的舉

動，若有所標舉即為造作、有心有為，只有以自然無心的方式成全仁德，才是「善仁」，故「善仁」與「不仁」之說亦無衝突。因其以「善仁」、「不仁」的方式成全仁德，無所推崇、無所標舉，故能無為而無不為地實現真正的仁德，而不落入「失德而後仁」（〈三十八章〉），失其自然之仁德。此章言仁、信等內容，屬正面肯定，與《老子》以遮詮方式言道的說法不同，只是以表詮方式論名教，在《老子》一書中為數不多。

六　章

　　谷神不死，〔一〕是謂玄牝，玄牝之門，〔二〕是謂天地根。緜緜若存，用之不勤。〔三〕

【注釋】

〔一〕谷神不死：谷，常道似山谷之勢，中空能容物。不死，不會消亡，引申為永恆無限。

〔二〕玄牝：牝者，即雌者能生物也，以牝言玄，即謂常道生物之意。

〔三〕不勤：無盡。

【今譯】

　　虛空而神妙無限，這就是常道生物，常道生物之門，是價值天地的根源。連續不斷地存在著，其妙用無窮無盡。

【義疏】

此章言常道作為生化萬物的根據，並有用之不盡的特性。

《老子》以山谷比喻常道，兩者的共通性在於山谷中空，能納眾物，常道亦然，虛而不盈。由谷神喻道，即言常道通過沖虛的方式創生萬物、圓成萬物的神妙，因其神妙無窮，用之不竭，故謂「不死」。常道能生化、作育萬物，故以「牝」言之，是謂「玄牝」。「玄牝之門」，即「眾妙之門」，是生命中的天地、價值意義的天地的根源。由道生玄，玄生無，無生有，有生萬物，助成萬物的過程，可見常道為一切自然價值、純粹價值得以保存的所以然，故謂「天地根」。此「天地」，與首章言「無名天地之始」之天地相應，同就主體價值之天地而言，非就客觀外物之天地而論。

常道不是具體有形的東西，而是引導我們生命方向的準則，無聲、無臭、無形，卻真實存在，且其妙萬物之用不絕，故以「緜緜」、「不勤」言其無盡，以「若存」來形容此無形的存在。由「若存」之「若」見道不可被具體形狀，卻真實存在，作用於生命當中。

四十一章

上士聞道，勤而行之；中士聞道，若存若亡；下士聞道，大笑之，不笑不足以為道。故建言有之：〔一〕明道若昧，進道若退，夷道若纇。〔二〕上德若谷，大白若辱，〔三〕廣德若不足，建德若偷，〔四〕質真若渝。〔五〕大方無隅，〔六〕大器晚成，〔七〕大音希聲，〔八〕大象無形。道隱無名，夫唯道善貸且成。〔九〕

【注釋】

〔一〕建言：古人有言。

〔二〕纇：不平、參差。

〔三〕辱：傅奕本作「黷」，即污垢。

〔四〕建德若偷：清・俞樾（1821-1907）曰：「『建』當讀為『健』。《釋名・釋言語》語曰：『健，建也。能有所建為也。』是『建』、『健』音同而義亦得通。『健德若偷』，言剛建之德，反若偷惰也。」見俞樾：《諸子平議・老子平議・建德若偷四十一章》（臺北：商務印書館，1978），頁153。俞說甚是。

〔五〕渝：河上公本、王弼本作「渝」，竹簡本作「愉」，漢簡本作「輸」，傅奕本作「輸」。高亨指出渝借窬，又引《說文》曰：「窬，空中也。」釋之。見高亨：《老子注譯》，頁73。渝釋作「空中」，可備一說。因「空中」可引申為虛空、不足，與「真」相對。

〔六〕隅：角也。

〔七〕晚成：晚，竹簡本作「曼」，帛書乙本作「免」，漢簡本作「勉」，傅奕本、河上公本、王弼本均作「晚」。曼、免、勉、晚音同可通，[46]即無成。無成與無隅、希聲、無形、無名相對。

---

46 沈柏汗指出「『曼』（明母元部）、『免』（明母元部）、『勉』（明母元部）、『晚』（明母元部）音同可通。」見沈柏汗：《《北京大學藏西漢竹書・貳》（《老子》）釋文》（國立彰化師範大學國文學系碩士論文，2014），頁807。朱歧祥認為「帛書本的『免』亦應讀為『晚』字省。漢簡本的『勉』字無疑是承自帛書本的『免』字誤作，字狀似同音而實譌。」見朱歧祥：〈由字詞的應用質疑北京大學藏《老子》簡〉，頁25。

〔八〕希聲：不可得而聞之聲，即無聲。

〔九〕善貸且成：善於付出與成就。

【今譯】

根器高的人得聞常道，便會努力實踐；根器一般的人得聞常道，只會半信半疑；根器低的人得聞常道，則會輕蔑訕笑，不輕蔑訕笑就不足以成為常道。所以古時候的人說：光明的道好像暗昧，精進的道好似退墮，平實的道有如參差。最高的德好像山谷，最純潔心靈好像含有污垢，普遍的德好像不足，剛健的德好像怠惰，真實的內容好像虛空。最大的方正是沒有角落，最大的器物是沒有所成，最大的聲音是沒有聲音，最大的形象是沒有形體。常道幽隱而無法名狀，只有常道善於付出並成就萬物。

【義疏】

此章先從不同根器的人聞道的反應，說明常道在實踐時所造成的差別性，再以正言若反的方式說明常道的特徵。

常道落在不同人的身上，有不同差別的反應，並非常道本身有分別，而是隨著各人根器不同，於具體落實時才顯出其差別性。根器高的人聞道，因為悟性較高，加上實踐透徹，則能須臾不離道。根器一般的人聞道，由於悟性一般，而且實踐不能貫徹，便會在實踐過程中產生懷疑，不能堅持到底，使所體證的道若存若亡。事實上，常道不遠人，是人遠離常道而行，所以在貫徹實踐的時候，則體現常道；在不能堅持修道或工夫不足的時候，常道則隱沒不顯。常道具有永恆性、普遍性，所

以存、亡不是指常道本身，而是就人實踐時能否體證來說。至於根器比較低的人，悟性較低，加上不肯落實實踐，聞道以後只會輕蔑訕笑。《老子》言上士、中士、下士三種人，隨著悟性不同、根器有別，於聞道後有著不同的反應，此亦與〈二十三章〉「故從事於道者，道者同於道，德者同於德，失者同於失。同於道者，道亦樂得之；同於德者，德亦樂得之；同於失者，失亦樂得之。信不足焉，有不信焉。」內容相呼應，同於此一境界的人，便與這種生命境界相同的人相與、相應。並不是常道有著道者、德者、失者三個層次，而是常道落實實踐以後，隨著各人悟性、實踐透徹與否、工夫有無間斷等程度不同，致使生命境界各有不同。「失者同於失」、「同於失者，失亦樂得之」，足以解說何以下士聞道，「不笑不足以為道」。因為下士不能體證常道，對常道不能解悟，或用佛家所說的「不起信」來說，下士既無所悟，自然亦不會實踐，則是自我隔絕於道，縱然聞道亦無法體會、體證，因而訕笑之。常道非下士所能一時知曉，下士未能體證常道，終亦無法體會常道的內容，而同於失，故曰「不笑不足以為道」。

　　既明道之於人，因應根器的不同而於體證時有差別，而非常道本身有分別，《老子》則進一步描述常道的特性。因為常道不可道，遂以正言若反的方式表達。所謂「正言若反」即透過反面例子指點正面的道理。說常道光明有若暗昧，即見其和光同塵的一面；精進不已卻有若退墮，但不是真的退墮，即見其不爭謙讓的一面；平實卻參差不平，即見其具體實現時有差別的狀況；最高的德有若山谷，即見其沖虛容物的一面；最純潔的心靈能承載污辱，即見其載物涵容不分的一面；普遍的德有

若不足，即見其不自滿的一面；剛健的德有若怠惰，即見其柔弱的一面；真實的內容有若虛空，即見其不盈的一面，凡此均凸顯常道沖虛不盈、柔弱不爭的特性。

下文再舉大方、大器、大音、大象來說明常道之根源性及其不可名狀。大方、大器、大音、大象既然落在主體實踐上說，則不是幾何學、現象義的概念，而是修身治國的根本，「方」意味原則，「器」指向器能、本領，「音」象徵法令音樂，「象」指點威儀形象，大方、大器、大音、大象則是以上所說具體事物的根本。其言「大」均就主體價值而言其大，並不就客觀外物之方器、音聲作出說明。《老子》言大方、大器、大音、大象者之「大」，為絕對的大，此所謂絕對者，是與道同層之絕對，乃經自然無為的修養工夫而至，不由妄作分別而與物相對，故為絕對之「大」。加上〈三十五章〉「執大象」之說，可與此章互證，見「大象無形」之「大象」亦為與道同層之物。因此之故，此「大」既不與小相對，是剋就價值意義之絕對而言其「大」，並不落在現象意義之相對大小來說其「大」。方正是直角的，器物必有其用，聲音一定有聲響，形象則必有形態，若說方正是無角落的，器物無成，聲音無聲，形象無態，便與常理不符，亦與經驗知識不符，更見此說非就客觀外物而言，僅有落在與道同層的表達下，才會出現如此弔詭之說。常道是不可說、不可名的，若可以透過言說表達、可以形狀，或者可以被一定形狀規範，視之可見，聽之得聞，搏之而可得，則為外物，而非常道，故與大道同層之大方、大器、大音、大象，是無隅可規範、無器可用成，始能以無特定方向生化萬物，無聲可聽、無形可象，由是突出「道隱無名」，常道不能被名狀的特徵。然而

常道雖不可名狀，卻為眾妙之門，輔助萬物長成，此即道之精義、道之真實性，故〈二十一章〉言「其中有精」、「其中有信」。

四十五章

大成若缺，其用不弊；〔一〕大盈若沖，〔二〕其用不窮。大直若屈，大巧若拙，大辯若訥。〔三〕躁勝寒，靜勝熱，〔四〕清靜為天下正。〔五〕

【注釋】

〔一〕其用不弊：用，妙用。弊，帛書甲本作「幣」，漢簡本、傅奕本作「敝」，可見「弊」，通「敝」，即破敗、破損，引申衰竭、窮盡之意。

〔二〕沖：沖虛。

〔三〕訥：言語遲鈍。

〔四〕躁勝寒，靜勝熱：蔣錫昌認為此句疑作「靜勝躁，寒勝熱」，因〈二十六章〉「靜為躁君」，「靜」、「躁」對言，然而考諸出土文獻、傅奕本，除了異體字以外，用字順序皆與王弼本無異，不宜擅改。見蔣錫昌：《老子校詁》（臺北：東昇文化，1980），頁 292。王弼注曰：「躁罷然後勝寒，靜無為以勝熱。」（《王弼集校釋》，頁 123）躁，帛書本、漢簡本均作「趮」，《說文》：「趮，疾也。」即疾動之意。高明指出「『躁』與『靜』是指人之體魂在不同環境下而表現的不同情緒或狀態。肢體運動則生暖，暖而勝寒；心寧體靜則自爽，爽而勝熱。」見高明校注：《帛書老子校注》，頁 46。案：高氏此說可備一說。《老

子》或以此事例說明相反相制之理，有如「柔弱勝剛強」
的說法。

〔五〕正：本性、性質，如《莊子·逍遙遊》「乘天地之正」（《莊
子集釋》，頁 17）之「正」義。

【今譯】

最大的成就好像有所不足，但它的妙用卻不會衰竭；最大
的滿盈有若沖虛，但它的妙用卻不會窮盡。最高的正直像委屈，
最大的靈巧若拙劣，最好的言論若木訥。疾動能禦寒，安靜可
抵熱，清靜無為則可以為天下本性。

【義疏】

此章說明常道不弊、不窮且為天下的本性。

與〈四十一章〉之言大方、大器、大音、大象相同，本章
之言大成、大盈、大直、大巧均就常道而言，故其大，具有絕
對性。所不同者在於〈四十一章〉透過大方、大器、大音、大
象說明常道形象的特性，為「道隱無名」，不可名狀；此章則透
過大成、大盈、大直、大巧說明常道作用的特性，為清靜、無
窮。

《老子》以「若」形容常道，是就其表面仿若如是而言，
非就實際來說常道有所不足、虛無而不真實。常道成就萬物有
若不足、圓滿有若沖虛，但它的妙用不會窮竭，由是可見常道
的永恆性。常道正直、善巧，為絕對的真理，然而表現的時候
有若委屈、拙劣、木訥，因其謙下不爭使然，而並非常道真的
委屈、拙劣，體道之人本來就不必言辭善巧。就好像疾動能禦
寒，安靜可抵熱，柔弱勝剛強，貴以賤為本，無為能成就萬物

等這些事理看似與一般認知相反，然而至道的本質就是清靜無心，故曰「清靜為天下正」。

三十四章

大道氾兮，〔一〕其可左右。〔二〕萬物恃之而生而不辭，〔三〕功成不名有，衣養萬物而不為主。常無欲，可名於小；萬物歸焉而不為主，可名為大。以其終不自為大，故能成其大。

【注釋】

〔一〕氾：廣大。

〔二〕其可左右：左右，指可左可右，無處不在。

〔三〕不辭：或以辭作「止息」解，意指「萬物依賴它生長而不止息」，此說似可順通當句文意，然而「不辭」當與「不名有」、「不為主」相對應，均指常道有生化萬物之功用而不宰制、不居功，若僅以「不止息」詮解「不辭」未盡合前後文意。高亨則指出「辭，《說文》：『辭，籀文作嗣。』此當讀為『司』，管理也。不辭、不有、不為主的主語是道。」見高亨：《老子注譯》，頁59。案：高亨之說較為合理，今參考此說，釋「辭」為管理、管制、管束。

【今譯】

大道廣大無邊，無處不在。萬物依賴它來實現自己而不管

束萬物，有成就萬物之功而不稱有其功，養育澤被萬物而不為
主宰。常能保持無欲無為，可以稱它為小；萬物歸向它而不為
主宰，可以稱它為大。由於它自始至終不自以為大，故能成就
它的大。

【義疏】

此章言常道「大」的特性。

大道廣大無邊，無處不在，以此見常道之普遍性。萬物恃
之而生，「可以為天下母」、「眾妙之門」，以此見常道作為生化
萬物之根據性。常道有生物之功，德澤萬物，而不管束、不居
功、不主宰萬物，以此見其無欲不為。無欲為私，不恃己功，
從無私無欲處來看，可謂之「小」，而此「小」並不就現象義之
大小而言「小」，故又曰：「樸雖小，天下莫能臣也。」（〈三十
二章〉）

常道以自然輔助萬物實現萬物純粹價值，使萬物歸向它，
從而無所不包，由是見其「大」，此大為絕對之大，不與現象義
之小相對。畜養萬物而不宰制萬物，貫徹始終無私無欲，不自
以為有功，不自許為大，方能成其大。其大為自然讓萬物自主
之大，是以無心不為成之。若有心成其大，則易流向自居其功、
為萬物主，如是則失其「小」，亦不能終成其「大」。

六十二章

道者萬物之奧，〔一〕善人之寶，不善人之所保。〔二〕
美言可以市，〔三〕尊行可以加人。〔四〕人之不善，何棄

之有！故立天子，置三公，〔五〕雖有拱璧以先駟馬，〔六〕
不如坐進此道。古之所以貴此道者何？不曰以求得，有罪
以免邪？故為天下貴。

【注釋】

〔一〕萬物之奧：物，從下文「善人」、「不善人」來看，是針
　　　對人、事而言。奧，奧藏。

〔二〕善人：善人與不善人，是就能否以自然無為方式修養自
　　　己來說，並非就道德實踐之善、惡而言善與不善。與〈八
　　　章〉「居善地，心善淵，與善仁，言善信」的「善」同
　　　義，均就能體證自然之境為「善」。

〔三〕市：贈送與人。

〔四〕尊行可以加人：尊行，指尊貴行為，即合符自然之德之
　　　舉。加人，引導別人。

〔五〕三公：太師、太保、太傅。

〔六〕拱璧以先駟馬：先拱璧，後駟馬，為古代奉獻禮儀，象
　　　徵權力、爵位。

【今譯】

　　常道是萬物的奧藏，善人最寶貴之物，不善人仗賴它得以
保全。美好的言辭可以贈送與人，尊貴的行為可以引導別人。
人如有不善，亦不會有被遺棄的理由！所以創立天子，設置三
公，即使具有拱璧駟馬，還不如修養自然之道。古時候所以重
視此道是什麼原因呢？不是有所求就可以得到，有罪愆就可以
免除嗎？所以為天下人所珍視。

【義疏】

此章言常道作為天下萬物得以保全的根據。

常道是眾人的奧藏，原因在於其有無限的可能性。它可以創生一切價值根源，為萬物之母。在這種情況下，善於修自然之道的人、不善於修自然之道的人，均不為常道所棄，是謂「無棄人」、「無棄物」（〈二十七章〉）、「自古及今，其名不去」（〈二十一章〉）。道不遠人、不棄人，僅有自己能不能貫徹實踐、能不能悟道而已，若自甘淪為中士、下士，則遠道而行。

能以無為自然的方式修養自己的人，便懂得以常道為寶；不善修身的人，亦因常道而得到庇護。落在君人南面之術來看，自然無為是君王最可貴的修養，即使百姓做不到「善人」，亦可因聖王的修養而得到庇護，而為百姓之所保，因此又曰：「是以聖人常善救人，故無棄人；常善救物，故無棄物。」（〈二十七章〉）

美好的話語可以贈人，尊貴的行為可以引導別人。「道之尊，德之貴，夫莫之命而常自然」（〈五十一章〉）所謂尊行，實指具備自然之德的行為。聖王治天下，在眾人之上，是以合符自然之德的行為引導百姓，而不是以權位臨蒞欺壓百姓。只有以尊行引導眾人，不善之人才能得到庇護，才能不被遺棄。實踐常道至最高境界時，善人與不善人均不被遺棄，由是體證常道的普遍性。落實在治國，體制之內，便有天子之位、太師、太保、太傅之職，他們雖享有人間權力、爵位、財帛，然而不若修養自然之道來得珍貴，因為常道才是生命值得珍貴的所在。「善人之寶，不善人之所保」於此更見常道的珍貴。

常道的可貴，只要求則得之，並不遠人，有罪的人亦可因此而免罪，實為「不善人之所保」。善人與不善人均需常道來成就其生命，從源頭可見，常道為萬物的奧藏；從實踐歷程則見，自古及今，常道亦為天下萬物所珍貴，因為它是「善人之寶，不善人之所保」。

六十七章

天下皆謂我道大，〔一〕似不肖。〔二〕夫唯大，故似不肖。若肖，久矣其細也夫。我有三寶，持而保之。一曰慈，二曰儉，三曰不敢為天下先。慈，故能勇；儉，故能廣；不敢為天下先，故能成器長。〔三〕今舍慈且勇，〔四〕舍儉且廣，舍後且先，死矣！〔五〕夫慈，以戰則勝，以守則固，天將救之，〔六〕以慈衛之。

【注釋】

〔一〕天下皆謂我道大：謂我道大，帛書乙本作「胃我大」，傅奕本作「謂吾大」漢簡本、嚴遵本、河上公本作「謂我大」。王弼本言「謂我道大」強調我所體之道為絕對的大，而不與物對。陳鼓應釋此句為「天下皆謂我：『道』大，似不肖。」意為「天下人都對我說：『道』廣大，却不像任何具體的東西。」見陳鼓應：《老子注譯及評介》（修訂增補本），頁 306。案：以「謂我」與「道大」中間作斷句，於歷代詮釋來說較不常見，多以「我道大」或「我大」連讀，如范應元著，黃曙輝點校：《老子道德經古本

集註》，頁 116。南宋・林希逸（1193-1271）著，黃曙輝點校：《老子鬳齋口義》（上海：華東師範大學出版社，2010），頁 72。羅振玉指出敦煌本「謂」作「以」，更見《老子》之「謂我」非「對我說」之意。羅振玉之說見朱謙之：《老子校釋》，頁 269。加上「我道大」與下文「我有三寶」同以「我」為體道對象，論述我所體之道的特徵及作用，似乎以「我道大」連讀較為合宜。

〔二〕不肖：不像任何東西，引申沒有東西可跟它相似、相像。

〔三〕器長：萬物之首。

〔四〕且：而。

〔五〕死矣：不是指人死，而是就實踐來說常道「死矣」。常道本身並無所謂死與活、存與亡的問題，常道普遍恆存、先在獨立且不與物對而為眾物生化的根據，所以是就體證來說，常道僵滯了。

〔六〕天：自然之道，即常道。

【今譯】

天下的人都說我體證的道最大，沒有任何事物和它相似。正因為它最大，所以不像任何東西。如果道像某一物，久了道會變小。我有三種寶物，持守而保全著它。第一種是慈愛，第二種是謙和節制，第三種是不敢居天下之先。慈愛，所以能勇武；謙和節制，所以能廣納；不敢居天下之先，所以能為眾物的首長。現在捨棄收斂而言廣納，捨棄謙讓而用爭先，常道便僵滯。以慈愛來征戰則能勝利，以慈愛來守護天下則能固守，自然之道將會救助他，用慈愛來保衛生命。

【義疏】

此章先言常道「大」的特徵，再說明常道保全萬物的作用。

常道為絕對的大，沒有東西可跟它相比，故不像任何東西。因為常道具有絕對性，不能以現象中任何一物相比，若要勉強形容它，只能用「或」、「似」、「象」言之。若能以現象之物與常道相比，日子久了，常道便會變細。原因在於具體之物，是有限的存在，定必落於一方、限於一隅，而不能成其為絕對的「大」。

《老子》更以三寶，來說明常道的作用，一為慈，二為儉、三為不敢為天下先。三寶當中之「慈」與「儉」者，即屬以表詮方式言道的作用，在自然無為的情況下，以正面方式保存其純粹價值意義，由是而言「慈」與「儉」，因其能慈愛百姓，故能勇武不懼；因其謙和節制而不放任，故能廣大無限。其言「不敢為天下先」，則以遮詮方式言道；因其不敢為天下先，故能使萬物歸順於己，成為眾物之長，即聖王。以遮詮方式指點常道，在《老子》一書中為數不少，實屬《老子》表達常道的常態。

慈而能勇，儉而能廣，不敢為天下先，故能治天下，是從正面的方式論說「三寶」；從反面論之，行事捨節制而放任，棄謙讓而爭先，則不能體道。即使聞道，只會僵滯常道，而不能發揮常道的作用，故為「死矣」。

《老子》認為以慈愛來征戰則能獲勝，用慈愛來守衛天下則能穩固。以常道來治天下，則常道便會救援他，由是而見常道之不棄人、不棄物的一面。「天將救之」之「天」並非剋就客觀天地或宗教神明來說，而是指自然之道。所謂「天將救之」是指生命意義上之拯救，常道所救、所保的，並非眾人形軀義

的生命，使人能戰勝而不死；而是常道以慈愛來保衛眾人生命的價值，活著時能如其自己、自然地實現其價值。「天將救之，以慈衛之」，天與慈均落在與道同層之自然而言，故「天」即指自然之道，以自然的方式拯救吾人生命，以慈愛來保衛吾人生命價值。又〈七十二章〉言「天之所惡，孰知其故？是以聖人猶難之。天之道，不爭而善勝，不言而善應，不召而自來，繟然而善謀。天網恢恢，疏而不失。」天所好惡，便是以道判之，即以自然來判其利害，因此修養境界如聖人，處事仍須謹慎小心。天之道，即自然之道，無須爭先而能得勝，不用言說便能有好的效應，不必召喚而能自然歸附，自然無心便能得到好的籌謀，凡此均須透過無為工夫才能達至自然而然的境界，故其「天網」，即指自然原則，自然原則寬大恢綽，卻無有遺漏。意指天下萬物、人事，均須合乎無為自然之道，才能有所成。〈七十七章〉曰：「天之道，損有餘而補不足。人之道則不然，損不足以奉有餘。孰能有餘以奉天下，唯有道者。是以聖人為而不恃，功成而不處，其不欲見賢。」天之道與人之道相對，天之道是就有道者而言，聖人體天道，故其天道即自然之道，天即自然。人之道是就有心造作者來說，乃未能體證自然之道的人。〈七十九章〉云：「天道無親，常與善人。」自然之道無所偏好，常與合於自然的人一起。〈八十一章〉曰：「天之道，利而不害；聖人之道，為而不爭。」指自然之道，順暢萬物不干擾萬物本性。聖人之道，有所作為而無心為之，故不與民相爭。由以上舉證可見《老子》之言「天」，與道同層，以自然之義說之。

　　《老子》所謂道大，是從道不與物對之絕對性言其大，是從道的廣大無所不包的普遍性言其大，因為道大而不與物對，

故能無所限。能持此道，體此道之大，即能固守生命，生命中的一切價值意義亦得以保存。

七十三章

　　勇於敢則殺，〔一〕勇於不敢則活。此兩者，〔二〕或利或害。天之所惡，〔三〕孰知其故？是以聖人猶難之。〔四〕天之道，不爭而善勝，不言而善應，〔五〕不召而自來，繟然而善謀。〔六〕天網恢恢，〔七〕疏而不失。

【注釋】

〔一〕勇於敢則殺：敢，無所懼。殺，減殺、衰微。
〔二〕兩者：敢與不敢。
〔三〕天：自然、常道，與下文「天之道」、「天網」的「天」同義。
〔四〕難：謹慎、審慎。
〔五〕應：應驗。
〔六〕繟然而善謀：繟然，自然無心貌。謀，籌謀。
〔七〕天網恢恢：網，比喻能約束人的原則、理法。天網，自然原則。恢恢，寬大。

【今譯】

　　勇於無所畏的就會走向衰微，勇於有所顧忌的就會走向活路。敢與不敢這兩者，有的是好，有的是不好。自然所厭惡的，誰知道其中的緣故？所以聖人總是小心審慎看待它。自然之

道，不與人相爭而自然得勝，不透過言說而自然應驗，不召喚眾人而自然歸順，無心而自然地籌謀。自然原則寬大，縱使稀疏而不會有所遺漏。

【義疏】

此章言常道之自然普遍的特性。

不敢、不爭、不言、不召，均見常道之謙下不為，無心自然的特性。勇於敢的人，心中無所畏懼，行事無有顧忌，做事無法緩轉，則易走向衰微。勇於不敢為的人，心中有所畏懼，行事有所忌憚，做事不敢爭先，凡事謙讓，反而擁有無窮的活路，此亦即〈六十七章〉「三寶」中的「不敢為天下先」的特性。

自然之道的好惡，如何判定其利害得失？誰又可以知道呢？答案即在於下文所言的「天之道」，就是以無心自然為唯一判準。在這種情況下，即使修養工夫達到聖人的境界，仍然要處事審慎，不敢為其不當為，方能守此道。

自然之道，有輔助萬物之功，卻不與人相爭，因而自然得勝，此即「後其身而身先，外其身而身存」（〈七章〉）的道理。常道是用來實踐，並非靠言說、分析就能體證，所以又稱「不言之教」（〈四十三章〉），又以「知者不言，言者不知」（〈五十六章〉）來說體此道的人，不好以言說稱道，故又曰：「是以聖人處無為之事，行不言之教。」（〈二章〉）只要能實踐常道，自然而然能有所應驗，得其效應，故言「善應」。常道以自然的方式輔助萬物、與物相處，因而不須刻意召喚，萬物亦能自歸，聖王若能體之、守之，則百姓亦將自然歸順，故曰：「侯王若能守之，萬物將自賓。」（〈三十二章〉）同理，常道自然，無心便

能得到好的籌謀，不必刻意用權謀治術，亦能恰到好處地籌謀眾事。

　　順應前文「天之所惡」、「天之道」來理解「天網」，則能發現《老子》言其天網疏而不漏，是就自然之道的普遍性而言，其原則之寬大，卻能無所不包，無所不應，無有遺漏，凡是能合符自然之道的，均能在此原則下得以實現。

第三章 工夫論

　　《老子》的工夫論內容是以「無為而無不為」為主。不論致虛守靜、不為不爭，還是和光同塵的修養方式，均是《老子》無為無不為的工夫表現。工夫者，乃通過心之自覺靈明來體現天道自然，以心中之自覺靈明為主觀性原則，所謂主觀是由於透過主體實踐而成的意思，並非以成見看待事物劣義之主觀；天道自然為客觀性原則，所謂客觀是相對於心體而言，透過內在的心體實踐以體證超越的天道自然，此即《老子》的工夫義。

　　從對治對象來說，無為無不為工夫是對治生命中的造作之為，所謂無為，不是指現實上什麼都不做的意思，而是作用義上的無心而為，以自然的方式作為，行其所當行，達至無所不為，此即無為而無不為的意思。與「無為」相對的「有為」，不是指一般意義的有所作為，而是私欲一起，使人起心動念或行為上產生刻意、偏執、造作的行為。有為造作又可分為三層來說，最低層是感官的執定，再上一層是心理情緒的偏執，再往上一層是意念的造作，[1]凡此執定均屬生命的病痛。

　　從工夫歷程來說，可分去病、歸本兩方面言之。透過無為而無不為的工夫修養，對治私心執定，逆其氣性生命而上遂，

---

1 關於有為造作可分三個層次的說法，見牟宗三：《中國哲學十九講》，頁92。

去除生命中偏執、刻意等病痛，是為去病工夫。當生命中的憂患、病痛滌除以後，便能照見自然無為之心，復其生命根本，是為歸本工夫。去病、歸本兩者不可分割，必須不斷實踐，方能調適上遂，體證自然常道。

　　從實踐對象來說，可從修養、應物兩方面論之。修養是自內而言，透過虛靜無為的工夫，從作用上絕棄有為，以體常道之自然，因此偏重個人而論。應物是指應對事物而說，實踐工夫除了內省復返其真以外，與人相處，與物相應，便牽涉到應物的一面，透過自然的方式與物相處，無心助成萬物，使之各復歸其命，一同體證自然，因此是自內而外，由己及物，多就群體而論。

　　從工夫內容來說，無為而無不為是直貫的、立體的說法，不能僅以無為作為《老子》的工夫內容，若僅以無為無心、不為不欲為工夫內容，則只見常道「無」的一面，而忽略了其「有」的一面，未能充分落實常道的徼向性。《老子》之自然而然，是涵有無為、無不為兩個層面，由無為而無不為是工夫直貫的表現。光顯其「無」，則側重無為工夫，而未見修身應物的具體表現。若常道「無」而不能「有」，不落實到無不為的一面，則僅為懸空高掛在外的道，而不能成就生命裡的一切事功。實踐常道時，必須將「無」、「有」兩種特性均充分落實，始能做到「無為而無不為」，體證自然之道。

　　以下分別從修養、應物兩方面疏解《老子》工夫論的思想內容。

一、修　養

十二章

　　五色令人目盲，〔一〕五音令人耳聾，〔二〕五味令人口爽，〔三〕馳騁畋獵令人心發狂，〔四〕難得之貨令人行妨。〔五〕是以聖人為腹不為目，〔六〕故去彼取此。

【注釋】

〔一〕五色：青、赤、黃、白、黑。
〔二〕五音：宮、商、角、徵、羽。
〔三〕五味令人口爽：五味，酸、苦、甘、辛、鹹。爽，失。
　　　口爽，失其味覺的常態判斷。
〔四〕馳騁畋獵令人心發狂：馳騁，騎馬。畋獵，打獵。心發
　　　狂，心情放蕩、盲爽發狂。
〔五〕行妨：行為受到妨礙。
〔六〕為腹不為目：腹，指內在；目，指外物。意為只求充實
　　　內在而不追逐外物。

【今譯】

　　五色繽紛使人眼花撩亂，五音紛雜使人失聽，五味雜陳使人食不知味，騎馬打獵使人心放蕩發狂，稀有珍品妨礙人的行動。因此聖人只求獲益於內而不追逐外物，所以捨棄物欲而求

取自然。

【義疏】

　　此章就工夫修養對治對象而論，重在去病。

　　凡工夫修養所對治者，均為生命中的病痛，此病痛乃生命中的痼結，乃讓人不得其自然的原因。此章所言之病，是因為對感官執定而產生，因此以「為腹不為目」、「去彼取此」的修養方式，去掉生命中對感官追逐的執定。

　　就感官執定而言，五色、五音、五味，均泛指目、耳、口舌的追逐享受；馳騁畋獵，為古代貴族的活動；難得之貨，讓人倍感珍貴，夢寐求之，凡此泛指一切感官活動，若沉迷執定感官享受，便會令人失去正確的判斷能力、妨礙人的正當行為。《老子》言五色、五音、五味、馳騁畋獵、難得之貨，所舉有異，層層深入、遞進說明感官執定。五色目視，為五官最常、最先有所感者。一般人接觸事物，往往是先視，後聽，然後再嚐其味，所以感官受影響最多的次序應為先目，後耳，繼而為口舌。從主體五官往外推，便涉及自身以外活動，如馳騁畋獵之事；再推而遠之，則為身外擁有之物，諸如難得之貨，得之，讓人時刻憂心為別人所盜，故令人有所防，並妨礙其情緒、行為。由是可見《老子》言感官執定，其舉例分析層層推進，自最容易、最常受影響的感官開始舉例說明，由自身往外推，演說一切感官的心知執定。生命若有此執定，便會紛馳於外物而失其天真自然的一面，此乃第一層的有為造作，實屬生命中的病痛，應當去除。聖人重視個人內在修養而不為外物引誘，往外追逐，因此摒除物欲誘惑，以保其自然之真，故《老子》所

謂之「為腹」，是為了充實內在而言，以喻自然真性，當「取此」；所謂「為目」，是為了滿足對外在形色的逐取而言，以喻感官層面的病痛，當「去彼」。

由是可見工夫對治者乃對感官享受追求的執定，而不是要去掉感官本身，此「為腹不為目」、「去彼取此」的工夫，是無為而無不為的工夫，以不過度、刻意欲求的方式，除去生命中的病痛。

十三章

寵辱若驚，〔一〕貴大患若身。〔二〕何謂寵辱若驚？寵為下，得之若驚，〔三〕失之若驚，是謂寵辱若驚。何謂貴大患若身？吾所以有大患者，為吾有身，〔四〕及吾無身，吾有何患！故貴以身為天下，若可寄天下；愛以身為天下，若可託天下。

【注釋】

〔一〕若：乃。

〔二〕貴大患若身：貴，重大。大患，生命中重大的憂患。若，乃。身，本指形軀之身，今以生命整體言之，指對自身生命的偏執。

〔三〕寵為下，得之若驚：王弼注曰「為下得寵辱榮患若驚」（《王弼集校釋》，頁29），是以「寵，為下得之若驚」作斷句，據出土文獻可見，應句讀為「寵為下，得之若驚」。竹簡本作「惢為下也，得之若纓。」帛書甲本作「龍之為下，

得之若驚。」乙本作「弄之為下也，得之若驚。」漢簡
本、傅奕本同作「寵為下，是謂寵辱。」今本河上公本
則據日鈔本補「寵為上」，全句作「寵為上，辱為下，得
之若驚。」見《河上公章句》，頁48-50。案：河上公補「寵
為上」，並作「辱為下」乃常理說法，且與出土各本不同，
故不取此說。「辱為下」乃一般人可以理解的說法，故受
辱需驚；「寵為下」，得之失之亦皆若驚，則與常態有異。
寵之所以為下，與五色、五音、五味、馳騁畋獵、難得
之貨一樣，同屬世人喜好之事，然而一旦執持，便會令
人目盲、耳聾、口爽、心發狂、行妨，故「寵為下」。

〔四〕有身：執有其身，對自我意識起了執著。

【今譯】

得寵和受辱都是讓人感到驚恐，重視生命中重大的憂患乃
由自身的偏執引起。什麼叫做得寵和受辱都是讓人感到驚恐？
受寵是不好的，得到恩寵會感到不安，失去恩寵亦會感到慌亂，
這就叫做得寵和受辱都是讓人感到驚恐。什麼叫做重大的憂患
乃由自身的偏執引起？我之所以有重大的憂患，是因為自我的
執著。等到我不執定自我，我還有什麼重大的憂患！所以用無
心的態度來治理天下，就可以將天下寄託給他；以無我的態度
來治理天下，就可以委託天下給他。

【義疏】

此章所言之病，乃因吾人對心理執定而產生，「無身」才能
無患，無患才能治天下、有天下。

　　寵辱乃個人內心感受，受辱固然使人難受驚恐，得寵亦會讓人感到不安，擔心有失寵的一天，凡此均屬對寵辱的執定，此屬心理層面的執著。

　　對寵辱的執定，是生命的病痛，故曰「有身」乃「有大患」的原因，須以「無身」解決此憂患，遂曰：「及吾無身，吾有何患！」此說並不就具體形軀之有無來說「有身」、「無身」，若就身體而言「無身」方能無患，如此《老子》便淪為主張以否定身體的方式來消除人生憂患。從執定寵辱屬心理層面的有為，可以推知其言「身」不應只就形軀義言之，而應為價值意義之身，所以當從自我價值言「身」。所謂「有身」、「無身」之「有」、「無」者，也當從修養之有執、無執而論，有所執滯其身者，凡事以自我為中心，執念甚深，即為「有身」。凡是「有身」，皆可能致「大患」。可見寵辱不是「大患」，執定寵辱，使人得失若驚才是「大患」。

　　只有透過無為無不為的工夫，越超對自我的執定，消除執定心知分別後，方能體證「無身」之境，超越對生命本身的執持，才可無有「大患」。可見「無身」之「無」，並不是形體之沒有，也不是對形軀生命的否定，而是以超越的工夫對治執為，開決執定的封限。即使面對寵辱，仍能自得，不會造成心理上的驚恐不安，如是方能做到「吾有何患」！

　　《老子》一書為「君人南面之術」，為王者師，故曰「王亦大」、「王居其一」（〈二十五章〉），可見所要成全的，是人間之事。眾人之事全賴在「王」，王必須具道、天、地之德方能成其為「王」。在這種背景下，《老子》從正面說明「貴以身為天下，若可以託天下；愛以身為天下，若可以寄天下。」指出人主能

「身為天下」即「無我」，能「忘我」才可以治理天下，將天下委託於他。

喜怒無常是心理情緒，寵辱若驚亦同屬心理情緒，此章從寵辱說起，再承繼以「無」的工夫消除對「身」的執有，以此說明有為造作對生命的危害。只有不為心理情緒困擾，才能解決生命的憂患，不被有為造作拘囿，正面開出事功，將天下託付給他。

二　章

天下皆知美之為美，斯惡已；〔一〕皆知善之為善，斯不善已。故有無相生，難易相成，長短相較，高下相傾，〔二〕音聲相和，前後相隨。是以聖人處無為之事，行不言之教，萬物作焉而不辭，〔三〕生而不有，為而不恃，功成而弗居。夫唯弗居，是以不去。

【注釋】

〔一〕惡：不好、壞。

〔二〕傾：競爭。

〔三〕萬物作焉而不辭：不辭，竹簡本作「弗忖」。帛書乙本作「弗始」，高明指出敦煌甲本、遂州本、范本之「辭」均作「始」，又指出「始」、「辭」古皆之部字，讀音相同，在此「辭」字假為「始」，「辭」為「始」之本字。見高明：《帛書老子校注》，頁233。漢簡本作「弗辤」。傅奕本作「不為始」。案：古本「不辭」之「辭」多作「始」，

然而今保留河上公、王弼本「不辭」之說，視之為文本「改善性歧變」，因為「不辭」與下文「不有」、「不恃」相應，均有無為不為的工夫，去掉執有生化萬物之功的執定，而不管理、管制、管束萬物。

【今譯】

天下都知道美好之為美好，這就壞了；都知道善巧之為善巧，這就不好了。所以有與無相互生起，難與易相互成就，長與短相互比較，高與下相互競爭，音與聲相互和應，前與後相互接連。因此聖人居處無為的人事活動，實踐不通過言說的教路，讓萬物興發而不管制他，生育萬物而不私有他，成就萬物而不仗恃自己的能力。功業有成而不居功績。就是因為不居功，所以他的功績才不會失掉。

【義疏】

此章所言之病，是因為對意念執定而產生的弊病。

執念乃生命中的病痛，《老子》反省生命的問題，認為執定定名、有名、可道可名時，認定只有此為美好，便會失其自然。

《老子》所謂美與不美、善與不善，均為個人主觀的意念，而不是就客觀價值之分辨判斷而論。意念造作較為幽微，不一定為常人所察覺，因為天下皆知美之為美、善之為善，便會認定執定美好的、善巧的為是。從常人看來堅持執定好的事物，乃順理成章的事，然而當生命一旦對上述的分別有所執定，便同時造成生命的封限，亦會扭曲原來事物的價值意義，導致流弊的衍生，更何況世俗的美不美、善不善原是相對而言，乃由

執定心知分別而起，由此說明生命茫昧的根源。

　　妄作分別，固執成見，只會使生命因此而遭到割裂，造成種種執著偏見。有為執定，會使得即使執定美好的、善巧的人事，亦會衍變為對意念的執定，形成生命的分裂。當有所執定，存在上之有無、難易、長短、高下等相對的成見亦同時而生，所有事物均在比較系列中形成，故《老子》之言「斯惡已」、「斯不善已」，並不是要否定美、善本身，亦不是批評存在上的有無、難易、長短、高下、音聲、前後等分別。存在事物有所分別，是既成現有，是客觀的，不可否定，在生活中亦不可缺，正如《莊子・外物》所言「天地非不廣且大也，人之所用容足耳。然則廁足而墊之致黃泉，人尚有用乎？」（《莊子集釋》，頁936）《老子》要否定的，是生命中對意念執著有為的病痛，指出不要執定某一方為唯一，不要有所標舉、突出某一價值，凡是有所標舉，即落一偏，失其整全，僅有以無為自然的方式看待人間萬事萬物，萬物所有的價值意義才能如其自己的實現，才能無所棄的得以保存。

　　《老子》之言「斯惡已」、「斯不善已」，並不是針對客觀義的美與善來說惡與不善，兩者並不是相對的，而是借此說明不能標舉執定某一觀念，即使是世人認為值得追求的東西，亦不可有所執。更推進一步說，即使是常道亦不能執定，遂有「道法自然」之說，以此消除對常道本身的執著。

　　由是可見，《老子》此說不是主張相對主義，亦不是要列舉世間種種相對相來說明相對是無窮的，所以不要執取物相；《老子》此說是要超越一切意念上的相對相，要吾人當下超越意念上的相對，因為但凡有所執定，就會失去靈活性，使生命僵滯，

如是便不能有而能無、無而能有。所以修養達到最高境界的人，是不會有所偏執，也不會刻意造作，且能以無為的態度處事，以實踐代替言說，所以說「聖人處無為之事，行不言之教」。達到最高修養的人，是不會有所執定，亦不刻意造為，透過實踐來體證自然之道，而不是光靠言說來達到無為而無不為的境界，此即「不言之教」的意思。

在這種情況下，聖人既有無為工夫，亦無意念的執定，自能做到興發萬物而不宰制它，生養萬物而不據為己有，成就萬物而不恃己能，有成就萬物之功而不居功。因聖人不執定其生化萬物的功勞，其作、其生、其為、其功才能得以保存而不被扭曲，故曰「不去」。可見「不去」，並不光指現實上之不失去的意思，更是落實在生命價值意義上的「有物」、「有精」、「有真」、「有信」。落在治國之上，聖王有其治理天下、作育百姓、輔助萬民的具體行為，卻不宰制百姓，不勞役百姓，不倚仗其治天下的能力欺壓百姓，更不居其大治之功，只有這樣，才能讓聖王及天下百姓如其自己的實現自己，使眾人生命的純粹價值均能得以保存，做到真正的無為而治。

七　章

天長地久。天地所以能長且久者，以其不自生，〔一〕故能長生。〔二〕是以聖人後其身而身先，外其身而身存。〔三〕非以其無私邪？故能成其私。

【注釋】

〔一〕自生：自執其生。

〔二〕長生：長久存在。

〔三〕後其身而身先，外其身而身存：「後」與「外」均有退讓、不爭之意，屬工夫修養，透過「後其身」、「外其身」的修養，達至「身先」、「身全」。先，推崇。

【今譯】

　　天地長久。天地可以長久的原因在於不自執其生，所以能長久存在。因此聖人自己不爭先，而能被推崇；自己置於度外，而能保存自己。不就是因為他沒有私意造作嗎？所以能成就其自己。

【義疏】

　　此章言「自生」此執定之病，以後身、外身之無私去其病。

　　整章一開始言「天長地久」，是象徵地說常道的永恆性。與〈二十三章〉之「天地尚不能久」的意涵並不相同，〈二十三章〉是就「飄風不終朝，驟雨不終日」來說明現象義之天地，變化甚大，不能長久；此章是就價值意義而言天地，與〈一章〉「無名天地之始」的天地相同。

　　常道之「天長地久」、恆常不變，是由於「其不自生」。所謂「不自生」者，是從不執其生來說，因無心執持，故能長生、周行不殆。以「不自生」來說明常道生萬物，是以無私不偏的方式，自然而生，故《老子》言「自生」實為具負面義之偏私、偏生義。《老子》言「自生」和其他篇章的「自是」、「自彰」、「自見」、「自伐」、「自矜」（〈二十二章〉、〈二十四章〉）同屬負面意

義，皆指自我偏執之意。王弼順《老子·七章》作注，亦云「自生則與物爭，不自生則物歸也。」（《王弼集校釋》，頁19）兩者於義理脈絡的大方向來看，並無二致，然而細究其意，則所論重點卻有不同。首先，從「長生」的對象來看，《老子》此章之「長生」是剋就常道本身來說，說明常道「周行而不殆」的特色，並不就常道生化萬物之生生不息而言；王弼之言「自生」是指生化萬物的方式，並非常道本身。其次，從言說方式來看，《老子》用遮詮的方式說明，以「不自生」來成就常道之「長生」；王弼則從表詮的方式解說，「自生」即與物相爭，為一執有的表現，只有「不自生」，萬物才能歸順，此王弼剋就此章解《老》所異於《老子》者。

常道之不自生而能長生，落在聖人體證常道來說，則是因其不爭先、不以己為先，所以能被眾人所推崇；因其能超越自己，不執其存在，所以能保其存在；因其無有私意造作，故能實現其自己。《老子》此說是以「正言若反」的方式說明去執的重要，凡此「不自生」、「後其身」、「外其身」的工夫，均對治執念有為之病，去其執，除其病，方能成就其自己。

九　章

持而盈之，不如其已。〔一〕揣而梲之，〔二〕不可長保。金玉滿堂，莫之能守。富貴而驕，自遺其咎。〔三〕功遂身退，天之道。〔四〕

【注釋】

〔一〕已：止。

〔二〕揣而梲之：揣，捶也。「梲之」，竹簡本作「羣之」。帛書
乙本作「兌之」，帛書研究組注認為作「允之」，疑為「鉛」
字，作動詞用，「允」、「鉛」古音同，可通用，故「銳」
則「鉛」字之誤。高明指出，應為「兌」字殘文，非「鉛」
字，今採其說，詳細論證見高明：《帛書老子校注》，頁
259。漢簡本作「允之」。傅奕本與王弼本同。河上公本
作「銳之」。案：陸德明《經典釋文》曰：「梲音銳。」
見陸德明撰，張一弓點校：《經典釋文》（上海：上海古
籍出版社，2012），頁 537。加上王弼注曰：「既揣末令尖，
又銳之令利，勢必摧衂，故不可長保也。」（《王弼集校
釋》，頁 21）若不改王弼本文本，可以銳釋梲。

〔三〕自遺其咎：遺，留。咎，禍害。

〔四〕天之道：自然之道。

【今譯】

端水盈滿，不如讓它適可而止。捶木使之銳利，不可以長
久保持。金玉滿堂，無法守藏。富貴而驕奢，自留其害。功業
完成而自己退讓，此乃自然之道。

【義疏】

此章就過度執持作出反省，認為「身退」無為，方合符自
然之道。前四組事例為反面論述，最後以「功遂身退，天之道」
正面論述，作出總結。

端水太滿，則會盈溢，不如適可而止，不使它過滿，由是
指出盈溢則不能中虛，不虛則不能容物，故應沖虛不盈。捶木
使之銳利，太尖利則容易折斷，不能長久保持其鋒芒，由是指

出處事鋒芒畢露則難以長久，故應和光同塵。金玉滿堂，財帛滿屋，則難以守其財，守財固難，即使能守得其財，反而失去自己，如此則是《老子》所反對的事，遂曰「難得之貨令人行妨」（〈十二章〉）、「多藏必厚亡」（〈四十四章〉）。逐物不返，雖能守其財亦不能守自然之道。《老子》言「守中」（〈五章〉）、「守靜篤」（〈十六章〉）、「復守其母」（〈五十二章〉）均主張守沖虛自然之道，而非守財，可推想而知，金玉滿堂本難久守，即使守得，亦不值得耗費心思來守藏，生命中自有更值得守藏之物——常道。富貴是指名望地位，得富貴而驕奢，必自招禍患。富貴本身不是禍患，富貴而驕才是禍患，名之與身，於《老子》而說，定以「身」為親，此「身」是正面表述之價值，和「無身」（〈十三章〉）之「身」不同。生命的價值比外物重要，若富貴而驕，則屬有為造作，因此而留下生命的大患，亦是可想而知。

《老子》列舉以上四例，目的在於說明不盈、和光、不逐名利，以自身為重，此即〈四十四章〉「名與身孰親？身與貨孰多？得與亡孰病？是故甚愛必大費，多藏必厚亡。知足不辱，知止殆，可以長久。」所反省的內容。透過無為去欲的工夫，自能做到有事功而不居功，有功不處，「後其身」、「外其身」（〈七章〉），是謂「身退」。能做到「身退」，便能體證自然之道。

十　章

載營魄抱一，〔一〕能無離乎！〔二〕專氣致柔，〔三〕能嬰兒乎！滌除玄覽，〔四〕能無疵乎！〔五〕愛民治國，能無知乎！〔六〕天門開闔，〔七〕能為雌乎！〔八〕明白

四達，能無為乎！生之畜之，生而不有，為而不恃，長而
不宰，是謂玄德。〔九〕

【注釋】

〔一〕載營魄抱一：載，唐・陸希聲曰：「載，猶夫也。發語之
端也。」見陸希聲：《道德真經傳》，《無求備齋老子集成
初編》（臺北：藝文印書館，1965），頁 8A。案：即發語
詞，無義。營，指神。魄，指形。抱一，合一；「一」即
「玄」，即道；抱一，即合於自然而然之道。

〔二〕無離：不使形神分開、不失魂落魄之意。

〔三〕專氣致柔：專氣，即摶氣，摶聚沖和之氣，專一精神之
意。致柔，即守柔，不致生命僵滯。

〔四〕滌除玄覽：滌除，乃除病工夫。玄覽，即觀照，以自然
之心觀照萬物，而不起分別心。

〔五〕無疵：沒有毛病。

〔六〕無知：無主之意，即不主宰、無心無為。

〔七〕天門開闔：天門，自然孔竅。開闔，開關。

〔八〕能為雌乎：「為雌」，王弼本作「無雌」，帛書乙本、漢簡
本、傅奕本、河上公本均作「為雌」，加上「為雌」較「無
雌」相合前後文義理，今改王弼本。「能為雌乎」，即能
守柔。

〔九〕生之畜之，生而不有，為而不恃，長而不宰，是謂玄德：
此句與〈五十一章〉內容重出，或被疑為錯簡，然而帛
書本、漢簡本、傅奕本、河上公本所錄，與今本〈十章〉
均有相近文句。關於此句之今譯與義疏，見第二章道論。

【今譯】

神形合於自然，使它們不分離！摶聚沖氣以致柔弱，使它復歸於嬰兒！除病來觀照生命，使它沒病痛！愛護人民治理國家，使它無主無為！自然孔竅開關，使它持守虛靜！通達四方之事，使它不有心造作！生成萬物畜養萬物，生成萬物而不據為己有，興作萬物而不恃己功，長育萬物而不加以宰制，這就是奧妙的德。

【義疏】

此章說明無為無不為工夫應對事物所體現之境界。

魂者神也，魄者形者，神形合於「一」，即能不失魂落魄。所謂「抱一」，可參照〈二十二章〉「聖人抱一，為天下式」之「抱一」的意思，即合於常道、自然之道。若人的神、形均能合乎自然，便能得其正壽，而不致失魂落魄，亦即〈五十九章〉「長生久視」之意。

摶聚其沖虛之氣，即能守柔而能隨順所遇作出應對，生命便不會因此僵滯，有若嬰兒一般。王弼注云：「言任自然之氣，致至柔之和，能若嬰兒之無所欲乎？」（《王弼集校釋》，頁23）所謂「至和之柔」為氣之本然狀態，即「沖氣以為和」（〈四十二章〉）之「和」，乃《老子》描述生命深層精神狀態之「虛靜」，即「致虛極，守靜篤」（〈十六章〉）。「嬰兒」為《老子》形容修養達於「氣和」之比喻，說明生命無欲、無知的狀態。[2] 〈二十章〉曰：「如嬰兒之未孩。」〈二十八章〉曰：「常德不離，復歸

---

2 見莊耀郎先生：《原氣》，頁52。

於嬰兒。」〈五十五章〉曰:「含德之厚,比於赤子。」《老子》凡言嬰兒、赤子者,均就其天真無分別來形容體道的境界,箇中必定含有自然而然、無為無不為的工夫修養,並不是就嬰兒、赤子未諳世情的混沌狀態而言,是透過修養工夫,使主體回復到像嬰兒、赤子沒有分別心的狀態,此為二度混沌之修養境界,有別於嬰兒、赤子的懵然無知的原始混沌。

「滌除玄覽」,所滌除的乃生命中的病痛大患,能除其患,便能以自然無分別的心觀照萬物,止息成見執念,照見萬物之自然價值意義,不再妄生分別心,是謂「玄覽」。

所謂「愛民治國」,不是偏愛百姓、討好百姓,以此治國,而是以自然的方式,無心不為地治理國家,行其所當行,為其所該為,一切均合乎自然無為,而無不為、無不治,實即〈八章〉「正善治」之意。

孔竅自然開合,是指天下人事的變化,或治或亂均應以自然的方式應對,不應刻意而為之,如是方能守虛靜而為雌,實為〈八章〉「事善能,動善時」之意。

以自然方式應物,自能通達四方事情。其所「明白四達」者,所通達知曉的,並不是一切客觀外物、科學知識,而是人情事理,因其以自然不為的方式處事,故能無所不達、無不通曉。所達、所通者,自然無為也,與「不出戶,知天下」(〈四十七章〉)所知之「天下」相同,均屬自然而然的事理,而不是指不出門就有神通的能力,知曉外面所發生的一切人事變故。

由是可見不論形神、專氣致柔、除病觀照、治國、處事、應物,均須有無為去病的工夫修養,方能達到神形不離、無知、守柔、無為等自然而為之無不為的境界。當中「營魄抱一」、「專

氣致柔」、「滌除玄覽」，為自內而言，屬修養工夫；「愛民治國」、「天門開闔」、「明白四達」，為對外而言，屬應物工夫。

十六章

致虛極，守靜篤，〔一〕萬物並作，〔二〕吾以觀復。夫物芸芸，〔三〕各復歸其根。〔四〕歸根曰靜，是謂復命。復命曰常，知常曰明，〔五〕不知常，妄作，凶。知常容，〔六〕容乃公，〔七〕公乃王，〔八〕王乃天，〔九〕天乃道，道乃久，沒身不殆。〔十〕

【注釋】

〔一〕致虛極，守靜篤：虛、靜，就常道而言；極、篤，是指工夫做到極致。能把生命沖虛、守靜至常道的境界，工夫做到極致，才能有所作為，真正做到無為而無不為。

〔二〕萬物並作：萬物，與下文「夫物芸芸」之「物」均指生命中的人事。作，興作，扣緊生命實踐而言「作」。

〔三〕夫物芸芸：「夫物」，竹簡本作「天道」，帛書本、漢簡本作「天物」，傅奕本作「凡物」，河上公本、王弼本作「夫物」。可見出土本「夫」皆作「天」，然而今本言「夫物」較出土本之言「天物」或「天道」能呼應前後文意。天物，即常道此物。首先，從前文來看，「萬物並作」之「萬物」顯非常道，「萬物」與「夫物」相對，均就生命中的人事、行為物而言，因此才需要「致虛極，守靜篤」、歸根復命等工夫，來體證常道。其次，從後理來看，常道

本身就是自然，何須歸根復命；又怎會有「不知常」、「妄作」的情況出現。從文本演變來看，作「夫物」較「天物」能呼應前文後理。

〔四〕根：生命的根本，即自然常道。

〔五〕知：主，掌握。

〔六〕容：包容。

〔七〕公：無私。

〔八〕公乃王：陳鼓應引勞健說法而改「公乃王」為「公乃全」。勞健改字原因有三，首先指出「容」、「公」為韻；「道」、「久」為韻，獨「王」、「天」二字韻相遠。其次，王弼注云「周普」，有全之意。再次，碑本作「生」字，當為「全」之壞字，「生」、「全」形近。見陳鼓應：《老子注譯及評介》（修訂增補本），頁 126。高明針對勞健改字之說，作出詳細分析，指出不應改字，原因有二，首先，帛書本皆為「王」而不作「全」，足見勞氏之說只是一種推測，並無可靠的依據。其次，古注也甚為貼切，無須改換經文，經義十分明暢。高明更舉例證王弼注文之貼切。《說文》：「王，天下所歸往也。」「無所不周普」與「天下所歸往」，文異而義同，皆為對「王」字之詮釋。《書·周·洪範》：「無偏無黨，王道蕩蕩。無黨無偏，王道平平。」此可為「公乃王」之最好注腳。蘇轍云：「無所不容，則彼我之情盡，尚誰私乎。無所不公，則天下將往而歸之矣。無所不懷，雖天何以加之。」對「容」、「公」、「王」之解釋甚是。見高明：《帛書老子校注》，頁304。案：高明所言甚是，且其說舉證甚切，加上後來出土的帛書本、漢簡本，以及傅奕本皆作「公乃王」，可見不宜更易文本。

〔九〕天：自然。

〔十〕殆：危殆。

【今譯】

致虛和守靜的工夫做到極致，生命中所有事的興作，我以自然的心觀照它。萬事紛紜，各自歸返其自然根本。歸返根本叫做靜，靜叫做返回生命的自然。返回生命的自然叫做常，掌握常叫做明智，不掌握常，輕舉妄動，便起禍患。掌握常就能包容，能包容就能無私，能無私就能為王，使天下歸順，使天下歸順就是自然，自然就是常道，常道才能長久，終身不致危殆。

【義疏】

此章言致虛守靜、歸根復命等歸本工夫。

歸本工夫是承去病工夫而言，凡言去執之不生、不有、不辭、無私、無欲均為去病工夫，是去其偏執、有為之病；相對去病工夫而言，則為歸本工夫，透過虛靜返樸、歸根復命等歸本工夫，返回常道、體證常道，使生命變得澄明，而能玄覽觀照萬物。

《老子》主張虛、靜，本章即以「致虛極，守靜篤」為綱領，指出工夫修養必須到極致之「極」與「篤」，始能體道，才能真正有所作為。修道不離萬物，自內工夫修養至極致時，面對生命中的萬事萬物的興起，均能以自然之心觀之，玄覽萬物，而不起執著分別。「萬物」、「夫物」須緊扣生命的行為物而言，始能透過工夫修養來調適上遂，若就客觀外物言「萬物」、「夫物」，則如何努力致虛守靜，亦不能改變客觀萬物。因此「萬物」、

「夫物」須剋就生命而言，以行為物說之。

萬物興作，因而言紛紜，只有透過致虛守靜的工夫，才能使生命回復到自然根本。自然常道是生化萬物的根據，故歸復其根，應就自然常道而言。能歸復於道，便是虛極靜篤的境界，叫做「靜」，便是復其自然之命。命是上天所賦予的本然自然，因此回歸自然，是謂「復命」。能復自然之命，便能體證常道，故曰「常」。

「知常」之「知」應以主、掌握義釋之，因為工夫修養乃實證之事，為「不言之教」，非單靠言說、認知，就能體證，即使通過言說了解常道形態、特徵，最終必須有證悟的工夫，始能往上超越，來掌握、體證常道。因為掌握、體證「常」乃證解之事，而非知解之事，加上常道不能被視作客觀外物來了解，故「知常」之「知」應為主、掌義，即掌握常道的意思。能掌握常道，生命便能清明；不能掌握常道，輕舉妄為，生命便會招致禍患。

常道有包容、無私、周普、自然的特色，因而曰「容」、「公」、「王」、「天」，能掌握常道，方可長久，故言終身都不會出問題。值得注意的是，《老子》於體道過程言及「王」，如「王亦大」、「王居其一焉」（〈二十五章〉）等說法，足見其說是為王者立言，為王者師。其所成者乃人間之事，王者能使天下歸往，眾人之事所賴在「王」，故其說「聖人」實亦兼指「聖王」。

二十章

絕學無憂。唯之與阿，〔一〕相去幾何？善之與惡，〔二〕相去若何？人之所畏，不可不畏。荒兮其未央哉！〔三〕

眾人熙熙,〔四〕如享太牢,〔五〕如春登臺。〔六〕我獨泊兮其未兆,〔七〕如嬰兒之未孩,〔八〕儽儽兮若無所歸。〔九〕眾人皆有餘,而我獨若遺。〔十〕我愚人之心也哉!沌沌兮!〔十一〕俗人昭昭,我獨昏昏;俗人察察,我獨悶悶。〔十二〕澹兮其若海,〔十三〕飂兮若無止。〔十四〕眾人皆有以,〔十五〕而我獨頑似鄙。〔十六〕我獨異於人,而貴食母。〔十七〕

【注釋】

〔一〕唯之與阿:唯,指態度上的恭敬。阿,指敷衍怠慢。

〔二〕善之與惡:「善」,竹簡本作「злг」(釋文同「美」),帛書本、漢簡本、傅奕本皆作「美」;河上公本與王弼本均作「善」,可見此言善惡,非指道德義,泛指好與不好,或美與醜之義。

〔三〕荒兮其未央:荒,廣大貌。未央,沒有達到中界,即無盡之意。

〔四〕熙熙:和樂貌。

〔五〕享太牢:祭祀或宴會同時用牛、羊、豕三牲謂之「太牢」,喻饗食豐盛筵席。

〔六〕春登臺:春天登高樓眺望,以此說明心喜神悅。

〔七〕獨泊兮其未兆:泊,淡泊。未兆,沒有徵兆。

〔八〕未孩:沒有長大。

〔九〕儽儽:困乏、慵懶貌。

〔十〕遺:不足。

〔十一〕沌沌:無分別狀態。

〔十二〕俗人昭昭，我獨昏昏；俗人察察，我獨悶悶：昭昭，
　　　　光明耀目。昏昏，暗昧不清。察察，分辨清析。悶悶，
　　　　混沌不清。

〔十三〕澹：廣大。

〔十四〕飂：風疾吹貌，形容不黏滯。

〔十五〕有以：《河上公章句》曰：「以，有為也。」(《河上公
　　　　章句》，頁82) 王弼曰：「以，用也。皆欲有所施用也。」
　　　　(《王弼集校釋》，頁48) 有以，即有心施用，有所執
　　　　定。

〔十六〕頑似鄙：愚笨粗鄙。

〔十七〕食母：食，養；母，常道。養道，即修道。

【今譯】

　　棄絕刻意的學可以沒有憂患。恭敬與怠慢，差別在哪裡？
好與壞，差別在哪裡？眾人所敬畏的，不可以不敬畏。廣大啊
沒有盡頭呀！眾人和樂高興，好像饗食豐盛筵席，有如春遊登
上高樓眺望。我卻獨自淡泊沒有徵兆。困乏慵懶啊好像無一定
方向要歸往。眾人都溢滿求多，而我卻獨自好像不足。我像愚
人一樣的心態啊！混沌無分別啊！世人精明耀目，只有我昏沉
不清；世人明察清晰，只有我混沌不清。廣大啊有如大海，疾
吹而不黏於一方。眾人都好像有所執定，只有我一人愚笨且粗
鄙。唯獨我與眾人不同，而重視修道。

【義疏】

　　此章要人絕棄刻意之學，同時指出眾人與聖人的分別。

所謂「絕學無憂」，似乎是要放棄為學，然而綜觀《老子》論學處，亦無此意，《老子》言「為學日益」、「學不學，復眾人之所過」（〈六十四章〉）對學的看法甚為一致。可從兩方面分析說明，首先，從否定的一面來看，「絕學無憂」之「絕學」是要棄絕刻意、有為的學，是要否定刻意這一面，而不是要棄絕「學」本身。能棄絕刻意之學則可無生命的憂患，因為生命產生憂患均從有心有為而來，只要能去除執持此病，便能無憂。其次，從肯定的一面來看，《老子》並不否認「學」的功能。「為學日益」所益者，乃客觀知識的增長，若能以無心的方式學，《老子》並不反對，從「學不學」即可證此說。《老子》言「學不學」不但沒有反對為學，而且主張以自然的方式學，唯有以自然的方式學，才是最佳的學習方式，使生命復歸自然。由是可見，《老子》所謂「絕學」者是絕棄有為之學，所「學不學」者乃以自然的方式學，前後思想一致，並非反對「學」，僅反對刻意有為本身，故其絕棄者，乃私意執念。

學習態度上之恭敬與怠慢，所學事情之好與壞，差別在於學是有心為而為之還是無為而無不為。凡是以自然方式學習、實踐的，就是「唯」與「善」，因此對自然常道應有敬畏的態度，並時刻應以自然的心面對生活。

絕棄刻意有為之學，即能開決封限，不偏執於一方。眾人與聖人的分別，即在於眾人偏於一方、有所執定；聖人則泯絕心知執定的分別，無所限，該學什麼就學什麼，應要怎麼實踐便怎麼實踐，故言「荒兮其未央哉！」絕學無憂，則其所學、所體證的都是廣大無邊，沒有封限。

能絕棄有為之學，敬道而行，則能體聖人境界。下文即從

五組例子分別說明眾人與聖人之別。第一，一般人只追求有的一面，執其有的一面，以為有所得，開心得有如享饗盛宴、春遊登臺一樣；聖人則淡泊無有分別，自然而為不著刻意的痕迹，有若嬰兒純真無有分別的狀態。聖人體道，其心境有若疲困而沒有一定目的方向，然而並非不知其方向，只是因其不刻意而為，故仿若無定向，由是而說明聖人之無執。第二，一般人喜好求滿、求多，因而有盈溢超過的情況出現；聖人謙虛、不爭，因而有若不足、虛空之狀，實際上其無為而無不為的處事方式，才是真正的有所得，而不致生命盈溢、停滯不前。聖人其心有若愚笨、無分別的狀態，故言「沌沌」，並不是說聖人不去學習、不努力實踐，所以愚笨，而是就其無分別心的狀態形容之。第三，一般人昭昭、察察，看似極為精明明察，然而聖人卻昏昏沉沉、暗昧不清。世人以明察秋毫為好，聖人卻以無分別混沌為體道境界，如斯無分別、渾然天成，才是常道至境。因其無分別，故能無所不容而廣大若海，不黏滯一方而有若疾風競走，不拘束無所止。第四，一般人皆有所執定，聖人則昏昏、若遺，有如愚笨粗鄙，以此見其天真無邪，不妄作分別的境界。第五，聖人與眾人最不同的地方，則在於聖人珍貴常道，修養常道，因而能守道、體道，故能表現得淡泊無分別、沒有封限、有若不足、無有執滯。

　　由是可見未兆、若遺、昏昏、悶悶、頑鄙皆透過無為而無不為的工夫修養而致之超越境界，熙熙、有餘、昭昭、察察、有以皆屬有為執著的表現，為俗人之境。二者之不同，或是能使俗人往上超越而成為聖人的其中關鍵，在於「貴食母」。能養其道，不斷修養自己，方有體道的可能，《老子》於此指點眾人

調適生命境界的方向。

二十二章

　　曲則全，〔一〕枉則直，〔二〕窪則盈，敝則新，少則得，多則惑。是以聖人抱一，〔三〕為天下式。〔四〕不自見故明，〔五〕不自是故彰，不自伐故有功，〔六〕不自矜故長。夫唯不爭，故天下莫能與之爭。古之所謂曲則全者，豈虛言哉！誠全而歸之。

【注釋】

〔一〕曲則全：曲，屈卷。全，成全。

〔二〕枉則直：枉，彎曲。直，正直。

〔三〕抱一：帛書本、漢簡本作「執一」，傅奕本作「袌一」，今本作「抱一」，義理分別不大，從王弼本。抱一，即抱道。

〔四〕式：典範、範式。

〔五〕不自見故明：見，即現。自我炫示。明，清明。

〔六〕自伐：自我誇耀、矜誇。

【今譯】

　　屈卷才會成全，彎曲才會正直，凹陷才會滿盈，破敝才會新成，少欲才會有得，多欲才會迷惑，因此聖人抱守著常道，作為天下範式。不自我炫示所以彰明，不自以為是所以清明，不自我誇耀其功所以有功勞，不矜持己能所以長久。就是因為

不與人相爭，所以天下都不能與他相爭。古人所謂屈卷才會成
全，怎會是空話呢！實在是全賴於常道。

【義疏】

此章透過六個生活事例說明常道，指出體道者能為天下規
範，而體道其中一種方式就是去執持之病。

屈卷才會成全，彎曲才會正直，凹陷才會滿盈，破敝才會
新成，少欲才會有得，多欲才會迷惑，此六組事例，相反相成，
可理解為事理辯證的發展，指出凡事不是直接可以達到想要的
成果，亦可謂《老子》以「正言若反」的方式說明常道。常人
認知是多求才能有所得，《老子》卻指出「少則得」，守住少的
原則才能有所得，其所得者並不是指現實的財帛，而是指得其
純粹價值。透過無為的工夫，少私寡欲，才能保住萬物自然價
值，方可真正的有所得；與此相反，「多則惑」，貪多務得、過
多欲望，則會有所執定，變得有為造作，必招致生命憂患。

聖人能體證常道，守著常道，因而能為天下典範。所謂「不
自見」、「不自是」、「不自伐」、「不自矜」、「不爭」均屬無為去
病的工夫。只有透過少私寡欲、損之又損的工夫，才能化有為
而為無為，以其沖虛心靈創造純粹的價值，保住存在上一切事
物，此即所謂「作用地保存」。因著不自我顯現、炫示的工夫，
故能精神清明。所謂「明」與「知常曰明」（〈十六章〉）、「自知
者明」（〈三十三章〉）之「明」同義，是指生命澄明的智慧，凡
此均須由修養工夫證成。因為不自以為是，故能顯出其價值意
義，是謂「彰」。因為不自我誇耀其功，故能「有功」，此即「功
成而弗居。夫唯弗居，是以不去」（〈二章〉）之意。因為不恃其

所長來凌越他人，所以能不斷努力成長，可大可久，故曰「長」。因為不爭、退讓，所以能以自然的方式實現萬物，成就事功，使天下無物能與之相爭，這正是常道弔詭之處。此弔詭並不是陰謀論地故意不爭，成就天下莫能與之相爭，而是無心為之，自然有所成，因此天下不能與之相爭。

《老子》由是統括前言，指出古人所言不虛，亦實屬生命的大智慧，生命中一切所成都得依此道實踐而行。

二十四章

企者不立，〔一〕跨者不行，〔二〕自見者不明，自是者不彰，自伐者無功，自矜者不長。其在道也，曰餘食贅行。〔三〕物或惡之，〔四〕故有道者不處。

【注釋】

〔一〕企者不立：企，腳跟踮起來。不立，腳步不穩，不能自然而立。

〔二〕跨者不行：跨，跨步很大。不行，不能自然行走。

〔三〕餘食贅行：多餘的行為，因為違悖了自然常道。

〔四〕物：人。

【今譯】

踮起腳跟不能自然站立，跨步很大不能自然行走，自我顯現的人不明智，自以為是的人不光大，自我誇耀的人沒有功績，自我矜持的人不能長久。這些在於常道看來，叫做多餘的行為。

有些人討厭它，所以體道的人不做這種行為。

【義疏】

此章說明體道之人不為有為之事。

全章透過六件事，舉例說明不自然之事，不能有所成。踮起腳跟來站立，則不能長久，因其有違自然，故曰「不立」。跨很大步行走，因其有失自然，故曰「不行」。所謂不立、不行，並不是指一刻也不能立，半步都不能走，而是不能長久為之，亦不是自然為之的意思。「自見者不明，自是者不彰，自伐者無功，自矜者不長」則是〈二十二章〉「不自見故明，不自是故彰，不自伐故有功，不自矜故能長」的反面說明，所謂不明、不彰、無功、不長，不一定指現實上無所成，自見、自是、自伐、自矜也許能顯現個人名聲，表彰現實上的事功，然而這一切在《老子》看來是多餘之舉，因其失去內在的純粹價值，終不能長久維持。有些人會討厭這種行為，所以修道之人不會做這些有為之事。

四十三章

天下之至柔，馳騁天下之至堅，〔一〕無有入無閒，〔二〕吾是以知無為之有益。不言之教，無為之益，天下希及之。

【注釋】

〔一〕馳騁：駕御奔馳。

〔二〕無有入無閒：無有，無執。無閒，無間，沒有空隙。無

執能進入沒有間隙的地方，即無執無處不在。

【今譯】

天下最柔弱的東西，能駕御天下最堅硬的東西。無執能進入沒有間隙的地方，我因此知道無為有益於生命修養。不言的教導，無為的益處，天下很少東西能比得上它。

【義疏】

此章言無為之益。

《老子》以水喻道，水的特性就是謙下不爭，且柔弱，故言「上善若水」（〈八章〉），又曰：「天下莫柔弱於水，而攻堅強者莫之能勝，以其無以易之。弱之勝強，柔之勝剛。」（〈七十八章〉）柔弱則能屈能伸，因勢利道，而不囿於任何形式；堅強、剛硬則因其太強，而容易僵滯，不能變通，所以至柔能御至堅。

「無有」，有如至柔，可以進入無有間隙之處，故能無處不在。所謂「無有」，「有」即有執、有為，「無有」即不執、不為，能無所執，即能不限於一方，故能無所不入，無所不在，能駕御生命中一切人事。

因「無有入無間」乃屬工夫修養之事，只能通過實踐來體證，非光靠言說、分析說明就能體證，所以為「不言之教」。無為的好處，僅有透過實踐，才能體會，而它的好，是沒有別的東西可以跟它相比，因而曰「天下希及之」。

或以為「天下希及之」是就實踐來說，天下很少人能做到無為，故曰「希及」。加上《老子》亦言「弱之勝強，柔之勝剛，天下莫不知，莫能行」（〈七十八章〉）、「吾言甚易知，甚易行。

天下莫能知，莫能行。」（〈七十章〉）似乎以「天下很少人能做到無為」的說法，亦可通解。其實不然，原因有二，第一，就前後文理而言：前文指出無為工夫，能無所不及，且其效益無窮，均就無為本身論之，就前後文理來看，應言天下均不能與之相比，較能呼應全章文意。若以「天下很少人能做到無為」來詮釋此句，則轉向就實踐主體而論，甚為轉折，且顯紆迴。第二，就《老子》用詞習慣而論：若以「天下很少人能做到無為」來詮釋此句，根據《老子》慣用表達，若論實踐之難以貫徹做到，則應知行並說，而為「天下希知之，希行之」；若言實踐常道，《老子》多言「行」而不言「及」，如「行不言之教」（〈二章〉）、「善行無轍迹」（〈二十七章〉）、「強行者有志」（〈三十三章〉）、「上士聞道，勤而行之」（〈四十一章〉）、「使我介然有知，行於大道」（〈五十三章〉）。因此，「天下希及之」應就工夫本身來說，無為有益於生命修養，是天下沒有東西能跟它相比；不是就實踐主體而言，很少人能做到無為修養。

四十四章

　　名與身孰親？〔一〕身與貨孰多？〔二〕得與亡孰病？〔三〕是故甚愛必大費，〔四〕多藏必厚亡。〔五〕知足不辱，知止不殆，可以長久。

【注釋】

〔一〕名與身孰親：名，名聲。身，自身、生命。

〔二〕身與貨孰多：貨，財貨。多，重要，與《論語・子罕》「君

子多乎哉？不多也。」之「多」同義。

〔三〕得與亡孰病：亡，喪失，失其自己。病，憂患。

〔四〕甚愛：太過偏愛，指過於追求名聲。

〔五〕多藏：過多收藏，指過多收藏財貨。

【今譯】

名聲與生命哪一樣較為親近？生命與財貨哪一樣較為重要？得到自己與喪失自己哪一樣是憂患？因此太過偏愛名聲必定造成重大的耗損，過多的藏貨必定會導致重大的損失。懂得安於自然，生命便不會受到屈辱；懂得棲止於自然，生命便不會窮竭，可以保持長久。

【義疏】

此章言自足安於自然的重要性。

透過比較「名與身」、「身與貨」、「得與亡」孰輕孰重，得知「身」為貴，至於外在之名利獲得則因甚愛、多藏而導致傷害其身，守其身則可以不辱、不殆而長久。

此章所言「身」，又言「長久」，則易讓人聯想到道教長生不老之說，然而此所謂「身」者須緊扣個人存在價值而談，不能偏就形軀而說。原因有三，第一，從教路來看，「知足不辱，知止不殆，可以長久」，能使「身」長久的方式，即修道的工夫，在於「知足」、「知止」，所足、所止者，自然也。能足於自然、止於自然，方能使生命不致委曲受辱、不致精神窮竭，且能長久。從工夫教路來看，是修養精神無為之教，而非修鍊形軀服炁之術，故所成之宗，亦必與其教路相關，即不宜剋就形軀論「身」，而應就個人存在價值論「身」。第二，從宗趣來看，《老

子》又言「不失其所者久，死而不亡者壽」（〈三十三章〉），指出不失自然則能長久，即使死了亦不稱作亡，因得其正壽而死，從詮釋系統的一致性來看，二者所言宗趣無異，故其言「長久」，不是就長生不死、形軀不滅而言「長久」。第三，從其他章句詮釋來看，〈十三章〉言「貴大患若身」、「有身」、「無身」之說均就個人生命價值而言「身」，《老子》以執有其自己為患，超越執定自我為「無身」、無患，在詮釋的一致性的要求下，應將〈四十四章〉之言「身」者，同樣釋為自己，從個人存在價值來說「身」。

名聲與財貨同屬身外之物，與身相較自然為輕，因此得其身與亡其身兩者，更見守其身為要，失其身為病。若逐物不返，即亡其身。因為太過追逐名聲，則會耗費大心力；過多藏貨便會失去自己。名聲、財貨本身不是導致亡身的原因，「甚愛」與「多藏」的偏執才是招致亡身的原因，因此《老子》所欲去除的是「甚愛」與「多藏」，而非名與貨。透過知足、知止等工夫修養，使生命足於自然、止於自然，而不為有欲之事，營役心神，這樣生命才不至於委曲受辱、窮竭枯乾。「禍莫大於不知足」（〈四十六章〉），能知足、知止，便能免除生命中的禍患，而能長久。

五十二章

天下有始，以為天下母。〔一〕既得其母，以知其子；〔二〕既知其子，復守其母，沒身不殆。塞其兌，閉其門，終身不勤。〔三〕開其兌，濟其事，終身不救。〔四〕見小曰明，〔五〕守柔曰強。用其光，復歸其明，無遺身殃，是

為習常。〔六〕

【注釋】

〔一〕天下有始，以為天下母：始與母皆指道，為道的雙重性，即〈一章〉「無名天地之始，有名萬物之母」。始，始成、本始；母，終成、畜養。始、母均為萬物得以生化的根據。

〔二〕以知其子：知，主宰。子，形而下之事物。

〔三〕塞其兌，閉其門，終身不勤：其，指欲望、執念。兌，《淮南子・道應》「王若欲久持之，則塞民于兌。」高誘注：「兌，耳目鼻口也。老子曰『塞其兌』是也。」見《淮南鴻烈集解》，頁418。高說可作參考，或引申釋為孔竅。門，門徑。勤，勤勞、勤苦，引申為營役勞擾。

〔四〕終身不救：救，出土本與今本不同，今本現多釋為救治義，意為終身不可得救，如陳鼓應釋之為「終身不可救治」，見陳鼓應：《老子注譯及評介》（修訂增補本），頁261。劉省齋《老子註解》曰：「不救，即是無可救藥的意思。」（臺南：大行出版社，2001）頁94。傅奕本與今本同作「救」。出土本則不同今本，竹簡本作「逨」，帛書乙本作「棘」，漢簡本作「來」。李零指出「來」是來母之部字，「棘」是見母職部字，二者是通假關係，但「救」字不是，「來」、「求」字形相近，應屬形近混用。見李零：《郭店楚簡校讀記》（增訂本）（北京：中國人民大學出版社，2007），頁23。徐在國、黃德寬舉證說明「救」古文从棗从攴，應隸作「敕」，從「攴」、「棗」省聲。見徐

在國、黃德寬：《古老子文字編》（合肥：安徽大學出版
社，2007），頁434。丁四新進一步指出帛書乙本作「棘」，
通行本作「救」，來、棘、救聲通，而「逨」、「棘」二字
在郭店簡中亦可通假，推此，「逨」可與「救」通。宜將
竹簡本「逨」，帛書乙本「棘」皆直接看作「救」之假字。
見丁四新：《郭店楚竹書《老子》校注》（武漢：武漢大
學出版社，2010），頁335-336。[3]案：「終身不救」與〈二

---

[3] 竹簡本「逨」字釋義眾說紛紜，除了認為「逨」、「棘」、「救」通假以外，亦有
以下說法：一、釋「逨」為「勑」，如崔仁義指出「逨」通「勑」，《集韻·代韻》：
「勑，《說文》：『勞也。』亦作逨。」見崔仁義：《荊門郭店楚簡《老子》研究》
（北京：科學出版社，1998），頁54。彭浩亦認為「逨，疑讀作『勑』。《說文》：
『勑，勞也。』」見彭浩：《郭店楚簡《老子》校讀》（湖北：湖北人民出版社，
2001），頁96。韓巍亦指出「逨」、「來」通用，「棘」為「來」之訛，隸書「來」、
「求」形近易混，疑「來」先訛為「求」，再變為「救」。「逨」、「來」應讀為
「勑」，《說文·力部》：「勑，勞也。」見《北京大學藏西漢竹書》貳，頁130。
案：釋「逨」為「勑」則「終身不逨」即終身不勞之意，與前文「終身不勤」
語意重複，然而前者言「終身不勤」是就「塞其兌，閉其門」的功用而言，後
者「終身不來」是指沒有工夫修養的情況下「開其兌，濟其事」，因此「終身
不勤」與「終身不來」應分別為正反論述，語意相反方合前後文理。二、釋「逨」
為「順」，如魏啟鵬云：「逨，疑讀為勑。《廣雅·釋詁一》：『勑，順也。』」見
魏啟鵬：《楚簡《老子》柬釋》（臺北：萬卷樓圖書有限公司，1999），頁51。
案：終身不順，不能相對應於前文「終身不勤」的說法。三、釋「逨」為「來」，
如丁原植指出《玉篇·辵部》：「逨，來也，至也。」以「至」義釋「來」，意指
「終身不會得到人民的歸附」。見丁原植：《郭店竹簡老子釋析與研究》（臺北：
萬卷樓圖書有限公司，1998），頁285。趙建偉認為「逨」蓋「來」之或體，訓
為《易》「七日來復」之「來」，返歸之義，訓同「復」。《易·雜卦》「萃聚而升
不來也」即此辭例。「不來」即《易·復》卦上六之「迷復」（迷失而不能來復）。
本句是說啟其欲道，實其勞擾，則是迷失正道而終身不能復返。帛本作「棘」，
因「束」與「來」形音相近。見趙建偉：〈郭店竹簡《老子》校釋〉，《道家文
化研究》17（北京：三聯書店，1999），頁287。案：釋「逨」為「來」，「終身
不來」，即終身不至於道。越是開啟其欲望的孔竅，濟成其事，不作損之又損
的修養工夫，塞其兌、閉其門，則終身無法達至常道的境界，使生命面臨危殆、
營役一生，似可成為一說。然而若謂之為「終身不會得到人民的歸附」，或有

十七章〉「常善救人」、「常善救物」,〈六十七章〉「天將
救之」的「救」字釋義不同。〈五十二章〉「終身不救」
之「救」同作拯救、挽救義,似亦成一說,然而釋「救」
為「止」更能呼應前文「終身不勤」義理。救,《說文》
曰:「止也。」《論語・八佾》曰:「子謂冉有曰:女弗能
救與?對曰:不能。子曰:嗚呼!曾謂泰山不如林放乎?」
《管子・立政》:「山澤救於火,草木植成,國之富也。」
見唐・尹知章(660-718)注,清・戴望(1877-1873)校
正:《管子校正》,《新編諸子集成》五(臺北:世界書局,
1991),頁10。「終身不救」《河上公章句》句下注曰:「禍
亂成也。」(《河上公章句》,頁200)因開其兌,濟其事,
故終身役營於事欲之中而不能止息,遂成禍亂。此猶王
弼〈老子指略〉所言「夫敦樸之德不著,而名行之美顯
尚,則修其所尚而望其譽,修其所道而冀其利。望譽冀
利以勤其行,名彌美而誠愈外,利彌重而心愈競。」(《王
弼集校釋》,頁199)不止息其兌、閉塞其門,反而開之
濟之,尚名利、望名譽則人心越往外競奔,無有止息,
勤殆不已。只有知子守母、塞兌閉門方能沒身不殆、終
身不勤,使生命免於危難,置身營役之外。釋「救」為
「止」,止息一切有為分別,實為《老子》工夫論對治對

過度引申文意之嫌,原因有二:首先,前後文並未就治國而論聖王,其言「天
下有始」是就價值意義之創生原則曰「天下」,未就治國平天下之天下而論。
其次,其正面論述知子守母、塞兌閉門的工夫,以及反面論述開兌濟事均就實
踐主體之修養而言,若以此論治天下,亦當從聖王而論,不就人民來說。綜觀
各家說法,能對應「終身不勤」作反面論述,應以「遬」、「棘」、「救」通假,
以「止」釋「救」為宜。

象，如是方能緊扣無為無不為工夫而論，亦與前文「終身不勤」相對。前文因有塞兌閉門等少私寡欲的工夫修養，方能做到終身不為私欲營役勞擾，此乃正面說明常道的效用；後文因無塞兌閉門等損之又損的工夫修養，因此終身不止，為私欲奔競、營役一生，不能止息。

〔五〕見小曰明：小，指常道、無欲，故言「道常無名，樸雖小」（〈三十二章〉）、「常無欲，可名於小」（〈三十四章〉）。明，指精神清明，故言「知常曰明」（〈十六〉）、（〈五十五章〉）、「不自見故明」（〈二十二章〉）、「自知者明」（〈三十三章〉）。

〔六〕習常：習，帛書甲本、漢簡本、傅奕本、嚴遵本皆作「襲」，河上公本、王弼本作「習」，二者皆通，即實現、實踐，與《論語・學而》「學而時習之」之「習」同義。常，道。習常，即實踐常道。

【今譯】

天下萬物都有本始，作為天下萬物的生成根據。如果能掌握它的生成根據，就能掌握萬物；如果能掌握萬物，再守持萬物的生成根據，終身都不會危殆。堵塞他的孔竅，閉起他的門徑，終身都不會營役勞擾。打開他的孔竅，助成他的人事，終身都不能止息。察見無欲叫做明，守持柔弱叫做強。運用智慧的光，恢復他精神清明。不會為自己帶來災禍，這就叫做實踐常道。

【義疏】

此章言體道工夫，及實踐常道使人終身不殆、沒身不勤、無遺身殃。

天地之所以得以生化的原因在於常道「無」、「有」這雙重性。能掌握常道，以此應物，則能掌握萬物之理；反過來說，能掌握萬物之理，就能體證常道，體得常道則能終身不會處於危殆的處境，可見凡此均就生命價值而言常道與萬物。

依此宗趣所起的教路，當是從無為去欲而達成，故言「塞其兌，閉其門」。所謂兌與門，均就有為有欲的孔竅、門徑而言，即指主體生命中一切執定的感官享受及意念，能塞此兌、閉此門，則不會過度地追求感官享受、不執有為意念，便能終身免於營役勞擾。相反來說，縱容私欲，以有為私欲的心行事，則終身為私欲奔馳勞累，無法止息。

能體察常道，則能保持精神清明，是謂「見小曰明」。其所謂「小」者，是就常道無有形狀，精微而言「小」，故曰「道常無名，樸雖小」（〈三十二章〉）、「常無欲，可名於小」（〈三十四章〉）。「明」，是指精神清明，能體道則能保持精神清明，不為外物困擾其心，故言「知常曰明」（〈十六章〉）、（〈五十五章〉）。能無為無心、不自我顯現、突出自我，則能保持清明的心，如實的呈現自己，故曰「不自見故明」（〈二十二章〉）、「自知者明」（〈三十三章〉）。凡此均就「見小」此工夫修養達成「明」此境界，而非就個人能明察秋毫外物，有如離朱之明，而曰「明」。「見小曰明」與「守柔曰強」相應，「見小」是就無欲而言，「守柔」是就謙下來說，能不爭、能謙下，始能為「天下先」，駕御萬物，而為「強」。如是「見小」、「守柔」的工夫，與前文「塞其兌，閉其門」的去病工夫相應。因有無為工夫修養，故能得

常道之明，照見生命，使吾人生命復歸於無為、無私的境界，因此得以保命，而不遭殃，這就是實踐常道。

持守常道，能「沒身不殆」，實踐體道工夫，則能「終身不勤」、「無遺身殃」，反之則「終身不救」。從教路來看宗趣，可見此章所言「天下」、母子，均由無為去欲等修養工夫達成，所言「沒身不殆」、「終身不勤」、「無遺身殃」，並不就形軀而言不殆、不勤、無殃，而是就存在的意義來說，生命自然價值得以保全、實現，智慧清明、無有竭殆而不為外物營役。從宗趣來看教路，則見「天下」為價值意義的「天下」，其道是就本體而論，須緊扣主體實踐來說工夫論，故塞兌、閉門、見小、守柔，並不是指現實上隔絕外物、精於觀察，而是應物時不為物所累，不離外物，絕其私欲，方能做到真正「復歸其明」。

五十六章

知者不言，〔一〕言者不知。塞其兌，閉其門，挫其銳，解其分，〔二〕和其光，〔三〕同其塵，〔四〕是謂玄同。〔五〕故不可得而親，〔六〕不可得而疏；不可得而利，不可得而害；不可得而貴，不可得而賤，故為天下貴。

【注釋】

〔一〕知者：有智慧的人。

〔二〕分：紛擾。

〔三〕和：中和、收斂。

〔四〕同其塵：同，渾同。塵，塵世、俗世。

〔五〕玄同：以自然之德同於萬物。

〔六〕不可得：不可以人為的、過度的方式得。

【今譯】

有智慧的人不多言說，言說多的人就缺乏智慧。窒塞他的孔竅，閉起他的門徑，挫掉他的鋒芒，消解他的紛擾，中和他的光耀，渾同他於世俗之中，這就叫做以自然之德同於萬物。所以不可以親近，不可以疏遠；不可以得利，不可以陷害；不可以富貴，不可以卑賤，因此為天下所尊貴。

【義疏】

此章就體道知道者而言其修養工夫。

「知者不言」，能體證「不言之教」的常道，即知者，知者力行實踐，故不多言。不言、不多言，並非指體道之人不善辭令，而是體道之人不言不合符自然的言語，以實踐常道為主。與此相反，多言、常言而又不合自然的人，則為「不知」，沒有體道的智慧。此實為《莊子・寓言》所說的「言無言，終身言，未嘗言；終身不言，未嘗不言。」（《莊子集釋》，頁 949）[4] 所謂「言無言」即言無為之言，終身言無為之言，實為未嘗言，無

---

4 「未嘗言」，本作「未嘗不言」，據王叔岷校改刪「不」字。王叔岷指出「《古鈔卷子本》、《道藏》成《疏本》、林希逸《口義本》、褚伯秀《義海纂微本》、羅勉道《循本本》皆無不字，《文選》孫興公《遊天臺山賦注》引同。『終身言，未嘗言，』與下文『終身不言，未嘗不言。』對言，文意甚明。審《注》『雖出吾口，皆彼言耳。』是郭本原無不字。〈徐無鬼篇〉注：『則雖終身言，故為未嘗言耳。』即本此文，尤其明證。（焦竑《翼本》以下，多刪不字。）」見王叔岷：《莊子校詮》（北京：中華書局，2007），頁 1092。

有刻意的表示，故「未嘗言」；終身不言說，踐履常道，即使有所表示，亦是為生命給出典範，故「未嘗不言」。知者體道，言或不言均合符自然，故《老子》之「不言」實《莊子》之「未嘗言」，均就不刻意言說而論。

「不言」、「塞其兌，閉其門，挫其銳，解其分，和其光，同其塵」是剋就實踐主體而言塞、閉、挫、解、和、同，對治有心造作而發。常道本身並沒有不合自然欲求的孔竅、門徑，亦無過度鋒芒，故無塞兌、閉門的問題。處事必有利害，利者則有銳，唯有以自然之銳應物，才不至於傷己傷物，故「挫其銳」之「其」，是指實踐主體，而非常道。同樣，客觀之事雖有所分別，並由於主觀執念引起的種種紛擾判別，然而分別心不在於常道，而在於實踐主體，只有依自然之德應物，才可消解一切心知分別的執持，因此「解其分」之「其」，是指實踐主體而非常道。常道本為窈冥昏昧而不光耀，因此不需要和光同塵，可見此章六個「其」字須緊扣實踐主體而論。[5]透過「塞其兌，閉其門，挫其銳，解其分，和其光，同其塵」等工夫消解有心造作，實屬無為工夫的重要內容，亦是去病工夫。堵塞不合自然欲求的孔竅，挫去處事時的鋒芒，消解外物的紛擾，中和光耀使之與塵世渾同，以此方式跟世俗相處，方能達至無為而無不為之境。因此所謂和光同塵，並不是客觀上去其光芒、混同俗世，混雜是非好壞，而是透過主體實踐無為而無不為的工夫

---

5 牟宗三先生認為〈五十六章〉之「其」是指「道」，見牟宗三：《中國哲學十九講》，頁124-125。若此道不失，應無必要透過工夫來對治常道，常道自然是和光同塵，無有不合自然的欲求，亦不會有過度的鋒芒，更沒有紛擾需要被消解。凡工夫所對治者，應為生命中負面的內容，故此章「其」字就「人心」來說似乎較能符應文本章句之文義。

修養，達至謙和不爭之境，與道渾同於世俗之中，此即「玄同」。

　　「玄同」是以自然之德與萬物和同，而非齊同，與《墨子》尚同有別。《墨子》以「壹同天下之義」來治天下，使「天下之百姓，皆上同於天子。」[6]否則天降異災以示警。其「尚同」之說與「天志」之義相接，以兼愛非攻為目的，只有統同天下之義，畫一天下，才不會有一人一義，十人十義的亂象出現。其「尚同為政」，主張「善人賞而暴人罰」，[7]建立嚴密的國家組織，層層上同，上同於天志，以維持政治秩序，故《墨子》主張「尚同」之「同」是在統治之術的層面，僅以功利為是，凡無利於上者，則遭否定，因此「見淫辟不以告者，其罪亦猶淫辟者也。」[8]由是可見《墨子》之尚同未及道的層次，僅為治國之術；而《老子》之「玄同」是透過無為去執的工夫，除去生命中的種種有為執持，使生命體證自然常道，繼而以無為而無不為的方式與萬物同處，此兩者之不同不可不辨。

　　能做到「玄同」，便能不妄生分別，現實上縱有親、疏、利、害、貴、賤之分，亦是以自然的方式為之，絕不會出現過度欲為，故「不可得」並非指現實上不能有親疏之別、利害關係、貴賤之分，而是一切作為均不可以有心為之的方式而得，僅能以自然無為的方式達成。

　　僅有工夫修養達到極致，為知者、聖人之時，才能做到「不可得而親，不可得而疏；不可得而利，不可得而害；不可得而

6　孫詒讓校注：《墨子閒詁・卷三・尚同上》（臺北：河洛圖書出版社，1975），頁4。
7　《墨子閒詁・卷三・尚同下》，頁20。
8　《墨子閒詁・卷三・尚同下》，頁28。

貴，不可得而賤」，此「不可得」從主體上說即是無分別心，因其「不可得」而成其親、疏、利、害、貴、賤，即以無為的方式達至無不為，如此之親、疏、利、害、貴、賤才得到常道的保證，具有客觀性。此所謂客觀，並不是單就外物而言之客觀，是通過工夫修養，使其行為以及所呈現的境界與道玄同，在與道同的情況下見其客觀性，與有為分別下所見之親、疏、利、害、貴、賤有別。因知者、聖人的行為有工夫修養的保證而與道同，故「為天下貴」。

《老子》言知者不可得而親、疏、利、害、貴、賤，為消極的表達，若積極地說，則為《論語‧里仁》之言「唯仁者，能好人，能惡人。」在儒家義理脈絡下，仁者、聖人，能好人、能惡人，並非出於一己之私的好惡，而是有仁心仁德作保證，也是透過工夫修養始能達至能好人、能惡人的境界。若不論儒道二家所體常道的內容，以及工夫內容的差別，僅就二家之聖人境界來說，同樣在理想境界裡聖人的親疏、利害、貴賤、好惡，都不是相對的，即不是因應個人偏好而定；而是絕對的，其親疏、好惡均合符其所體之道，所以具有客觀性、普遍性。

八十一章

信言不美，〔一〕美言不信。善者不辯，〔二〕辯者不善。知者不博，〔三〕博者不知。聖人不積，〔四〕既以為人，己愈有；既以與人，己愈多。天之道，利而不害；聖人之道，為而不爭。

【注釋】

〔一〕信言不美：信，真實、合於自然。美，浮誇、不合於自然。

〔二〕善者不辯：善，合於自然。辯，詭辯。

〔三〕知者不博：知，智慧。博，廣博、駁雜。

〔四〕積：藏。

【今譯】

　　真實的言詞不浮誇，浮誇的言詞不真實。合於自然的人不詭辯，詭辯的人不合於自然。有智慧的人不求廣博，追求廣博的人少有智慧。聖人不藏私，盡量輔助他人，自己反而越有餘；盡量給予他人，自己反而得到更多。自然之道，順暢萬物而不干擾萬物。聖人之道，輔助萬物而不與物相爭。

【義疏】

　　此章言自然輔助萬物的工夫。

　　所謂「信言」、「善者」、「知者」、「博者」均就合於自然而言，是體道之人。體道之人其言具有真實內容，故不浮誇、不巧言令色。「善者」，是合於自然之道的人，其言不辯，不是因為不能辯，而是不必辯，正如《莊子・齊物論》所言「辯也者，有不辯也。曰：何也？聖人懷之，眾人辯之以相示也。故曰辯也者有不見也。夫大道不稱，大辯不言。」（《莊子集釋》，頁 83）聖人議而不辯，因為了解箇中道理，故不辯；眾人爭相辯說，誇示其所了解的內容，反而迷失於當中，而有所不見。大道是實踐而得，不是用來辯論、稱說的，所以最高層次的辯說，與

道同層，反而是不言之教，由是可知聖人不辯，善者亦不辯。體證生命智慧的人不需廣博、雜多，因為關於生命的智慧是內省，而不必外求，內省只需要除病歸本工夫即可。由此反證，言辭誇誇的人多失其真；喜愛辯說、詭辯的人未必善於體道；心靈往外追求、廣博雜多的人，缺少生命內省的智慧。

聖人因其言信、其行善，且有智慧，故能不藏私，而能「藏天下於天下」（《莊子集釋・大宗師》，頁 243），為眾人著想，全心無私地輔助萬民，因其無私，故能成其私，而得民心，是謂「既以為人，己愈有」。因其不積，故能予人，而有國、有天下且有其功，是謂「既以與人，己愈多」。

自然之道，無心無為，順暢萬物而不妨害萬物生長，故《老子》又曰：「上善若水，水善利萬物而不爭。」（〈八章〉）聖人體證之，則亦然。聖人之道同樣為而不爭，應物治國時有所作為，然而其所為是無心之為，以無為為之，故能無不為，能輔助萬物、順適百姓生活，而不干擾百姓，不與民相爭。

聖人之所以能「為而不爭」，實因其有信、美、善、知之德，並有不積、無私的修身工夫使之應物的時候能無不為而不與物相爭。從不積、無私來看，此乃自內而言之修養工夫；從為而不爭來看，此乃往外而言之應物工夫。凡工夫修養必定自內而外，由己及人，兩者並兼，方不至於遺世獨立，離群索居。若《老子》所論工夫僅言自內修養的部份，則只有獨立山林之中方可成聖，如是必見棄於當塗。[9]

---

9 西晉・郭象（262？-311？）注《莊》即言：「若謂拱默乎山林之中而後得稱無為者，此莊老之談所以見棄於當塗。當塗者自必於有為之域而不反者，斯之由也。」（〈逍遙遊〉注），見《莊子集釋》，頁 24。

二、應　物

三　章

　　不尚賢，〔一〕使民不爭；不貴難得之貨，使民不為盜；不見可欲，〔二〕使民心不亂。是以聖人之治，虛其心，實其腹；弱其志，強其骨。〔三〕常使民無知無欲，使夫智者不敢為也。〔四〕為無為，則無不治。

【注釋】

〔一〕尚賢：尚，崇尚、標舉。賢，賢能。

〔二〕不見可欲：見，現；不要顯現欲求。

〔三〕虛其心，實其腹；弱其志，強其骨：其，百姓。虛、弱均屬無為工夫修養，使之不逞強，精神心靈達至沖虛謙下的狀態。實其腹、強其骨，是指百姓溫飽，體魄強健。

〔四〕智者不敢為：智者，與〈五十六章〉、〈八十一章〉「知者」不同義，指愛用心智的人。不敢為，「為」與「無為」相對，是「有為」之意，即有心刻意的作為，是指不敢有欲有為。

【今譯】

　　不標舉賢能，使百姓不爭著表現其賢能的一面；不珍貴難得的財貨，使百姓不為竊盜之事；不顯現欲求，使百姓的心不

被迷亂。因此聖人治理天下,虛空百姓的心,充實百姓的腹;柔弱百姓的意志,堅強百姓的筋骨。常常使百姓無造作分別無過度欲望,讓愛用心智的人不敢造作亂為。聖人能以無為方式作為,就能無所不治。

【義疏】

此章就聖王治國而論工夫修養。

其言不尚、不貴、不見的主體是聖王,因聖王之不尚、不貴、不見,能使百姓不爭、不為盜、心不亂。因聖王有無為而無不為的工夫修養,其應物治天下時自能使百姓不敢有心而為。聖王不凸顯賢能,百姓便不會因應聖王有所崇尚而爭相表現其賢能的一面,由是而言不爭。聖王不珍貴難得的財貨,如此則使人心不會為財貨而奔競,甚至淪為盜賊。聖王不顯現欲求,則百姓便不因此而往外追逐,迷亂人心。聖王的無為之治,實為「虛其心」、「弱其志」,使百姓不爭、不為、不亂,此乃去病的工夫修養,乃相對消極的輔助百姓實現其自己。

所謂相對消極的輔助百姓,是由於從工夫實踐來看有其可能性、可行性,但在理論上沒有必然性。此不尚、不貴、不見工夫的實踐主體為聖王,是聖王不尚、不貴、不見,而使百姓不爭、不為、不亂,無為主體在於聖王,無不為主體落在百姓身上,聖王無為,是否百姓定能無不為呢?聖王只是讓開一步,不有心作為,讓百姓自我實現,若百姓沒有自覺的心,實踐無為無不為的工夫,終必導致被動、他律地實踐自然無為,從百姓能否做到不爭、不為、不亂來看,於理論上確實沒有必然性。王弼詮解《老子》便是以此進路來說應物、外王的工夫,其說

主要繼承了《老子》「讓開成全」的一面。[10]只是從《老子》其他篇章的內容來看，並不光靠聖人無為，百姓無不為來達到理想的政治境界，聖王必然要有功化的一面，百姓亦有其自覺的工夫修養，方不至於造成整體工夫論在理論上失去必然性。

　　相對消極的不爭工夫而言，「實其腹」、「強其骨」等治天下功績，讓百姓過上溫飽生活，使百姓身體健康、體魄強健，則為積極具體地成全百姓現實生活尋求一種「可能性」。百姓在精神心靈上沖虛不爭，沒有貪愛外物而逐物不返，亦無競尚跂求的心思，才能讓愛用心智的人不敢為有為刻意的事；使百姓現實生活過得溫飽，能用無為的方式治國、輔萬物之自然，便能無所不為地大治天下。在這種情況下，聖王與百姓均能無為無不為，透過眾人的工夫修養，一體體證自然無為之德，才是道化政治的理想境界。

二十六章

　　重為輕根，〔一〕靜為躁君，〔二〕是以聖人終日行不離輜重。〔三〕雖有榮觀，〔四〕燕處超然，〔五〕奈何萬乘之主，〔六〕而以身輕天下？〔七〕輕則失本，躁則失君。

【注釋】

〔一〕重為輕根：重，厚重，指自然之德的修養。輕，輕率，
　　　失自然之德的行為。根，根本、根據。

---

10 王弼詮解《老子》讓開成全的思想，見拙作《老子思想詮釋的開展 —— 從先
　　秦到魏晉階段》第六章第二節。

〔二〕靜為躁君：靜，虛靜。躁，躁動。君，主宰。

〔三〕是以聖人終日行不離輜重：聖人，帛書本、漢簡本、傅
　　　奕本均作「君子」，河上公本、王弼本作「聖人」。案：
　　　就下文「萬乘之主」、「以身輕天下」而言，「聖人」較「君
　　　子」能呼應文意，因為《老子》其他章句所言之「聖人」
　　　多就治天下、治國者而論。輜重，運載糧食的車輛。

〔四〕榮觀：帛書本作「環官」，漢簡本作「榮館」，傅奕本與
　　　今本同。解說眾說紛紜，《爾雅・釋宮》曰：「觀謂之闕。」
　　　《河上公章句》曰：「榮觀謂宮闕。」頁 106。范應元曰：
　　　「去聲，一作館。」又曰：「觀，從遊之所也。」（《老子
　　　道德經古本集註》，頁 48）《北京大學藏西漢竹書》貳曰：
　　　「『榮』當讀為『縈』，『縈』、『環』皆有『環繞』之義，
　　　故可通用。『館』、『觀』常通用，『官』為其借字。『榮（縈）
　　　館』指有圍牆的客舍。」頁 157。元・吳澄（1249-1333）
　　　曰：「雖有榮華之境，可以遊觀。」見吳澄著，黃曙輝點
　　　校：《道德真經吳澄註》（上海：華東師範大學，2010），
　　　頁 36。明・焦竑（1540-1620）曰：「榮觀，紛華之觀也。
　　　《公羊傳》曰：『常事曰視，非常曰觀。』」見焦竑著，
　　　黃曙輝點校：《老子翼》（上海：華東師範大學，2011），
　　　頁 65。案：從各本用字不同來看，「官」、「館」、「觀」，
　　　應釋作高的樓臺，而非景象、情景之意。高明指出「榮
　　　觀」、「榮館」與「環官」三者用字雖不同，詞義卻完全
　　　一致，同指一種事物。正如馬叙倫云：「『榮』、『營』通
　　　假。」「榮」、「營」二字均從熒省，古音屬喻紐耕部字，
　　　「環」在匣紐元部，「營」、「環」二字音同通用。如《韓

非子‧五蠹篇》「自環者謂之私」,《說文》引作「自營為私」,即其證。「營」在此為動詞,有營築、營建之義。「觀」、「館」、「官」三字古皆為雙聲叠韻,在此通作「觀」。「營觀」與「燕處」互成對語,是指兩種不同規格的居處。《釋名‧釋宮室》:「觀,觀也,於上觀望也。」《左傳‧哀公元年》「宮室不觀」,杜《注》:「觀,臺榭也。」「觀」為樓臺亭榭之總稱,「營觀」則謂營建之樓臺亭榭。見《帛書老子校注》,頁 357-358。榮觀,營建宮闕,指生活極盡榮華。

〔五〕燕處超然:「燕處」傳奕本作「宴處」,帛書本、漢簡本、河上公本與今傳王弼本均作「燕處」。范應元曰:「宴,安也。王弼同古本,河上公作『燕』。」(《老子道德經古本集註》,頁 48)清‧魏源(1794-1857)曰:「『燕』,王弼作『宴』。」見魏源著,黃曙輝點校:《老子本義》(上海:華東師範大學,2010),頁 56,可見今傳王弼本之《老子》文本已非魏晉時期的文本。燕,通「宴」,安閒、安逸。高明曰:「『燕處』亦作『宴處』,猶『燕居』。《禮記‧仲尼燕居注》云:『退朝而處曰『燕居』。』」(《帛書老子校注》,頁 358)超然,帛書乙本作「昭若」,漢簡本作「超若」,傳奕本同河上公本、王弼本,「昭」、「超」同音,「若」、「然」義同,即超脫的樣子。燕處超然,意指退朝閒居亦能超然無憂。

〔六〕萬乘之主:萬乘,擁有萬乘兵車的大國。萬乘之主,即大國的君主。

〔七〕以身輕天下:身,自己,特別針對一己私欲而言。輕,

輕忽、輕率。

【今譯】

厚重為輕率的根本，虛靜為躁動的主宰，因此聖人整天行事不離根本，就像行軍不能沒有運糧食的兵車一樣。雖然營建宮闕，閒居卻能超脫無憂，大國的君主何必以一己欲望而輕率役用天下？輕率則失去根本，躁動則失去主宰。

【義疏】

此章就治國者而言聖王應以虛靜自然之德為根本。

所謂「重為輕根」，輕、重是以自然之德來判定，沖虛自然之德為重，失此自然之德者為輕，重為輕的根據，即自然之德為一切事物的根本。所謂「靜為躁君」，靜、躁相對，是就修養的虛靜、躁動而言，虛靜為躁動的主宰。重、輕與靜、躁相應，指出虛靜工夫方能得其「重」，體自然之德，行事方有所本，才能主宰生命的方向；若躁動行事，便為輕率，失其做人處事的根本，同時亦失其生命的主宰。

自然之德的重要，有若行軍之「輜重」，「輜重」乃運載軍糧的車，為軍隊的命脈，行軍打仗不可失其糧食；同樣，生命這趟旅程有若行軍，亦不能失其「輜重」。若以「輜重」為喻，能滋養生命，讓人「終日行不離」的，就是自然道德。做人處事，若失此「輜重」，則失其根本、亡其主宰，故聖人終日行而不離其德，亦不可須臾離其德也。即使坐享人間爵位、榮華生活，仍然不為利欲熏心，尚可處之泰然，心境保持安閒恬靜、超脫榮華，其原因即在於「聖人終日行不離輜重」，無時無刻都

不離沖虛自然之德。於此可見工夫實踐之不可須臾離也，不能有一刻的間斷。因聖人治國有沖虛之德，縱為大國之主，亦不會以一己私欲而輕率役用天下。以一己之私輕率役用天下，則失其自然之德，亡其根本；生命若無所本，行事便會躁動而不能虛靜應物，如是便失其生命的主宰。

　　《老子》透過「重為輕根，靜為躁君」、「聖人終日行不離輜重」，說明自然之德為重，乃一切人事得以實現、得以保全其價值意義的根據，而此自然之德須臾不可離，只有以虛靜自然的工夫，終身踐履實行，方可不失其本、不亡其君，故曰「輕則失本，躁則失君」。

二十七章

　　善行無轍迹，〔一〕善言無瑕讁，〔二〕善數不用籌策，〔三〕善閉無關楗而不可開，〔四〕善結無繩約而不可解。〔五〕是以聖人常善救人，〔六〕故無棄人；常善救物，故無棄物，是謂襲明。〔七〕故善人者，不善人之師；不善人者，善人之資。〔八〕不貴其師，〔九〕不愛其資，〔十〕雖智大迷，是謂要妙。〔十一〕

【注釋】

〔一〕善行無轍迹：善，合於自然。善行，指修養境界達到最高的人，即聖人其言行沒有固執不變的行迹，順其自然而行。

〔二〕瑕讁：瑕，瑕疵。讁，譴責。即失言之意。

〔三〕籌策：古時算數工具。

〔四〕關楗：鎖門的橫豎兩木。

〔五〕善結無繩約而不可解：善結無繩約，一般人以結繩為約，但自然的方式結約則不必結繩亦能永不消解。

〔六〕常善救人：經常以自然的方式救人。

〔七〕襲明：明，自然的智慧。襲明，即繼承自然的智慧。

〔八〕資：憑借、憑藉。

〔九〕不貴其師：貴，重視。師，導師、師法。

〔十〕不愛其資：不愛惜其憑藉。

〔十一〕要妙：行事的精要妙用。

【今譯】

以自然方式行事的人不留痕迹，以自然方式言說的人不會失言，以自然方式謀劃的人不用籌策，以自然方式閉門的人不用栓梢卻能使人不可開門，以自然方式結約的人無須繩契約束卻能不消解約定。因此聖人經常以自然的方式救人，所以沒有被遺棄的人；經常以自然的方式救物，所以沒有被棄用的物，這就叫做繼承明智。所以修養達到自然境界的人，為修養未達自然之境的人所師法；修養未達自然之境的人，是修養達到自然境界的人的憑藉。不重視他的導師，不愛惜他的憑藉，雖然智巧卻仍陷在迷妄之中，這就叫做精要妙用。

【義疏】

此章言善修德之人應物自然，且能救人、救物，無有遺棄。所謂「善行」、「善言」、「善數」、「善閉」、「善結」，並不是

僅就行事技巧之善巧而言「善」，更不是就儒家仁義禮智所指「性本善」之「善」，而是與〈八章〉「上善若水」、「居善地，心善淵，與善仁，言善信，正善治，事善能，動善時。夫唯不爭，故無尤」、〈六十二章〉「善人」、〈七十三章〉「天之道，不爭而善勝，不言而善應，不召而自來，繟然而善謀」之言「善」一致，均就自然之德的內涵，聖人修養達到最高的境界而論，故下文以「是以聖人常善救人」作結，緊扣工夫修養而言「善」。

　　修養達到最高境界的人，能以自然方式行事而不固執偏向，以自然方式言說而沒有瑕疵，以自然方式謀事而不用籌策，以自然方式閉門而不用栓梢卻能使人不可開門，以自然方式結約則無須繩契約束卻能不消解約定。聖人能做到這五件事，並不是因為有神通本領而能無迹、無瑕，謀事不用籌策、閉門無栓梢而不可開，不必結繩為約而約定不變，而是透過工夫修養達至體道境界，故能在應物的時候，自然做到無心無為地與物相冥，故無可無不可。《老子》之「無轍迹」與《莊子》所言之「無迹」義理內涵相通，《莊子》曰：「當時命而大行乎天下，則反一無迹。」（《莊子集釋・繕性》，頁555）「其來無迹，其往無崖，無門無房，四達之皇皇也。」（《莊子集釋・知北遊》，頁741）所謂「無迹」是由「反一」而致，「一」即真，即常道，能反生命本真，便有所本，故能於應物時不執其迹，而曰「無迹」；因聖人「無迹」，其修養境界與道為一，故能與物相冥，與物往來而無有限制，通達無礙，猶若往而無崖，無門房之界限，無不可達之廣大境界，凡此均須工夫修養體證，而非指天生異稟，才技出眾之人，能做到行而無迹，可見《老》、《莊》之言「無迹」、「無轍迹」不是指行走卻能沒有痕迹的意思。《老

子》所言之聖人體道自然，其行事與自然不相扞格，故能行事無迹；同樣，聖人言說不悖自然，故無造作不妥，自能不被責難、攻擊；一般人以籌策謀事，聖人則超越形式限制，自然應物而不用籌策；聖人無須以栓梢閉門，亦可以做到門戶不被打開，是由於聖人不違自然，故無惡行、不善之舉，無須以有形的栓梢自可擋去邪惡之事，故不必栓梢來鎖門，便能閉門不可開；聖人以無心方式與人約定，無須以契約拘制，自能不改約定，故無須契約自然永固，由是可見五者均以無心修養的方式達成，因其體道故能應物無礙，不假於形式規範自能成其事。

《老子》言「善行」、「善言」、「善數」、「善閉」、「善結」均就聖人自身而言，因其無為，故能應物時無不為，一切自然而成，因此能行無迹、言無瑕、謀畫不用籌策、閉門不用關楗、交友不必以繩契約束，自能有所成，當中明顯以無為工夫成就無不為，無為、無不為為一立體結構的呈現，能積極實現一切作為，並不僅以聖人無心不為、讓開一步的方式成全萬物。因而又曰「聖人常善救人」、「常善救物」更見其積極成全萬物的一面，而聖人救人、救物的方式，是以自然的方式救之，故曰「常善」。由「常」見其工夫之無有間斷，由「善」見其工夫之無有刻意，此即「輔萬物之自然」（〈六十四章〉）的意思。因為聖人常善救人、救物，故無有所棄。此「無棄」之意義，不是指聖人終日為救人、救物之事奔馳，救盡天下所有人物，而不使有一物、有一人見棄，故不從量之多寡來說「無棄」，而是從聖人不以私心作祟，挑選某人、某物救之，有所選、有所棄，故言「無棄」。在這種情況下，聖人修養工夫不斷，不只成全自己而已，更以無為的方式積極成全外物，因順自然的智慧應物，

是謂「襲明」。

　　修養達到最高境界的人，可以作為不順自然的人的老師，能開導眾人，使眾人生命知有所往，故曰「善人者，不善人之師」。不順自然者，為順應自然的人的憑借，引導眾人來實現自然，讓眾人有軌則實現自己，故曰「不善人者，善人之資」。若眾人不重視引導他生命的導師，不愛惜善人此憑藉，雖有智巧才能，亦仍陷在迷妄之中，由是而見自然之德的精要妙用。

二十八章

　　知其雄，〔一〕守其雌，〔二〕為天下谿。〔三〕為天下谿，常德不離，〔四〕復歸於嬰兒。知其白，〔五〕守其黑，為天下式。為天下式，常德不忒，復歸於無極。知其榮，〔六〕守其辱，為天下谷。為天下谷，常德乃足，復歸於樸。樸散則為器，〔七〕聖人用之，則為官長。〔八〕故大制不割。〔九〕

【注釋】

〔一〕知其雄：知，主宰、掌握。雄，以此喻有所作為。

〔二〕雌：以此喻退讓。

〔三〕谿：本指山谷，此則以山谷比喻沖虛。

〔四〕離：偏離。

〔五〕知其白：白，指清楚、好的一面。

〔六〕守其黑，為天下式。為天下式，常德不忒，復歸於無極。
　　　知其榮：二十三字多被認為後人竄入之語，非《老子》
　　　原文。如易順鼎《讀老札記》認為《莊子‧天下篇》引

老子言「知其雄，守其雌，為天下谿。知其白，守其辱，為天下谷。」乃《老子》原文，又舉《儀禮注》指出「以白造緇曰辱」為古義，證得雌雄、辱白相對。認為以辱白相對，乃自周至漢古義，而彼竟不知，其顯然者一也，王弼為「式」字等句作注，則竄改即在魏晉之初。馬敍倫《老子校詁》認為易說甚是，並指出古書「榮」「辱」字皆「寵」「辱」之借，「寵辱若驚」不作「榮辱」，並舉《淮南子・道應訓》為例說明，自漢初已改文本。高亨《老子正詁》採易順鼎、馬敍倫之說，再補六證，說明此二十三字決非《老子》舊文，其六證分別為以白對黑、以榮對辱，與《老子》其他章句行文不相應，「為天下式」與谿谷不類，嬰兒及樸不相類，《淮南子》無「守其黑」二十三字，《莊子・天下篇》引文雖有裁省，然而無「守其黑」之說，此六證可見二十三字非《老子》舊文。張松如《老子校讀》認為易、馬、高之說極是，指出「今帛書出，可見後人竄改之迹，非但不待魏晉，且復早於漢初，蓋自帛書已經有人染指了。不過帛書中尚未見『知其榮』句，而重見『知其白』句，其為戰國末以至秦漢間人所增補，甚顯。此乃竄改之第一步，增加了二十七字。在輾轉傳抄中，方增一『黑』字與『白』對，增一『榮』字與『辱』對，兩段變成為三段；在知白守黑一段，臆造出『守其黑，為天下式。為天下式，恒德不忒。恒德不忒，復歸於無極』等語句，此為竄改之第二步。到兩漢，尤其是東漢時，更將新增補之二十七字提前，如此，則『復歸於樸』句，與『樸散則為器』句相銜接，

更順當些，此為竄改之第三步。於是遂為魏晉以來之今本奠定了基礎。惟每段二十七字裁省為二十三字，這是與帛書不同的。」陳鼓應則根據易、馬、高、張之說「今譯從略」。以上說法見陳鼓應《老子注譯及評介》（修訂增補本），頁 173-176。案前賢之說，主要從義理內容、語言使用習慣、其他版本說明此二十三字為後人所增。首先，從義理上來看，「天下式」及谿谷、嬰兒及樸是否不相類，則仍有進一步討論空間，詳見下文義理疏解。其次，從言語使用習慣來看，〈四十一章〉言「大白若辱」、〈十三章〉言「寵辱若驚」，似以白辱、寵辱相對，而不以白黑、榮辱相對，然而《老子》僅五千言，是否凡所舉相對之例，均能找出相同例證說明，似亦成疑。再次，從版本說明來看，《莊子》、《淮南子》所引《老子》內容或本屬節引，而非整章內容全引，難以依此而論斷此二十三字決非《老子》舊文，加上帛書本、漢簡本、傅奕本皆有與此二十三字相近之引文，至少可以肯定漢初所傳〈二十八章〉《老子》，與今本在文字內容上，並無太大出入。張松如依帛書本內容，斷定自漢初始，已為後人竄改，或許有其可能性，但也無法得證其說是否為事實之全部。若無更早出土文本，證明《老子》原貌為何，則所有此類說法，皆不免於只屬臆測。然而，《老子》成書年代，甚至是《老子》是一人所作，還是由其弟子與老子本人共同撰寫而成，或是由老子述其弟子作，尚無定論。在這種情況下，既不能明確釐定作者年代，亦無法得知《老子》成書初稿內容，即使找到更早的出土文

獻，證明與帛書、漢簡、傅奕本等古本內容相近，亦可宣稱其為後人竄改之說。若古本與今本內容分別不大，於義理上亦無不通、相違背的情況，而以其他經典引文內容校改、增刪《老子》文本，似乎不甚妥當，亦無必要。黑，指不清楚、不好的一面。忒，參差、差別。

〔七〕器：器物、器用。

〔八〕官長：百官之長，即君主。

〔九〕大制不割：制，制作、制度。大制，即以自然的方式治理國家。割，割裂。

【今譯】

　　掌握有所作為，守住退讓的一面，便能為天下山谷。能為天下山谷，則能使常德不偏離，回復到嬰兒無分別的狀態。掌握清楚的，守住不清楚的，便能為天下法式。能為天下法式，則能使常德沒有差別，回復到沒有限制。掌握榮譽，守住受辱處境，便能為天下山谷。能為天下山谷，則能使常德充分，回復到自然純樸。純樸之德散開來用則為器物，聖人能任用器物，則為百官之長。所以至大的制度就是不割裂。

【義疏】

　　此章言能主亦能守，不偏一邊之人，則能體道，復歸自然無分別狀態，以此治天下，則能不宰制天下。

　　「知其雄」、「知其白」、「知其榮」之「知」與「能知古始」（〈十四章〉）、「知常曰明」（〈十六章〉）、「知和曰常，知常曰明」（〈五十五章〉）之「知」同義，不作認知之知，而為體證之知，

即從掌握、主持言之，主與守相對，故接著言「守其雌」、「守其黑」、「守其辱」。凡此言一主一守者，是就能主亦能守來說，不偏一面，無有所棄。若要引申說明，則可舉例者，亦可無有窮盡。《老子》以雄喻有所作為，以雌喻退讓不爭，能有所為亦知所退，則能沖虛其心，廣容萬物，而為天下谷。能容萬物，則能並兼萬事，無有偏廢、偏離，如是便能體證常德之不偏離，在這種情況下便能回復到有如嬰兒之無有分別的狀態。能掌握清楚的，亦能守住不清楚的，不因個人喜好而有所偏好，而為天下法式、標準，如是便能體證常德之無有差別，在這種情況下便能回復到無有限制的狀況。能掌握榮華，亦能守住受辱的處境，則能虛心納物，而為天下谷，如是便能體證常德之充分自足，在這種情況下便能回復到自然純樸的狀態。由是可見常德之「不離」、「不忒」、「乃足」是整全無有所偏，亦無有所棄，故言不偏離、無差別、充分自足，此乃常德的特色。體此常德者，則能「復歸於嬰兒」、「復歸於無極」、「復歸於樸」，所謂「復歸」則為工夫歷程，須有知守並兼的工夫，沖虛無為，始能歸復自然之境，故屬歸本工夫，「嬰兒」、「無極」、「樸」等自然無分別狀態，即為其本，與歸根復命屬同一工夫形態。

　　自然之德具體落實呈現則為器用，掌管器用之主，便為聖王。聖王能知能守，為天下谿谷、法式，能不偏一邊、無有分別心、充分實現自然之德，即使管治天下，亦不以私心宰制萬物，僅以自然的方式管治百姓，故不會造成有所偏、有所棄的情況出現。能做到「無棄人」、「無棄物」（〈二十七章〉）便不至於有所割裂。可見所謂「不割」是與前文之「不離」、「不忒」、「乃足」相應。常道是整全不偏的，守此道的人亦是無有偏廢，

故一般人以雄、白、榮為好，雌、黑、辱為不好，而有所偏好、有所廢棄，聖人體道守道，無有所棄，才能保住道的整全。在治國的時候，不因其不善而棄之，於是「不善人者」在聖王的管治下，亦得以保存，是謂「不割」之「制」，因其不割，成其「大」，是謂「大制」。可見「大制」之「大」，不與小相對，而為絕對的大，與道同層。聖王以自然的方式治理天下，使百姓能如其自己的實現自己。

二十九章

　　將欲取天下而為之，〔一〕吾見其不得已。〔二〕天下神器，〔三〕不可為也。為者敗之，執者失之。故物或行或隨，〔四〕或歔或吹，〔五〕或強或羸，〔六〕或挫或隳。〔七〕是以聖人去甚，〔八〕去奢，〔九〕去泰。〔十〕

【注釋】

〔一〕將：未然之辭。

〔二〕不得已：不得不以自然方式為之。

〔三〕天下神器：神器，指神聖的公器。天下神器，即指國家。

〔四〕故物或行或隨：物，指行為物，即指人的行事性格。行，先行。隨，後隨。

〔五〕或歔或吹：歔，吸氣。吹，呼氣。

〔六〕或強或羸：強，堅強。羸，羸弱。

〔七〕或挫或隳：挫，帛書甲本作「杯」，乙本作「陪」，漢簡本作「怀」，傅奕本作「培」，河上公本作「載」。培者，

傅奕引《字林》云:「益也。」隳者,《字林》云:「落也。」
高亨則指出「『挫』借為『侳』。《說文》:『侳,安也。』
指安坐在車上。河上公本作載較好。載猶乘也,指乘車。
隳,即墮也,墜也,墜落車下。載與墮義正相反。」見
高亨:《老子注譯》,頁 53。案:根據前文「歔」與「吹」、
「強」與「羸」相對,「挫」與「隳」其文意亦應相對,
若「隳」有落下、墮下之意,則「挫」應有安立、承載
之意。不論「挫」、「培」、「載」皆可與「隳」相應,由
於三字對前後文意的理解、義理脈絡的詮釋影響不大,
故從王弼本之說,並採高亨釋義,將「挫」字釋為「侳」,
作安坐之意。

〔八〕甚:太過。

〔九〕奢:奢侈。

〔十〕泰:驕泰。

【今譯】

　　想取得天下來治理它,我看到他是不得不以自然的方式。
天下國家,不可以刻意治理。刻意治國,反而敗壞國家;執持
天下,反而失去天下。所以人事不一,有的先行有的後隨,有
的吸氣有的呼氣,有的堅強有的羸弱,有的安坐有的墮下。因
此聖人要去除太過的、奢侈的、驕泰的執念。

【義疏】

　　此章指出治天下不可有心為之。

　　《老子》先從正面指出想取得天下來治理它,必須是以不

得不然、自然而為之的方式來治理。再從反面論述，指出有心刻意而為地治理天下，則敗壞、失去天下，因而聖王需要有去甚、去奢、去泰等工夫修養，保持其「不得已」而治天下。

所謂「將欲取天下而為之」的「為」，與下文「為者敗之」的「為」並不同義，「取天下而為之」的「為」不就有心刻意而言「為之」，故不是相對於無心無為之「有為」，而是指存在上之有所作為，「為之」即治之、治國。因此，下文所言之「吾見其不得已」之「不得已」，亦不是指有為而治便不能達到目的，必定失敗，而是指要取得天下必須以不得不然，即自然的方式為之，故曰「不得已」。[11]道家之言「不得已」，與儒者之言「不容已」同就體道而言，二者所言常道內容不一，但均就透過工夫修養所達之最高境界而言「不得已」與「不容已」，凡以「不得已」、「不容已」的方式應物，均屬聖人境界。

《老》、《莊》所言之「不得已」是指不得不然，其不得不然，不是有一外力迫使其不得不如此而然，而是自內之無心自然而發，且有無為無不為的工夫修養作為保證，使之應物時能不得不然，以自然為之的方式應接外物。《老子》曰：「果而勿矜，果而勿伐，果而勿驕。果而不得已，果而勿強。物壯則老，是謂不道，不道早已。」（〈三十章〉）是指達到目的之後，不會自恃、自誇、自傲，凡此均為不得已而為之，非為了滿足一己私欲出兵，故不會逞強。凡事太過則會衰敗，如是便不合乎自

---

11 詮解「將欲取天下而為之，吾見其不得已」為批評有為治國，終必失敗而不能達到目的者，如《河上公章句》，頁118。蔣錫昌：《老子校詁》，頁192。高亨：《老子注譯》，頁53。陳鼓應：《老子注譯及評介》（修訂增補本），頁180。

然之道，不合自然之道者只會招致加速敗壞。可見「不得已」是與「勿矜」、「勿伐」、「勿驕」、「勿強」同屬無心無為之意，能做到「不得已」即能體道，故王弼注曰：「吾不以師道為尚，不得已而用，何矜驕之有也。」（《王弼集校釋》，頁78）能「不得已而用」，就可不偏不尚，無有矜驕之情。又《老子》曰：「兵者，不祥之器，非君子之器，不得已而用之，恬淡為上。」（〈三十一章〉）治國之道亦如是，如果出兵不是因為不得已而戰，純粹為了滿足一己私欲而窮兵黷武，只會招致敗政亡國。從民不聊生、敗政亡國可見戰爭的禍害。所謂「不得已而用之」是以自然的方式用它，故以恬淡為上，亦由是可見「不得已」為不得不然、以自然方式為之的意思。

　　《莊子》曰：「且夫乘物以遊心，託不得已以養中，至矣。」（《莊子集釋・人間世》，頁160）是指聖人應物時其心逍遙，以不得不然而自然為之的方式來養其沖虛中和，由是達至人之境，故「不得已」絕非無所得、不能達到目的意思。又〈人間世〉曰：「無門無毒，一宅而寓於不得已，則幾矣。」指出不以固定的地方、目標進入，才能無有限制，寄託於「不得已」，由是幾近於常道，亦可見「不得已」乃自然為之的方式，故郭象注曰：「不得已者，理之必然者也，體至一之宅而會乎必然之符者也。」更能清楚說明所謂「不得已」，是依自然常理所行的表現，以自然無為的方式為之，故必然有此合乎自然之迹作為符應。〈在宥〉所言之「不得已」治天下，更能呼應《老子》無為而治之說，文曰：「故君子不得已而臨莅天下，莫若無為。無為也而後安其性命之情。故貴以身於為天下，則可以託天下；愛以身於為天下，則可以寄天下。」（《莊子集釋》，頁369）聖王

治國，以不得已的方式為之，即是無為而治，能無為而治，即能安頓聖王生命，於是才能將天下寄託於他，故郭象注曰：「不得已者，非迫於威刑也，直抱道懷朴，任乎必然之極，而天下自賓也。」（《莊子集釋》，頁369-370）成玄英疏曰：「不得已臨蒞天下，恆自無為。雖復無為，非關拱默，動寂無心，而性命之情未始不安也。」（《莊子集釋》，頁370）均可見「不得已」之治天下，非為外在環境迫使其有所為，而是凡是聖王所為，均出於無為之心，故能無所不為，大治天下。職是之故，「不得已」是由無為自然的方式為之，不得不如此應物，是謂必然之極。

　　從以上舉證可見，〈二十九章〉所言「將欲取天下而為之，吾見其不得已」是指聖王若要取得天下而治之，其表現必為不得不然之自然而為，「為之」是現實上大家所見到的作為，此作為是出於「不得已」之應物，任乎自然而為之，與有心有為之「為之」不同。

　　與「不得已」相對的，便是有心為之的「為者」、「執者」，此乃《老子》工夫論所欲對治的對象。治理天下國家，必不可刻意為之，有心為之則必敗壞國家，有意執定則必失去天下。人的性格是多樣的，不能只執定一偏，因此《老子》列舉人事之間種種相對情形，指出有的人先行有的人後隨，有的吸氣有的呼氣，有的堅強有的羸弱，有的安立有的墮下，情況兩兩相對，亦可順此舉出千千萬萬種不同相對情況來繼續說明。凡有意而為，便會落入一偏，不能顧全不同人的性格。治國者面對的是天下百姓，種種不同情況都應並存不廢，才能做到「無棄人」、「無棄物」（〈二十七章〉）此大治之境。在這種情況下，聖

王便需要有「去甚，去奢，去泰」的工夫，使其治天下時不為不執，達到不得已而為之的理想境界。

三十章

　　以道佐人主者，不以兵強天下，其事好還。〔一〕師之所處，〔二〕荊棘生焉。大軍之後，必有凶年。善有果而已，〔三〕不敢以取強。果而勿矜，果而勿伐，果而勿驕。果而不得已，〔四〕果而勿強。物壯則老，是謂不道，不道早已。〔五〕

【注釋】

〔一〕其事好還：事，所作之事。好，善也、利巧也，即自然方式；還，還報、回應。好還，以自然方式還報。

〔二〕師：軍隊。

〔三〕善有果而已：「善有果」三字，竹簡本、帛書本、漢簡本、傅奕本、河上公本均作「善者果」，由於文意影響不大，今從王弼本「善有果」。善，自然。果，成果、效果、成效。

〔四〕不得已：不得不順自然而為，參見〈二十九章〉義疏。

〔五〕不道早已：不道，不合於自然。早已，早敗。

【今譯】

　　用自然之道輔佐聖王的人，不靠武力臨蒞天下，就有自然的還報。軍隊所到的地方，荒棘叢生。大戰過後，一定出現荒

年。以自然的方式應物便會有成果了，不以兵力強取天下。能做到有成果而不自持，有成果而不自誇，有成果而不自傲，有成果而自然而為，有成果而不強取。事情太過便會衰敗，這就叫做不自然，不自然便會早敗。

【義疏】

此章指出不應強兵取天下，凡事做太滿則有違自然。

理想的治國情況是，聖王以自然的方式輔助百姓，大臣們也應以自然之道輔佐聖王，君臣以自然之道無為而治，方可以使天下大治，所以不應以武力強佔天下。你怎麼做這件事，自然會有相對應的還報，這就是自然之道。

若以武力強佔天下，連年征戰，則軍隊所到處，便荊棘叢生，荒涼不堪。大戰之後，勞動人口都被征兵出戰，田園乏人耕耘，由是而變得荒蕪，穀物收成大受影響，故必有荒年，此即《老子》所言之「其事好還」。以兵強天下，縱然戰勝，亦如遭逢凶年一般，凶年實為強取天下之還報。

只有用自然的方式取天下，才能得到成果，故曰：「不敢以取強」。即使有成，亦不應自持、自誇、自傲、不強取，應以自然的方式為之。可見「勿矜」、「勿伐」、「勿驕」、「不得已」、「勿強」皆為無為自然的工夫，只有以無心自然的方式應物，才能行事不致太滿。行事太滿，則容易衰敗，便不合符自然，不自然則早敗。行事若「不道」，其還報便是「早已」。所以為人臣者輔佐聖王，須以自然之道佐之，而不應兵強天下，不然其還報必定是「早已」，失其國而敗其天下。

三十六章

　　將欲歙之，〔一〕必固張之；〔二〕將欲弱之，必固強之；將欲廢之，必固興之；將欲奪之，必固與之，是謂微明。〔三〕柔弱勝剛強。魚不可脫於淵，國之利器不可以示人。〔四〕

【注釋】

〔一〕歙：合。
〔二〕張：開。
〔三〕微明：精微的智慧。
〔四〕國之利器不可以示人：國之利器，指國家的刑法、武器。
　　　不可以示人，不可以強加於國人。

【今譯】

　　將要收合它，必先張開它；將要削弱它，必先強大它；將要廢棄它，必先興起它；將要奪取它，必先給予它，這就叫做精微的智慧。柔弱勝過逞強。魚不能離開深淵，國家的利器不可以強加於人。

【義疏】

　　此章言治國不脫離自然之道。
　　《韓非子・喻老》曰：「勢重者，人君之淵也。君人者，勢重於人臣之閒，失則不可復得也。簡公失之於田成，晉公失之

於六卿，而邦亡身死。故曰：『魚不可脫於深淵。』賞罰者，邦
之利器也，在君則制臣，在臣則勝君。君見賞，臣則損之以為
德；君見罰，臣則益之以為威。人君見賞，而人臣用其勢；人
君見罰，而人臣乘其威。故曰：『邦之利器，不可以示人。』越
王入宦於吳，而觀之伐齊以弊吳。吳兵既勝齊人於艾陵，張之
於江濟，強之於黃池，故可制於五湖。故曰：『將欲翕之，必固
張之；將欲弱之，必固強之。』晉獻公將欲襲虞，遺之以璧馬；
知伯將襲仇由，遺之以廣車。故曰：『將欲取之，必固與之。』
起事於無形，而要大功於天下，是謂『微明』。處小弱而重自卑
損之謂『弱勝強』也。」[12]《韓非子》以權謀之說注解此章，認
為君人者不可失勢，若治國者失勢，則有如魚離開淵水一樣，
必致國破身死。賞罰屬國家利器，君主能掌此利器則能管束人
臣，絕不能將國之利器落在臣子手中。又舉越王入宦於吳，以
及晉獻公將欲襲虞等史例說明，通過權詐計謀，即使形勢處弱，
仍能建立功勳，取得勝利。後世學者或以權詐之術詮釋此章，[13]
其實是誤解，亦不符合《老子》一貫的文意。

　　本章首四組所欲說明者，均為人事、物勢發展本來如此之
形勢，所謂物極必反，正是此意。但凡物將收合必先張開，將
削弱時必先強大，將廢棄時必先興起，將奪取時必先給予，此
等均為《老子》針對人事而有的精察智慧。[14]

---

12 見陳啟天：《增訂韓非子校釋》（臺北：臺灣商務印書館，1982），頁 768-769。

13 如北宋‧二程，近人錢穆、余英時等。見王孝魚點校：《二程集‧河南程氏遺
　　書卷第十八》（北京：中華書局，2004），頁 235。錢穆：《莊老通辨》，頁 126-127。
　　余英時：《歷史與思想》（臺北：聯經出版社，1976），頁 11-12。

14 呂惠卿以「天之道，物之理，人之事，其勢未嘗不如此者也。」釋此章。見
　　北宋‧呂惠卿（1032-1111）著，張鈺翰點校：《老子呂惠卿注》（上海：華東

　　此精微的智慧，是就人事、現象加以反省，從而得出柔弱勝過逞強的體會。所謂柔弱，是就謙下無為而言，此乃自然常道的特質。能謙下、不爭先，始能得天下、治天下；若「以兵強天下」（〈三十章〉），以武力強佔天下，終必「不道早已」，失其自然招致早敗。因此《老子》又以魚淵為例，說明聖王與自然常道的關係。魚離開淵水即亡命，聖王治國偏離自然，亦必敗亡其國，故魚不可脫離於淵水，聖王不可偏離自然。

　　「國之利器不可示人」，正如王弼注曰：「利國之器而立刑以示人，亦必失也。」（《王弼集校釋》，頁 90）國家的刑法、武器為一國之利器，若以此「示人」，必致失也，因「為者敗之，執者失之」（〈六十四章〉）。凡有意執定、刻意作為，必致失敗。所謂「示人」並不是指炫耀、顯示，因為國家刑法、武器為治國所不能缺的客觀條件，當中並無可炫示之處，故不應以顯示、炫耀釋「示」，[15]「不可以示人」當以不可以強加於百姓釋之。由是可見，《老子》並不反對任何客觀制度、條件，其所反對的是有心有為地應用於人事之上，若治國者不是出於無為自然、不得已而為之，強行將國家刑法、武器加諸百姓身上，便是有違自然之德，偏離自然之道。欲成道化政治的理想境界，聖王自內而言必須有無為虛靜的工夫，方可達至無為而無不為的治國理想。

師範大學，2015），頁 40。明・釋德清（1546-1623）以「物勢之自然」釋此義，見釋德清著，黃曙輝點校：《道德經解》（上海：華東師範大學出版社，2012），頁 85-86。二人之說均能相應《老子》之義理內涵。

15 高亨以「顯示」釋之，見高亨：《老子注譯》，頁 62。余培林、劉省齋、陳鼓應以「炫耀」釋之，見余培林：《新譯老子讀本》（臺北：三民書局，2003），頁 76；劉省齋：《老子註解》，頁 66；陳鼓應：《老子注譯及評介》（修訂增補本），頁 200。

七十六章

人之生也柔弱，其死也堅強。萬物草木之生也柔脆，其死也枯槁。故堅強者死之徒，柔弱者生之徒。是以兵強則不勝，木強則兵。〔一〕強大處下，柔弱處上。

【注釋】

〔一〕兵：器械、斤斧，作動詞即為砍伐。

【今譯】

人活著的時候身體柔軟，死亡的時候筋肉僵硬。草木萬物生長的時候其質柔軟脆弱，死亡的時候乾枯。所以逞強的人與死亡同類，柔弱的人與生存同類。因此好用武力就不能得到勝利，樹木壯大就遭到砍伐。強大的處於下策，柔弱的處於上策。

【義疏】

此章言守柔的重要性。

《老子》先以人的形軀與萬物草木作例，分別說明他們活著的時候，外形軀殼都是呈現柔軟脆弱的形態；死亡的時候，則呈現堅強枯乾的樣態。由外物作喻，用以說明人事，喜求堅強、逞強的人是自取滅亡，故為死之徒；守柔、守弱的人則能存其性命，故為生之徒，此即「柔弱勝剛強」（〈三十六章〉）的道理，故又曰：「天下莫柔弱於水，而攻堅強者莫之能勝。」（〈七十八章〉）《老子》認為柔弱所以能勝過剛強，並不在於說明外

物事理情態，而是從存在說明，守柔、謙下、不爭等修養方式，較逞強、自恃、競奔等作為能保住自然之心，更能不為外物牽引，而使心神妄起價值判斷。

從治國來看「兵強」，即好以武力得天下，窮兵黷武，即使戰勝敵方，亦必招凶年，勞役百姓，是謂「不勝」，故曰「以道佐人主者，不以兵強天下。」（〈三十章〉）有道之人，能守弱不爭，故以自然之道輔佐人主者，不會好以武力逞強，主張窮兵黷武，使民不聊生。

《老子》言「木強則兵」，則說明樹木強大，自然遭人砍伐，而招致殺身之禍。做人亦如是，好強逞強者，失其謙柔守弱的心，自必遭到禍害。因此逞強的人處事居下策，守柔的人處事居上策，只有不爭、守柔，才能使生命無有憂患，故曰：「夫唯不爭，故無尤。」（〈八章〉）由是而言「柔弱者生之徒」。

七十八章

天下莫柔弱於水，而攻堅強者莫之能勝，〔一〕其無以易之。弱之勝強，柔之勝剛，天下莫不知，莫能行。是以聖人云：受國之垢，是謂社稷主；〔二〕受國不祥，是為天下王。正言若反。〔三〕

【注釋】

〔一〕莫之能勝：莫能勝之。
〔二〕社稷主：社稷，土地。社稷主，即國君。
〔三〕正言若反：正言，正面的道理。正言若反，正面的道理，

聽起來跟一般人想的不一樣，甚至相反。

【今譯】

天下間沒有比水更柔弱，但攻破堅強的東西沒有能勝過於水，沒有什麼能代替它。弱勝過強，柔勝過剛，天下間沒有人不知道這道理，但沒有人能實行它。因此聖人說，承受一國的垢辱，才能稱作土地的主人；承受一國的禍患，才能作為天下的君王。正面的道理就好像相反表達一樣。

【義疏】

此章以正言若反的方式說明柔弱勝剛強。

所謂「正言若反」即透過反面例子來說明正面的事情，一般人行事以剛強為好，柔弱為壞，認為只有手段強硬方能成事。《老子》以水為例，指出水柔弱，順勢而下，不爭謙讓，卻能攻堅，即使頑石亦可被滴水穿透，故認為「攻堅強者莫之能勝」，此即以常人認為相反的例子來說明正面的道理。「曲則全，枉則直，窪則盈，敝則新，少則得，多則惑。」（〈二十二章〉）「上德若谷，大白若辱，廣德若不足，建德若偷，質真若渝。大方無隅，大器晚成，大音希聲，大象無形。」（〈四十一章〉）都是以反面的事情說明正面道理。《老子》所言道理似與常理違背，與一般人認知不同，然而常道卻實在如此，若不如此，便不是常道，故曰：「下士聞道，大笑之，不笑不足以為道。」（〈四十一章〉）

因為水有著柔弱不爭、謙讓順勢的特質，與自然常道因順不爭特性相似，而以水喻常道，遂曰：「上善若水。水善利萬物

而不爭，處眾人之所惡，故幾於道。」（〈八章〉）自然的道有若水一般，弱柔不爭，因順萬物，且居處於大家所厭惡的環境之中，以此見其謙卑不為的性格。聖人「受國之垢」、「受國不祥」，同樣「處眾人之所惡」，柔順不爭、謙下退讓，故能體道有國，成為一國之主，為天下王。

「柔弱勝剛強」的道理，眾人都知道，只是並非人人皆能貫徹實踐，可見工夫實踐透徹與否，與體道有著密切的關係，「聖人終日行不離輜重」（〈二十六章〉），能知能行，且無有間斷地進行工夫實踐，故能須臾不離常道，順物無心、應物無礙，而為「社稷主」、「天下王」。

四十七章

不出戶，知天下；不闚牖，〔一〕見天道。其出彌遠，其知彌少。是以聖人不行而知，不見而名，〔二〕不為而成。

【注釋】

〔一〕闚牖：闚，同「窺」，望、看；牖，窗戶。
〔二〕不見而名：見，現。名，名聲。蔣錫昌認為「名」作「明」，
　　　並指出《釋名·釋語言》：「名，明也。」又引馬敍倫曰：
　　　「『名』張嗣成及《韓非·喻老篇》引作『明』，當從之，
　　　然『名』『明』實一字。」蔣錫昌按：「『名』『明』古雖通
　　　用，然老子作『明』，不作『名』。二十二章『不自見，故
　　　明』；五十二章『見小曰明』，皆『見』、『明』連言，均其
　　　證也。此當據張本改。」又「『不行而知，不見而明』，係

承上文而言，言不出行而知天下，不窺見而明天道也。『不為而成』，言聖人無為而成也。此句是本章之主。」見蔣錫昌：《老子校詁》，頁 301。案：帛書乙本、傅奕本、河上公本均作「名」，漢簡本作「命」，故不宜改「名」作「明」，以名聲釋「名」，全句譯為「不自我顯現而能成其名聲」亦可與前後文義理相通。

【今譯】

不出門外，就能知曉天下事理；不望窗外，就能見識自然天道。往外奔走越遠，他所知曉的事理則越少。所以聖人不往外奔走而能知天下事理，不凸顯自我而能成其真實的名聲，不刻意作為而能成就事業。

【義疏】

此章說明聖人無為應物。

生命之貴在於自知、知足，而不是為了名利、知識等外物，往外競逐奔馳，所以保住自然價值的工夫，不在於「出戶」、「闚牖」去知曉客觀事物，而在於復歸生命存在的根本，往內反躬自省。所謂「不出戶，知天下」，所知的「天下」，是自然之道的天下，是價值意義的天下，與「不闚牖，見天道」之「天道」是相應的。自然有著其普遍性，不必外求，只須內省就能得見。往外索求，行走千里，其出越遠，所見所知的都是客觀外物，內省性的價值意義的天道，並非可由往外追逐客觀事物的經驗知識累積而得，故曰「其出彌遠，其知彌少」。出戶、闚牖所見的，是「為學」的知識，是對外物的認知；不出戶所知的天下，

不闚牖所見的天道，是「為道」的學問，是對內在的反省。為學是增益外物知識，為道是減損有為刻意，越是往外追求，則所體天道越少。《老子》並不是反對以「出戶」、「闚牖」來增廣見聞，只是生命往外追逐，則容易逐物不返，偏離常道。

聖人不遠行而能知天下、知天道，不顯現自我而能得其名聲，不刻意作為而能成其功績，所謂「不行」、「不見」、「不為」，均屬主體工夫修養，因其無心無為，故能無不為，便能實現自身價值、體證天道、成就功績、自然得其真實的名聲。

「不見而名」若以「不見而明」釋之，則為不察看而明曉，[16]與前後文意不合，原因在於不行、不見、不為是剋就實踐主體做工夫，「不」是作用義的無的工夫，不是現象義之沒有，若以不察看而明曉釋之，便落在現實上之不用察看來說「不見」，既失其無為工夫，亦淪為類近神通之說，不僅不相應前後文的內容，於《老子》義理而言，亦甚為扞格。若以「現」釋「見」，名聲釋「名」，則不現，便相應和光同塵之說，亦同於「不見可欲」（〈三章〉）的用法，即因聖人不凸顯自我，反而能成就其真實的名聲，其名才能不去。

由是可見不行、不見、不為均為作用義上之無心作為，並不是現實上不遠行、不有名、什麼都不做，就能體得天道，成為聖人，而是要有無為的工夫修養，才能成全無不為的一面，才真能有所知、有其名、有所成。

---

16 陳鼓應即從「不見而明」之說，釋為「不察看而明曉」，見陳鼓應：《老子注譯及評介》（修訂增補本），頁242。「不見」若解為「不察看」則屬於認識外物，和前後章句「不行」、「不為」脈絡不一致。

四十八章

　　為學日益，為道日損。損之又損，以至於無為，無為而無不為。取天下常以無事，〔一〕及其有事，不足以取天下。

【注釋】

〔一〕取天下常以無事：取，得、治。無事，以無心無為方式操作，與下文「有事」之有心刻意操作相對。

【今譯】

　　做學問是日益增加，實踐常道是日漸減損。減損它又再減損，一直到無為的境界，才能做到無心而沒有什麼事不能完成。治理天下常要以無心的方式操作，當有心刻意操作，就不足以治理天下。

【義疏】

　　此章明言無為無不為的工夫乃治天下之不二法門。

　　知識的性質是累積而成，為生命中形而下的部份，與經驗相關，為往外求的，所以所做的工夫越深，所得知識越多，是謂「為學日益」。實踐常道是要減損生命中的病痛，復返於自然，為生命中形而上的部份，是要往上超越的，為往內求的，所以實踐常道的工夫越深，生命所剩餘病痛越少，最終無憂無患，是謂「為道日損」。

　　修道工夫是無窮無盡、不可間斷的歷程，才能體得無為之境，故曰「損之又損，以至於無為」。達到無為之境以後，不能只停留在無為這個境界，獨立於山林之中，與世隔絕，更要應物。用無為心境應物，便能以自然的方式做任何應做的事，故曰「無不為」，因其所為是自然而為的方式為之，故曰「無為而無不為」，當中「無為」是體，「無不為」是用。若停留在「無為」之境，不能貫徹實踐至「無為而無不為」的最終境界，則偏重無為去欲的一面，僅見其消極去病，而不見其去病不去法的一面，導致詮釋《老子》只能作為意義治療學。

　　從「無為而無不為」可見，「為學」與「為道」二者，並非對立，只是生命中有兩個不同的層次，兩者立體直貫，相須而成，「為學」與「為道」均不可偏廢、偏棄。「無為」、「為道」是體，「無不為」、「為學」是用，故「為學」與「為道」並不衝突。

　　落在治國之上，聖王要取天下，必不能有心為而為之，須以自然的方式管治天下、輔助百姓，而且其無為的工夫不能有所間斷，故其「無事」是以「常」言之，是謂「取天下常以無事」。所謂「取天下常以無事」或「以無事取天下」（〈五十七章〉）之「無事」均就無心、不刻意的方式來成就其事，是從作用而言其「無」，而不是就現實上之什麼都不做，就能成全萬事。與「無事」相對而言，則為「有事」，即有心為而為之，若聖王有心宰制天下，則不足以治理天下，縱有一時之功，亦不能長久。

　　聖王治國，除了有道、為道之外，亦需要客觀知識成就其治國策略，如是便需要「為學」，只是其為學的方式，是以無心、無為的方式來成其學。以「無學學」、學無學，「無學」是無為、

無心的修養，是體；而「學」則是用，用必依賴客觀知識，則學的對象是經驗、客觀層次的事物，多多益善，故「為學日益」。《老子》在此指點出客觀知識的積累性質，和「為道日損」的去病消解方向不同，並不輕忽知識，亦無反對知識之義。因有無為工夫的保證，故能以無心的方式學，成就其無不為、無不學的一面，由是可見，無為工夫必須落實到無不為，方為透徹的實踐，不能懸空只表現其無為的一面。若只有「無為」，而沒有貫徹到「無不為」，則常道便是一個光板，高高在上的懸置於一方，隔絕於世途，不能應物，終究只是無用的空顯思想。

六十三章

為無為，事無事，味無味。〔一〕大小多少，〔二〕報怨以德。〔三〕圖難於其易，為大於其細。〔四〕天下難事必作於易，天下大事必作於細，是以聖人終不為大，故能成其大。夫輕諾必寡信，多易必多難，是以聖人猶難之。〔五〕故終無難矣。

【注釋】

〔一〕為無為，事無事，味無味：以無為的方式作為，以無事的方式從事，以無味的方式品味。所謂「無為」、「無事」、「無味」是作用義上之無心自然，而非現實上之不做為。

〔二〕大小多少：大、多為動詞，大，尊尚；多，重視。小，指常道，如〈三十二章〉言「道常無名，樸雖小，天下莫能臣也。」〈三十四章〉曰：「常無欲，可名於小。」

少，減少、減損，如「少私寡欲」（〈十九章〉）、「損之又
損」（〈四十八章〉）等工夫修養。

〔三〕報怨以德：嚴靈峰指出陳柱本「以德報怨」句於〈七十
九章〉「和大怨，必有餘怨」句之上，並云：「各本此句
錯在〈五十九章〉。」嚴靈峰認為陳說近是，所不同在於：
「惟此句當在『必有餘怨』句下；並在下文『安可以為
善』句上。」見嚴靈峰：《老子達解》（臺北：華正書局，
1983），頁 405。陳鼓應認為嚴靈峰之說可從，原因在於
「『報怨以德』原在〈六十三章〉，但和上下文並無關聯，
疑是本章（案：即〈七十九章〉）的錯簡，移入此處，文
義相通。本段的意思是說：和解大怨，必然仍有餘怨，
所以老子認為以德來和解怨（報怨），仍非妥善的辦法，
最好是根本不和人民結怨。如何才能不和人民結怨呢？
莫若行『清靜無為』之政——即後文所說的『執左卷而不
責於人』，這樣就不至於構怨於民。如行『司徹』之政
——向人民榨取，就會和人民結下大怨了。到了那時候，
雖然用德來和解，也非上策。」見陳鼓應：《老子注譯及
評介》（修訂增補本），頁 340。高明指出「《老子》則以
『報怨以德，圖難乎其易也，為大乎其細也』，處理二者
的關係。對待為首的三句，顯然以同一處理方法，即為
以無為，事以無事，味以無味。以此理解則文暢義順，
毫不勉強。」見高明：《帛書老子校注》，頁 132。案：高
明之說較為合理，「以德報怨」句上下文帛書甲本、漢簡
本、傅奕本、河上公本均與王弼本同，並不出現在今本
〈七十九章〉之中，錯簡之說似不能成立。德，自然的

方式。即以自然的方式回報怨。

〔四〕圖難於其易，為大於其細：圖，處理。處理難事從簡易
　　入手，作為大事從細微處著手。

〔五〕聖人猶難之：難之，以之為難。即使是聖人，仍然以謹
　　慎態度應物。

【今譯】

　　以無心作為的態度作為，以無心做事的態度做事，以無心
賞味的態度品味。尊尚常道，重視減損，以自然之德回報怨恨。
處理難事從簡易處入手，作為大事從細微處著手。天下難做的
事，必須從容易做起；天下重大的事，必須從細處做起，因此
聖人始終不刻意為大，所以能成就大事。輕易許諾的人必定很
少真實的內容，經常輕忽處事的人必定常常遇到困難，因此聖
人總是很小心處理事情。

【義疏】

　　此章指出聖人應以自然方式應物，並要小心謹慎守道而行。

　　「為無為，事無事，味無味」與〈六十四章〉之「欲不欲」、
「學不學」，同樣是以無心自然的方式作為、行事、感受，以無
為不過度的方式滿足欲求、學習實踐。

　　「大小多少」歷來說法不一，首先可以肯定的是「大小多
少」並非討論客觀外物體積相對之大小、容量相對之多少，亦
不是說明大生於小，多起於少等物理現象，而是因應前文之「無
為」、「無事」、「無味」，下文之「報怨以德」來指點實踐修養。
即使不從外物現象而言「大小多少」，亦有不同說法，第一，就

常道而言「大小多少」，如《河上公章句》曰：「欲大反小，欲多反少，自然之道也。」（《河上公章句》，頁245）呂惠卿言「道之為物，視之不見，聽之不聞，搏之不得，雖反覆尋繹之，復歸於无物而已矣。唯其如此，故可以大，可以小，可以多，可以少。」[17]《河上公章句》指出實踐自然之道時，越有意為大則反而為小，越刻意為多反而變少，此乃常道不能刻意為之的特性；呂慧卿則就常道之不可被名狀、無有封限而言可大可小、可多可少，就常道特徵詮釋此句。二者就常道的特性、特徵詮釋「大小多少」，然而前文「為無為，事無事，味無味」，與後文「報怨以德」均從主體出發而言實踐工夫，中間突然一句轉向描述常道特徵，尤顯突兀，似乎仍可以有更好的理解，來詮釋此句義理。第二，就主體實踐言「大小多少」，如釋德清認為「世人皆以名位為大，以利祿為多而取之。然道至虛微，淡泊無物，皆以為小少，故棄而不取。聖人去功與名，釋智遺形，而獨與道游。是去其大多，而取其小少。故以至小為至大，至少為至多。故大其小，而多其少也。」[18]釋德清此說雖就主體修養而言大小、多少，然而其說仍有些曲折。聖人體道，與世人不同：世人以名位為大、利祿為多，皆好大貪多；聖人去功名、除形智，因此以小為大，以少為多，而大其小，多其少，如是之大小、多少是相對言之，且側重於去欲的一面，偏說「無為」、「無事」、「無味」，忽略以無為為、以無事事、以無味味，透過無心作用成全無不為的一面。其「以至小為至大，至少為至多」的說法乃詭辭為用的表達，與前文「為無為，事無事，味無味」，

17　張鈺翰點校：《老子呂惠卿注》，頁73。
18　釋德清著，黃曙輝點校：《道德經解》，頁122-123。

後文「報怨以德」著重實踐的一面不甚相連，因此略嫌曲折。林希逸則言「能大者必能小，能多者必能少，能報怨者必以德，能圖難者必先易，能為大者必先於其細。自味無味以下，皆譬喻也。」[19]將大小、多少、怨德、難易、大細等相對說法，皆納入《老子》喻事說理，則不免有以下疑問，首先，從文句來看，兩組句式並不一致，若以「圖難於其易，為大於其細。天下難事必作於易，天下大事必作於細」作為譬喻則可，將「大小多少，報怨以德」亦視之為喻，如此詮釋略顯勉強。其次，從義理來看，將與道同層的「小」和「德」以及與「大」和「多」實踐工夫往外推，視之為客觀外在事物，則不顯主體實踐的重要性。由是可見「大小多少，報怨以德」並非譬喻，亦不就外物事理而言小少、德怨，而是就主體實踐，呼應前文「為無為，事無事，味無味」。[20]

　　若要呼應上下文理，則應以扣緊主體實工夫詮釋「大小多少」。《老子》以小為尊，不以大為足，實因「道常無名，樸雖小，天下莫能臣也」（〈三十二章〉）、「常無欲，可名於小」（〈三十四章〉），因常道無欲無為，故重視小，即重視常道、體道工夫，是謂「大小」。重視減損，不以多為好，實因「多忌諱」、「多利器」、「多伎巧」（〈三十四章〉）太多的規範、過度的智巧，便會陷入有為造作，扭曲的名教便成為生命桎梏，所謂「甚愛必大費，多藏必厚亡」（〈四十四章〉）、「少則得，多則惑」（〈二十二章〉），因此需要「見素抱樸，少私寡欲」（〈十九章〉）、「損之

19　林希逸著，黃曙輝點校：《老子鬳齋口義》，頁68。

20　蘇轍亦言「其於大小多少，一以道遇之而已。」見蘇轍著，黃曙輝點校：《道德真經注》，頁75。其說亦是將「大小多少」往外推，將大、小、多、少視為外物，透過道心照見而平齊種種分別。

又損」(〈四十八章〉)等去欲去病工夫,才能做到「以至於無為,無為而無不為」(〈四十八章〉)讓生命復歸於純樸之境,貫徹實踐無為常道,故重視少,即重視減損工夫,是謂「多少」。「大小」,重視常道純樸自然,偏重返本的一面;「多少」,著重減損生命中的病痛,偏重去欲的一面。然而其去欲的一面,並不如《河上公章句》偏重現實面的「損情去欲」,而是透過作用義上之「少私寡欲」、「損之又損,以至於無為,無為而無不為」,肯定無心造作下的一切作為,故曰「為無為,事無事,味無味」、「欲不欲」、「學不學」。[21]

所謂「報怨以德」之德,是就常德、自然而言「德」,並非儒家仁義道德義的「德」。《老子》認為面對生命怨恨,應以自然的方式回報,而不是不分是非青紅皂白,通通以大愛來包容一切,更不是用更極端的手段作出報復。如《論語・憲問》所言:「或曰:『以德報怨,何如?』子曰:『何以報德?以直報怨,以德報德。』」《論語》所言之「德」與《老子》所言之「德」其背後的思想脈絡並不相同,故不能認為《論語》之說是在批評《老子》,亦不能以此為《老子》之說是在反省儒者所論。孔子認為,若以仁德回報怨恨,則對於有德於我之人,便無以為報,有違行事的比例原則,因此認為應「以直報怨」,用至公無私之心,行其所當行,報其所當報,以直報之,不因私心作祟、個人偏好而加以袒護,或借此取得別人稱讚寬厚而以德報之,

---

21 《河上公章句》從《老子》對治主觀價值之偏執轉向精神身心之嗜欲,又從《老子》作用層之棄絕轉向現實上的捐除,亦將《老子》內省工夫往外推,絕棄情欲來保障客觀元氣之不泄,與《老子》透過逆返自省工夫作用地保存現實價值意義,並往上貞定生命種種不定相,達致無為而治的理想政治境界實有著明顯不同,相關說法見拙作《老子思想詮釋的開展 —— 從先秦到魏晉階段》第五章第二節。

用無私之心報怨，「直」便在其中；至於有德於我者，則以德報之。《老子》之言「德」是無心自然之意，與前文之「無為」、「無事」、「無味」相應，同屬自然無私，用自然的方式報怨，與儒者以「直」的方式報怨類近，不因偏好或其他目的，而特別寬厚對待，或是加倍報復，僅以報其所應報的方式來報怨。從應物的純粹性來看，《論語》與《老子》「報怨」的態度，其實是相同的。所不同者在於《論語》背後的義理是「道德意識」，《老子》背後的義理是「自然而為」，然而論「以直」、「以德」則近似。

　　《老子》以人事說明聖人應物態度更應謹慎行事，指出處理難事應從簡易入手，要做大事則應從細微處著眼。做天下間最難做的事必從容易處著手開始，處理天下間最大的事亦必從其細微處著入手，而天下間最大、最難的事，莫過於治國、治天下。能不輕忽容易的事、細微的事，「慎終如始，則無敗事」（〈六十四章〉）謹慎面對生命中的每一件事，不執不為，便能無敗無失。因此《老子》指出聖人終不為大，而能成其大，並不是說聖人不必做大的事、難的事，而是聖人以無為的方式為事，為大於其細，而不為大於其大，做事既無心亦謹慎，故能成其大事，此即「聖人終不為大，故能成其大」之意。加上聖人「萬物歸焉而不為主，可名為大。以其終不自為大，故能成其大。」（〈三十四章〉）聖王以無為方式治理天下，天下百姓自然歸順於他，而他並不因自己位高為王，便肆意宰制百姓，所以才能成為天下主，於是得其為「大」。有治天下之功，而不居功；得天下、享高位，而不自以為大，故能成其「大」，此其「終不自為大，故能成其大」之意。二者雖同言成其大，然而所成

不同,〈六十三章〉所成之「大」,為治國、治天下之大事,因聖王以自然無為方式治國,故能無不為地成就萬物,大治天下,是就「事」而言「大」,偏就所應之事而言其「大」;〈三十四章〉所成之「大」,為聖王治理天下以無心方式順應天下,使天下百姓歸順於他,成就其為王之大,是就「王亦大」(〈二十五章〉)而言「大」,剋就實踐主體而稱其「大」。

聖人處事始終謹慎,故不輕易許諾,亦不輕忽處事,因此其行事便不會缺乏真實性,亦不會處處遇上困難。所謂「信不足焉,有不信焉」(〈十七章〉),僅有誠信不足的人,才會多有不足以採信之處,聖人不輕易許諾,「慎終如始」,是謂「聖人猶難之」。即使修養境界達到最高境界的聖人,處事應物,仍然謹小慎微,足見工夫修養之不可須臾缺離。

六十四章

其安易持,〔一〕其未兆易謀。〔二〕其脆易泮,〔三〕其微易散。〔四〕為之於未有,治之於未亂。合抱之木,生於毫末;九層之臺,起於累土;〔五〕千里之行,始於足下。為者敗之,執者失之。是以聖人無為,故無敗;無執,故無失。民之從事,常於幾成而敗之。〔六〕慎終如始,則無敗事。是以聖人欲不欲,〔七〕不貴難得之貨;學不學,〔八〕復眾人之所過,〔九〕以輔萬物之自然,而不敢為。

【注釋】

〔一〕其安易持:安,安定、安穩。持,持守、守住。

〔二〕其未兆易謀：未兆，沒有徵兆。謀，處理。

〔三〕其脆易泮：脆，脆薄、脆弱。泮，分解、散解。

〔四〕其微易散：微，微細。散，散失。

〔五〕累土：累土成夯，築基工程。

〔六〕幾成：幾近成功。

〔七〕欲不欲：以「不欲」的方式「欲」，即以自然的方式滿足
　　　欲求。

〔八〕學不學：學，學習、實踐。以「不學」的方式「學」，即
　　　以自然的方式實踐。

〔九〕復眾人之所過：復，復返。所過，指日常生活所作之事。

【今譯】

　　情況安定時則容易持守，事情沒有徵兆時則容易處理，事
物脆弱時則容易散解，事情細微時則容易消散。作為於未執有
的時候，治理於未生亂的時候。合抱的大樹，萌芽於細小；九
層高臺，建基於層累泥土；千里遠行，從腳下舉步開始。有為
則敗壞它，執著則失去它。所以聖人無心作為，便無有敗壞；
無心執著，便不會失去。一般人做事情，經常於快要成功時遭
到失敗。慎重終結好像慎重開始一樣，就能不會使事情敗壞。
因此聖人以自然的方式滿足欲求，不矜貴難得的財貨。以自然
的方式實踐，復返一般人所做過的事歸於自然，輔助萬民自我
實現，而不敢刻意作為。

【義疏】

　　此章言工夫修養須謹小慎微，始能真正做到無為而無不為。

情況安定時容易守住，事情沒有徵兆時容易處理，事物脆薄時容易分解，事情微細時容易消除，都是從生活上之事理，說明人事處於開始時容易被掌握。治國之道亦然，所以聖王要在還沒形成執有之時便應消解它，在禍亂還沒有產生之時便要處理妥當，凡此皆是謹小慎微的道理。就像合抱大樹，萌芽於細小之時；建九層的高臺，築基於泥土的堆積；致千里的遠行，從腳下舉步開始一樣，所有有心作為之事，均萌生自小事，若不能防微杜漸，心知執念便會一發不可收拾，只有「治之於未亂」、慎之於未兆，並以無心無為的方式為之、治之，方能做到不敗、不失。所謂「害成於微，而救之於著，故有無功之治」正是此意，[22]禍害初成之時幾微而不容易被發現，若不能謹慎眾險於未兆，亡之於微，終將釀成大禍，縱然用心救治，亦未必能見其成效。

一般人做事常在快要成功時候出現問題，因其不能慎終如始，若處事時自始至終均能自然無為，便不會出問題。聖人慎始慎終，應物時自始至終均以無為無執的方式為之、治之，故能做到無有敗壞、無有喪失。只有慎終如始地處事，始能於應物、治天下時，不出問題。

聖王治國，謹小慎微，從念頭意欲上便能做到無為無心，但不表示聖人沒有感受、毫無情緒，沒有欲望喜好，也不必於現實上有所作為。聖人只是如王弼所言「聖人茂於人者神明也，

---

22 三國‧魏‧嵇康（約223-約263）〈養生論〉曰：「縱少覺悟，咸歎恨於所遇之初，而不知慎眾險於未兆。是由桓侯抱將死之疾，而怒扁鵲之先見，以覺病之日，為病之始也。害成於微，而救之於著，故有無功之治。」見戴明揚校注：《嵇康集校注》（北京：中華書局，2014），頁254。

同於人者五情也，神明茂故能體沖和以通無，五情同故不能無哀樂以應物，然則聖人之情，應物而無累於物者也。今以其無累，便謂不復應物，失之多矣。」[23]聖人並非無喜怒哀樂，只是聖人精神修養境界高於眾人，故於應物時縱使有喜怒哀樂，但能不為情感所牽累，可見聖人與眾人不同之處並不在於情，而是在於「神明茂」，「神明茂」的原因正由其工夫修養圓熟而達成。且如三國‧魏‧向秀（約 227-272）所言：「富與貴，是人之所欲也。但當求之以道，不苟非義。在上以不驕無患，持滿以損儉不溢，若此何為其傷德耶？或覩富貴之過，因懼而背之，是猶見食之有噎，因終身不飡耳。」[24]所謂「求之以道，不苟非義」正好說明「欲不欲」之以自然的方式滿足所欲的內容。居高位而能不驕奢，則能免去生命中的憂患；守滿盈之業而能儉樸，則能不滿溢，以自然的方式滿足所欲，便不會違道傷德。有的人因為目睹富貴所導致的過失，而懼怕它，則有如因噎廢食一樣，如是便有違自然。可見富貴並不是憂患的根源，貪求富貴，因此迷失自我，才是生命的大患。傷德者不在於富貴，而在於不以道求之，執取富貴，要是能以「欲不欲」的方式滿足所欲，則雖處高位，得其富貴，亦能無過。

因此，聖人即使有所欲，仍是以自然的方式滿足所欲，並不會過度執迷於難得之貨；縱有所學，仍是以自然的方式學。聖人無為而無不為，因而能透過自身行為化民，此即〈五十七章〉所言之「我無為而民自化，我好靜而民自正，我無事而民

---

23 見三國‧蜀漢‧陳壽（233-297）著，南朝‧宋‧裴松之（372-451）注：《三國志》（北京：中華書局，2008）注引〈王弼傳〉，頁 795。

24 見向秀〈黃門郎向子期難養生論一首〉，戴明揚校注：《嵇康集校注》，頁 248。

自富，我無欲而民自樸。」聖人以無為、好靜、無事、無欲等方式，為百姓做出典範，既不有心干擾百姓生活，使之能自然地實現自己；同時亦能化民成俗，成為眾人學習的楷模，為生命提供一個方向，指點眾人工夫修養的進路。

聖人以自然的方式實踐，讓百姓同樣以自然的方式實現自己，使其生活能歸復自然，歸根復命。聖人欲不欲、學不學，均以自然的方式滿足欲求、實踐應物，不同的是「不貴難得之貨」是以遮詮的方式展示個人修養，「復眾人之所過」則以表詮的方式顯示工夫內容。「不貴難得之貨」的「難得之貨」屬中性義，工夫對治的對象不在於「難得之貨」，而在於「貴」與「不貴」之間，能不起分別心，能做到不標舉凸顯、執定迷失於「難得之貨」，「難得之貨」或存或亡，均不影響其價值判斷，如是，即使有所欲求，亦能以自然的方式滿足其欲望，可見「難得之貨」並非負面價值之物，亦不屬《老子》批評的對象。「復眾人之所過」的「所過」，亦同屬中性義，而不是指眾人有「過錯」，要讓聖王復其天真。若「眾人之所過」是指眾人有錯、有過，則應為「眾人之過」，因此應以「眾人日常所過的生活」釋之。由是可見聖人之「不貴」、「復」均屬工夫修養的內容，「復」應釋作歸復，聖人學無學，始能讓百姓有復歸自然，歸根復命的可能。

正因聖王「不貴難得之貨」、「復眾人之所過」，始能讓萬物如其自己地實現自己，而不受宰制干擾，是謂「輔萬物之自然」。所輔佐的方式，是以無為、無執的方式輔佐，故能無敗、無失；而「萬物之自然」，正是自化、自正、自富、自樸的表現。聖王之「不敢為」並不是現實上不敢有所作為，而是於意念上，慎

終如始地不敢有心、刻意執為之,此即無為、好靜、無事、無欲之意。

由是可見「欲不欲」、「學不學」、「不貴難得之貨」、「復眾人之所過」、「輔萬物」、「不敢為」均屬聖王主體生命的工夫修養,在上位者之無為、不敢為,並非現實上之無有作為,而是以無心不為的方式為,以自然不學的方式學,才能真正有所作為地治理天下,達至無為而無不為,無為而治的理想境界。聖王治國除了學無學,消極去除有心刻意的作為、「不敢為」,讓民自化、自正以外,更需要積極地「輔萬物之自然」,始能真正功化萬物,做到「功成事遂」的道化政治理想。

從《老子》對一般人從事常於幾成而敗之,提出治之於未亂、慎終如始的工夫修養可見,其工夫論對於對治意念造作是非常細微謹慎。《老子》言「欲不欲」、「學不學」等無為工夫修養,並不反對日常生活的積極作為,更不反對人文價值的開創,其所反對的是刻意為、有所執的意念,只有無心無為的工夫修養,才能開決一切封限,成就人間事物。

四十九章

聖人無常心,〔一〕以百姓心為心。善者,〔二〕吾善之;〔三〕不善者,吾亦善之,德善。〔四〕信者,〔五〕吾信之;〔六〕不信者,吾亦信之,德信。〔七〕聖人在天下歙歙,〔八〕為天下渾其心。〔九〕聖人皆孩之。〔十〕

【注釋】

〔一〕無常心：帛書乙本作「恒无心」、漢簡本作「恒無心」。
　　　傅奕本、河上公本、王弼本均作「無常心」。恆無心，即
　　　常無心，因聖人常能保持常心，故能以百姓心為心，此
　　　是一說。無常心，即無有固定不變的心，能虛應萬變，
　　　故能以百姓心為心，此亦成一說。二者義理內涵並無衝
　　　突，今從王弼本。

〔二〕善者：指合於自然的百姓。

〔三〕善之：以自然的方式對待他。

〔四〕德善：「德善」，漢簡本作「直善」，傅奕本作「得善」，
　　　河上公本、王弼本均作「德善」。釋義有二，一為「得」、
　　　「德」相通，釋作「得」，得到善，即得其自然、自然的
　　　表現。二為「德」釋作沖虛之德，「德善」即沖虛之德的
　　　自然，如是語意重出，今從前者釋義。下文「德信」釋
　　　義亦同。

〔五〕信者：指真誠的百姓。

〔六〕信之：真誠對待他。

〔七〕德信：「德信」，帛書乙本、河上公本、王弼本均作「德
　　　信」，漢簡本作「直信」，傅奕本作「得信」。「德信」，即
　　　得信，得其真實內容、真誠的表現。

〔八〕歙歙：帛書甲本作「惔惔」、乙本作「欱欱」、漢簡本作
　　　「�kø05歾」，傅奕本、王弼本均作「歙歙」，河上公本作「怵
　　　怵」。馬叙倫云：「倫案『歙』借為『合』。」「歙」字即
　　　有「合」義。高明又指出《正字通》：「『歙』，合也，與
　　　『翕』通。」《詩經・小雅・棠棣》「兄弟既翕」，毛《傳》：
　　　「翕，合也。」「歙歙」如「歙然」，合貌，字亦作「欱」。

王弼注「歙歙」為「心無所主也」，釋「渾心」為「無所
適莫」。「心無所主」即無所區分，「無所適莫」則無厚無
薄，從詞義分析，確有「合」、「渾」之義。帛書乙本作
「欿欿」，「欿」字乃「歙」之別構。馬叙倫及高明之說
見高明：《帛書老子校注》，頁62。案：馬說、高說言之
成理，今從王弼本及其注，釋「歙歙」為心無所主，即
指其心無有分別。

〔九〕渾其心：渾，無有分別。使其心沒有分別。

〔十〕孩之：像對待小孩一樣呵護百姓。

【今譯】

　　聖人沒有固定不變的心，以百姓的心為心。合於自然的百
姓，我以自然的方式對待他；不合於自然的百姓，我亦以自然
的方式對待他，這就是自然的表現。真誠的百姓，我亦真誠待
他；不真誠的百姓，我亦真誠待他，這就是真誠的表現。聖人
在位表現無有分別，使天下百姓的心渾沌無有分別。聖人皆能
像對待小孩一樣呵護百姓。

【義疏】

　　此章言聖人治天下須以無分別心對待百姓。

　　聖王治國沒有固定不變的心，亦不存特別偏好偏愛，一切
都以自然的方式對待，故能做到無適無主，此即「聖人不仁，
以百姓為芻狗」（〈五章〉）之意。因為聖王沒有定常之心，所以
才能以百姓心為標準，不論百姓善與不善，聖王均以自然的方
式對待百姓；無論百姓真實或有所不足，聖王亦以自然的方式

真誠相待，無有分別之心。所謂「善」與「不善」，並不就儒者之仁德而言，亦不能以技能之善巧與否而論，而是以「上善」(〈八章〉)之「善」言之，是就自然常道而言「善」。能體自然常道的百姓，聖王以自然的方式對待他；不能體自然常道的百姓，聖王亦以自然的方式對待他。因沖虛自然之德是無有差別，加上「道者萬物之奧，善人之寶，不善人之所保。」(〈六十二章〉)善人與不善人，均能在常道之下如其自己的存在。

聖王體道，無棄人，亦無棄物，善與不善，均能在聖王無有分別心的管治下，得到應有的對待。所謂應有，是指合符自然的意思，不善人若胡作非為，亦自有其應有的對待。所謂「善之」與「亦善之」的同一性，是指自然無分別的心，聖王該如何對待、處置，便該如何對待，是在無有分別心的意義上言無有分別，而不是在現實上不管百姓行善或為非作歹，均一起得賞或受到懲罰之無有分別。因此「德善」，並不是指善人與不善人，不管二者所作所為如何，聖王在現實上對他們均沒有差別對待。「德善」，與「報怨以德」(〈六十三章〉)一樣，是以自然的方式報其所當報、所應報，如是方為真正的無有分別，此無有分別是指作用義上之無有差別，不因個人好惡而顯其差別心，當然也不是指現實上之不分清紅皂白、貧富懸殊，推行畫一政策，以此治國，才叫無分別之心。

真誠的百姓，聖王以誠待之；不真誠、有所不足的百姓，聖王亦以誠待之，該如何真實對待，便如何對待，如是方為真正的待之以信，是謂「德信」。可見「德善」、「德信」，並不是僅以一般人認為好的方式對待百姓，而是視其情況而定，不受個人好惡左右，不以私心管治百姓，如實的對待百姓，方為「德

善」與「德信」。聖人這種於作用義上無有分別、不偏私的治國態度，推其極則天下臣民均能保持其無分別心，無為而無不為，上下一體渾然無有分別。

聖人心無所主、無所偏，與自然之道相契，在這種情況下在宥群生，無有所棄，有若小孩純樸無分別一樣的對待所有百姓，使百姓渾沌其心，此即聖王助成百姓的一面。可見《老子》的工夫修養，並不僅是聖王讓開成全萬物，僅屬透過主體修養而成的無為之治，若只透過聖王的主體修養，而達成的道化政治理想，是一觀照的無為之治。然而《老子》之聖王，不僅只有讓開成全的應物工夫，更有「輔萬物之自然，而不敢為」（〈六十四章〉）的工夫修養，必須繼之以「輔萬物」之引導、順化的實際措施作為，方能達至「百姓皆謂我自然」（〈十七章〉）的理想境界，因此是一功化的無為之治。

第四章　境界論

　　《老子》的境界論是承其道論而下，繼之以工夫修養，調適上遂而成，為實踐主體心境的呈現。從「依宗起教，以教定宗」的角度來看，境界固然是依工夫修養與無不為的拖搭，在每一階段的當下顯現，每一當下皆顯現成此際的境界，每一調適上遂之際亦必有其境界，但此處所論之境界，非階段性之境界，乃依義理之極致處而言，因此道論與境界論須為同一歸宗，教路亦須承道論而起，並由境界論見其終趣，方為自上而下貫徹一致的思想系統。

　　《老子》道論以本體宇宙論作為生化萬物的方式，以「玄」、「無」、「有」為常道的內容，其言常道是就實踐主體之自然無為的價值意義來說，不就客觀外物之生成而論。承此道而起的教路，則為無為而無不為的工夫修養，透過無為而無不為的工夫修養，自內修身、對外應物，調適上遂，顯其無為自然之境。從個人之修養境界而言則為聖人、聖王的理想境界；從群體之修養境界而言則為道化政治的理想境界，此理想的境界，不是單靠聖王一人修養觀照而成，而是透過聖王無心而為，以自然的方式輔助百姓，使百姓在不受宰制的情況下，各自實現其自身價值，自君王以至臣民，上下一體均能透過自覺工夫，復返自然，體證道化政治的理想。由此論聖王之治天下，則不僅為

聖王一人觀照之理想，而是功化天下的道化政治理想，以此成就無為之治。

《老子》一書為王者師所作，所言聖人，多就聖王而論，[1]所謂善為道者亦多就治民治國來說，[2]更有不少討論治國、治天下的章節。[3]若要形成一致的詮釋，為《老子》思想建構完整的思想體系，則須以道化政治的理想境界而論其宗趣，方能籠罩各章義理內容。或問，《老子》一書，亦多有論及個人修養之道，如致虛守靜、歸根復命（〈十六章〉）、和光同塵（〈五十六章〉）、「見素抱樸，少私寡欲」（〈十九章〉）、「專氣致柔」、「滌除玄覽」（〈十章〉）、絕棄聖智仁義、無為無欲等主體工夫修養，縱有論及治天下之道，似亦可視之以個人修養的內聖之學為主，兼及論述外王治國之道，不必僅以道化政治理想作為全書論述宗趣。誠然，若僅看《老子》論個人工夫修養的部份，亦可開展以成就個人理想境界的理論架構，甚或推而廣之，視之為具有文化治療學、生命治療學、人心人性治療學的面向。若僅從作用地保存來看《老子》之道，其說確實可以作為治療學來看待，然而《老子》除了以無為無心作用的保存萬物之純粹價值之外，尚有無不為、輔萬物之自然、功化萬物而不居功的一面，若僅局限治療義的一面看待《老子》的義理形態，恐怕造成片面消極的看待《老子》思想。以文化意義治療看待《老子》思想，實側重《老子》常道「無」的一面，而忽略「有」的徼向性的

---

1 舉凡〈三章〉、〈五章〉、〈十三章〉、〈二十二章〉、〈二十九章〉、〈四十九章〉、〈六十六章〉、〈七十二章〉、〈七十八章〉等內容。

2 舉凡〈三十一章〉、〈六十五章〉等內容。

3 舉凡〈十七章〉、〈三十七章〉、〈四十六章〉、〈五十四章〉、〈五十七章〉、〈五十八章〉、〈六十章〉、〈七十二章〉、〈七十五章〉等內容。

一面。因著詮譯《老子》道論的偏重於「無」，以「無」等同於「自然」，致使其工夫論著重「無為」的一面，而不顯由無為而至之「無不為」的一面，所以不顯相對積極的事功，僅見消極的治療意義。治療意義只是消極工夫，不能充分地實現「百姓皆謂我自然」及帝王「功成事遂」的自然（〈十七章〉），呈現一體體現道化政治的理想境界。

　　綜觀整部《老子》書，其個人無為而無不為修養的部分，是為了說明聖王治國的必要先決條件，方能做到「我無為而民自化，我好靜而民自正，我無事而民自富，我無欲而民自樸」（〈五十七章〉）、「聖人無常心，以百姓心為心」（〈四十九章〉）、「輔萬物之自然，而不敢為」（〈六十四章〉、「聖人處無為之事，行不言之教，萬物作焉而不辭，生而不有，為而不恃，功成而弗居。」（〈二章〉）、「功成事遂，百姓皆謂我自然」（〈十七章〉）等虛心治國，無心長養亭毒百姓，助成天下而不居功的政治理想。只有在天下臣民一是皆無為自然的情況下，眾人才能如其自己地實現各人價值意義，一體達至無為而無不為之境，凡此均就無為之治的道化政治理想境界而談，如此看待《老子》才能見其終極理想的實現，而不是只有消極的一面。

　　基於《老子》所言的理想境界為道化政治的理想境界，以下就聖人治國之內聖、外王兩方面疏解《老子》章句。所謂「內聖」是針對聖人治國時，自身所呈現的境界；「外王」則針對聖人治國時，應物處事所呈現的境界。外王的部份，則又從名教與治國兩方面討論。所謂「名教」，是針對周文內容，包括聖智仁義、禮樂制度等內容，以見《老子》對名教的態度。所謂「治國」，則包含內政與外交的部份，以見無為之治下治國、治天下

的理想境界。嚴格來說，名教內容與禮樂制度相關，當屬治國內容，然而於此獨立討論，是由於近代學者於後設研究反省《老子》思想體系時，常以仁義之說類歸儒家，因而有獨立討論的必要，希望藉此釐清儒道義理分際。

一、內　聖

二十三章

　　希言自然。故飄風不終朝，〔一〕驟雨不終日。孰為此者？天地。天地尚不能久，而況於人乎？故從事於道者，道者同於道，〔二〕德者同於德，〔三〕失者同於失。〔四〕同於道者，道亦樂得之；同於德者，德亦樂得之；同於失者，失亦樂得之。〔五〕信不足焉，有不信焉。〔六〕

【注釋】

〔一〕飄風不終朝：飄風，暴風。終朝，整個早上。

〔二〕從事於道者，道者同於道：帛書本、漢簡本均作「從事而道者同於道」，傅奕本、河上公本、王弼本均重出「道者」二字，由於重出「道者」二字不影響義理內容，從王弼本。道者，盡全體之性，而符應於自然的人。

〔三〕德者：得於內的人，盡一己之性，而符應於自然的人。

〔四〕失者：背道違德的人。

〔五〕同於道者，道亦樂得之；同於德者，德亦樂得之；同於
失者，失亦樂得之：帛書本作「同於德者，道亦德之；
同於失者，道亦失之。」漢簡本作「故同於道者，道亦
得之；同於失者，道亦失之。」傅奕本作「於道者，道
亦得之；於得者，得亦得之；於失者，失亦得之。」河
上公本除了「失亦樂得之」作「失亦樂失之」外，其餘
均與王弼本同。出土本與傅奕本、今本釋義不同之處在
於：出土本義理內涵分別指出與道、德、失三者不同層
次而構成各自的境界，道亦分別與之同得、同失；傅奕
本與今本義理內涵為分別指出與道、德、失同於同一境
界的人，道、德、失亦分別與之同一境界。前者就與道
同得失而言境界，後者則就與同一生命境界之人言相
與，就《老子》義理脈絡而言，二者之說皆能相應於《老
子》義理內涵，然而就呼應後理來說，今本與傅奕本較
為相應，故取王弼本之說，箇中理由詳見下文義疏。

〔六〕信不足焉，有不信焉：與今本〈十七章〉重出，今本〈十
七章〉之竹簡本、帛書本、漢簡本、傅奕本、河上公本、
王弼本均有相近文句。今本〈二十三章〉之帛書本缺此
句，漢簡本作「信不足，安有不信。」傅奕本作「信不
足，焉有不信。河上公本作「信不足焉，有不信焉。」
疑錯簡於此，然而漢簡本、傅奕本、河上公本、王弼本
均有此句，既不影響義理內容，亦可與前文相通，故不
刪此句。

【今譯】

　　自然是很難言說的。所以暴風刮不到整個早上，狂雨下不了一整天。誰能造成這樣呢？天地。天地間的暴風狂雨尚且無法持久，更何況人事呢？所以實踐常道的人，能體證常道的就同於常道，能體證常德的就同於常德，不體道的就同於失道。與常道同一境界的人，常道樂於得到他；與常德同一境界的人，常德樂於得到他；與失道同一境界的人，失道亦樂於得到他。真實性不足的，才有不足以採信的。

【義疏】

　　此章透過客觀物理現象論述體道、踐德、失道的人所構成的不同境界。

　　《老子》指出自然既不可道，須以希言體之，故言「希言自然」。然而又何以用暴風、狂雨、天地等客觀物理現象說之，是否意味著《老子》之「自然」義可與今之科學研究的對象之自然（Nature）相通？觀乎《老子》各章提及「自然」者，多與道、德或工夫實踐相提並論，由是可見《老子》所說之「自然」應與不可道之常道同層，同為形而上者。此章所舉之客觀物理現象，是《老子》借此現象說明事理。飄風驟雨等客觀天地之事尚且不能恆久，更何況人事，由是可見世事沒有恆常不變，亦沒有必要執著拘泥於瞬息萬變的世事。

　　於是，《老子》指出人生三境界，即道、德、失三境：道境，乃盡全體之性，而合乎自然者謂之道，是就常道之周普、整全來說，為實踐的最高境界；德境，乃盡一己之性，而合乎自然者謂之德，是就得之於內而言德，德與道雖同屬形而上者，然而德是特殊的，其境界較體道的層次稍次一等；失境，乃背道

違德謂之失，此三者之境界高下立見。達到常道境界的人，便與同道之人的生命相應、相與，德者、失者，亦分別同於德者、失者的生命。道與德同樣合乎自然，同為形而上者，然而兩者有別，德者得之於內，乃個人體證，是盡人之性的起點；道者乃兼天下而全盡，為整全而非只有個體，終究較德者為充極實現，故又曰：「失道而後德。」(〈三十八章〉)

體證常道的人，能悟入常道，實踐常道，故曰「道者同於道」，同於常道的境界，與此種生命境界的人相因、相與，常道亦樂得於他。同樣體證常德的人，自亦與常德相同，故曰「德者同於德」，同於常德的境界，與此種生命境界的人相因、相與，常德亦樂得於他。失者亦然，不能體道、踐德的人，即背道違德，而與失相同，故曰「失者同於失」，同於失道、失德的境界，自然與此種生命境界相同的人相因、相與，失道、失德亦樂得之。「同於道」、「同於德」、「同於失」是分別就體道、踐德、體失的人言其境界分別相應於道境、德境、失境；「道亦樂得之」、「德亦樂得之」、「失亦樂得之」是就其他分別同於此道境、德境、失境的人而言，同類的人亦與之相應，喜歡與之相因、相與，前文就體證的人言境界，後文就體證的人言其相因、相與，類聚群分的情況，因而有「信不足焉，有不信焉」的結論。指出真實性不足的人，才有不足以採信的內容。其言「有不信焉」，不僅指出其「信不足」，更指出他所相因、相與，所吸引的人事，都是「有不信」，即所謂「失亦樂得之」的情況，亦即《河上公章句》言之「君信不足於下，下則應君以不信也」(《河上公章句》，頁95)、王弼所謂「同而應之」(《王弼集校釋》，頁58)的意思。

　　在這種情況下「道亦樂德之」、「德亦樂得之」、「失亦樂得之」較能與「同於道」、「同於德」、「同於失」以及「信不足焉，有不信焉」相應，若謂「同於德者，道亦得之」、「同於德者，道亦得之；同於失者，道亦失之」，僅表示道同於道者、德者，而不同於失者，失者違道背德，既不能表示道、德同中有別，僅言「道亦得之」，亦與前文「同於道」、「同於失」語義重出。傅奕本、今本雖與出土本不同，然而義理內涵卻較為豐富，亦能與前後文理相應，可視之為文本的「改善性歧變」。

三十三章

　　知人者智，自知者明。〔一〕勝人者有力，自勝者強。知足者富，強行者有志，〔二〕不失其所者久，〔三〕死而不亡者壽。〔四〕

【注釋】

〔一〕知人者智，自知者明：智，智慧。明，精神清明、澄明。智與明皆智慧，前者識外，後者省內，應合而論之。理論上，智，屬知人的一面，乃橫者；明屬自知的一面，乃縱者。縱橫所施雖不同，然而生命之最高處，誠如智者大師所言「亦縱亦橫，非縱非橫」。

〔二〕強行：勉力實踐。

〔三〕不失其所者久：所，所本，即指自然、常道。

〔四〕死而不亡者壽：不亡，不亡其道。壽，得其自然年壽，盡其天年，不夭壽而亡。

【今譯】

　　能知人的人有智慧，能自知的人精神澄明。戰勝別人的人有力，戰勝自己的人有強大的意志。懂得滿足的人富足，勉力實踐的人有志氣，不失自然所本的人能長久，身死而不亡其道的人長壽。

【義疏】

　　此章言堅持實踐常道的人得其正壽。

　　能知人、勝人者，為一般人認為能力過人、才能傑出的人，故曰「知」與「有力」，凡此均屬別人看得見的能力、成果。然而自知、自勝者，雖不必為人所知，卻為超越知人、勝人者，其原因在於實踐常道是個人體證的事，是從內省出發，求諸己即有所得，而不是要求別人的事，更不是與人爭較高下的事。能自知，即能知常體道，不會妄作非為，精神因此得到清明，生命境界因此提昇。能自勝，即能不斷超越自己，無有間斷的實踐修養工夫，故曰「強」。其所謂「強」者，不必是與有力相對，而是指實踐主體意志之堅定、強大，能時刻保持沖虛的心，往上超越。能自足、知足的人，則足於自然，精神沖虛能成就一切人事，而不致空虛無所得，故曰「富」。能努力實踐常道的人，則意志堅定，是為「有志」。從自知之明、自勝之強、知足之富、強行之志可見，其所謂明、強、富、志者，並不從現象、外物之明亮、強大、富有、志向而言，而是從修養境界之澄明、強大、富足、意志來說，故其所不失者，是就自然常道而論。因常道不失，故能保存其生命價值意義，而能使生命可大可久。

即使有朝一日身死，仍能不亡其道，享其自然年壽、盡其天年，至死仍不失自然常道，是為「壽」。

由是可見體證常道的人，自然能證得死而不亡的境界。因其教路是從「自知」、「自勝」、「自知」、「強行」、「不失其所」所致，是從沖虛自足、合於自然無為做起，故所成之宗趣，自亦與精神修養相關，而不就修鍊形軀而論。所謂「久」、「死而不亡」，並不就長生不老而言「久」，羽化成仙而言「死而不亡」。若據此章內容而謂《老子》主張長生不死神仙之說，則屬後世道教思想詮釋的面向，然而剋就此章而言，神仙不死之說既與前文修養工夫進路不同，亦不相應於其餘章句思想內涵。

五十章

出生入死。〔一〕生之徒十有三，〔二〕死之徒十有三。人之生動之死地，〔三〕亦十有三。夫何故？以其生生之厚。〔四〕蓋聞善攝生者，〔五〕陸行不遇兕虎，〔六〕入軍不被甲兵。〔七〕兕無所投其角，虎無所措其爪，兵無所容其刃。夫何故？以其無死地。〔八〕

【注釋】

〔一〕出生入死：生、死不單純談形軀之生死，是就生命的態度是要走向活路還是窮途而論。

〔二〕生之徒十有三：生之徒，懂活路的人。十有三，十分有三分。

〔三〕人之生動之死地：帛書本於「生」字下有重文符號，傅

奕本亦言「民之生生」，漢簡本則言「民姓生」；河上公
本、王弼本則作「人之生」。出土本、傅奕本重言「生」，
其義為，人執著於護養生命則一動就走向死地；今本言
「人之生」，其意為，人的生命只要一動就走向死地。前
者著重於執有其生而言「生生」，亦相應於下文「以其生
生」之說；後者就生命動向而言，凡有所動、有所指向，
就有走向死地、窮途的可能，再從「夫何故」引申出「生
生之厚」的弊病。二者於義理上並不相違背，且皆合於
《老子》義理脈絡，亦能與此章前後文意相通。今取王
弼本所言「人之生動之死地」之說，而不據出土本、古
本更易今本。動之死地，一動就走向死地、窮途。

〔四〕生生之厚：帛書本、漢簡本無「之厚」二字。生生，護
　　　養生命。生生之厚，即過於執著厚生給養之道。

〔五〕善攝生者：善於養生的人。

〔六〕兕：犀牛。

〔七〕不被甲兵：不被兵甲所傷。

〔八〕無死地：不走向窮途。

【今譯】

　　出於活路，入於窮途。懂得活路之人十分有三分，走向窮
途的人十分有三分。人的生命一動就走向窮途，亦十分有三分。
原因何在？因為護養生命太過頭。聞說善於養生的人，在陸地
行走而不會遇到犀牛和老虎，在戰爭中不會被兵甲所傷。犀牛
無法投用牠的角來傷人，老虎無法使用其爪來傷人，兵器無法
用上其刃來傷人。原因何在？因為他沒有走向窮途。

【義疏】

此章言聖人體道，縱遇險境亦不致入於窮途。

由於《老子》所論的常道是從生命存在的價值意義說起，而不是就生理形軀的氣性進路來論養生之道，故其言「出生入死」之生死，應從生命要走活路還是窮途說起，當從價值義來討論生死等問題。

懂得活路的人十之有三，走向窮途的人十之有三，人之在世只要一有所動就走向窮途亦十之有三，可見走向窮途的機率較走向活路的機率高。原因何在？是在於眾人太過執著。一般人只知趨吉避凶，求活免死，因此便會執著於生路。生命只要一起執念，便失其自然，不能長久，故曰：「不失其所者久。」（〈三十三章〉）

善於養生的人，能於陸上行走不遇犀牛、老虎，入軍作戰不被兵器所傷，能使犀牛無法以其角傷人、老虎無法用其爪傷人，兵器無法用其刃傷人，原因在於沒有落入窮途。《老子》此言並非認為聖人有著神通的本領，可以於地上行走不遇到犀牛和老虎，在戰場上不會被殺傷，而是修養達到無為之境的聖人，能行其所當行，以自然的方式避過生命上的窮途，而走出活路，故能「無死地」。所謂善攝生者以其無死地，正如《莊子·秋水》所言：「知道者必達於理，達於理者必明於權，明於權者不以物害己。至德者，火弗能熱，水弗能溺，寒暑弗能害，禽獸弗能賊。非謂其薄之也，言察乎安危，寧於禍福，謹於去就，莫之能害也。」（《莊子集釋》，頁 588）能掌握常道的人必定通達人情事理，通達於人情事理的人必然明白權衡輕重，明白權衡輕

重的人必不會與物共處時，為外物所害。至德之人，火不能加熱於他，水不能使他溺斃，寒暑不能傷害其身，禽獸不能殘害他，不是因為至德聖人懂神通之術，而是聖人順自然而行，其心澄明，因而能明察安危福禍，不接近傷害他的人事；審慎去就，故外物不能害他。

由是可見，聖人不執於生生之活路，亦因其自然不為而能避免走上窮途，故能「善養生」，善於護養生命，使之走向活路。

五十五章

含德之厚，比於赤子。蜂蠆虺蛇不螫，〔一〕猛獸不據，〔二〕攫鳥不搏。〔三〕骨弱筋柔而握固。〔四〕未知牝牡之合而全作，〔五〕精之至也。〔六〕終日號而不嗄，〔七〕和之至也。知和曰常，知常曰明。益生曰祥，〔八〕心使氣曰強。物壯則老，謂之不道，不道早已。〔九〕

【注釋】

〔一〕蜂蠆虺蛇不螫：蠆，蠍子一類的毒蟲。虺，毒蛇的一種。螫，刺人。

〔二〕據：獲取。

〔三〕攫鳥不搏：鷹隼一類的大鳥。搏，捕捉。

〔四〕握固：手握緊。

〔五〕全作：竹簡本作「然蒁」，帛書乙本作「朘怒」，漢簡本作「㨆怒」，傅奕本作「朘作」，河上公本作「峻作」，各本用字不同，然其義相近。全，即男嬰生殖器。作，舉

起。

〔六〕精之至也：精，精純。

〔七〕嗄：沙啞。

〔八〕益生曰祥：王弼曰：「生不可益，益之則夭也。」（《王弼
　　　集校釋》，頁146）以「夭」釋「祥」。蘇轍《道德真經註》
　　　曰：「祥，妖也。」見蘇轍著，黃曙輝點校：《道德真經
　　　註》，頁66。林希逸《老子鬳齋口義》曰：「生不可益，
　　　強求益之，則為殃矣。祥，妖也，故曰『益生曰祥。』《傳》
　　　曰：『是何祥也？』即此『祥』字之意。」頁60。范應元
　　　《老子道德經古本集註》曰：「祥，妖恠也，又福也，善
　　　也。此指妖恠之義。」頁98。易順鼎曰：「按『祥』即不
　　　祥。《書·序》云：『有祥桑穀共生于朝。』與此『祥』
　　　字同義。王注曰：『生不可益，益之則夭。』『夭』字當
　　　作『妖』，蓋以『妖』解『祥』字。」蔣錫昌指出「《素
　　　問·六元正紀·大論》：『水迺見祥。』注：『祥，妖祥。』
　　　左氏僖十六年《傳》疏：『惡事亦稱為祥。』《道德真經
　　　取善集》引孫登曰：『生生之厚，動之妖祥。』又引舒王
　　　曰：『此「祥」者，非作善之祥，乃災異之祥。』」易說、
　　　蔣說見蔣錫昌：《老子校詁》，頁343。案：祥，即不祥。

〔九〕物壯則老，謂之不道，不道早已：竹簡本無「不道早已」。
　　　「物壯則老」，帛書甲本作「物壯即老」，帛書乙本、漢簡
　　　本、傅奕本、河上公本與王弼本同；「謂之不道」，竹簡本
　　　作「是胃不道」，帛書本作「胃之不道」，漢簡本、傅奕本、
　　　河上公本與王弼本同。與〈三十章〉「物壯則老，是謂不
　　　道，不道早已」義理重出，〈三十章〉除竹簡本缺此句外，

帛書本、漢簡本、傅奕本、河上公本、王弼本均有此句。

【今譯】

含自然之德深厚的人，就好像初生嬰兒一樣。蜂蠆毒蛇不會刺傷他，兇猛野獸不會攫取他，大鳥不會捕捉他。嬰兒筋骨柔軟但手握得緊，尚未懂得男女交合之事生殖器卻會自然勃起，這就是精純至極的表現。他整天號哭卻不會聲音沙啞，這就是淳和至極的表現。掌握和叫做常，掌握常叫做明，貪生過度叫做不祥，有心造為使氣叫做逞強。事情太過便會衰微，這就叫做不自然，不自然便會早敗。

【義疏】

此章言體道之人能自然避禍，應物自然而不傷己。

體證自然之道的人，其德純厚，生命境界有如赤子一般純真，應物無有成心分別。因其心無有分別，以自然方式與物相處，故不會有心靠近危險之事，便不會招致災禍。所謂「蜂蠆虺蛇不螫，猛獸不據，攫鳥不搏」，並不是指聖人有著神通的本領，蜂蠆毒蛇、猛獸大鳥都無法攻擊他、抓獲他，而是聖人自然能遠離使生命受到威脅的災禍，「非謂其薄之也」、「謹於去就」（《莊子・秋水》），故能不見螫、不見據、不見搏。

《老子》將聖人比於赤子，然而不是指赤子就是聖人，聖人與赤子的共通處，在於其自然不為，不會因個人喜好而妄作分別。赤子筋骨柔軟而自然手握緊、不懂得男女交合之事而其生殖器卻會自然勃起、整天哭叫卻不會聲音沙啞，凡此均以赤子無心作為，自然能成之事作比喻，說明聖人行事應物不有心

為之。聖人之無心作為是經過工夫修養而致，與赤子天生懵懂無分別是不同層次之無心作為，只是兩者的共通處為自然無心。聖人經工夫修養所達之混沌無分別，是精純之至、淳和之極。由「精之至」、「和之至」的「至」，見其工夫的圓熟，無為而無不為工夫圓熟處，便是聖人修養境界。此境界是就聖人之精神修養而論，不是就形軀元氣而言，故「精」、「和」兩者，不是指精氣、和氣之元氣，而是從心神說「精」、「和」。若從元氣釋「精之至」、「和之至」，則所體之道便為元氣之道，與《老子》以本體宇宙論言道生之說不相符，反與兩漢氣化宇宙論詮釋《老子》道生之說相近。

　　能掌握此淳和、體證此淳和，叫做「常」。所謂「常」，是指自然之道的恆常周普。能掌握此常，便叫做明，因為體證自然之道的「常」，即能使精神清明、生命得以澄明。與「知和」、「知常」相反，則為「益生」、「心使氣」。「益生」即執著〈五十章〉所批評的「生生之厚」，過於執有其生，便為不祥，如是便入「死地」，是不善攝生之人。有心為之動輒使氣，就是逞強的表現，如是便失其柔弱謙下之德，便會招致「物壯」，事情太過便不合乎自然，不自然的事便會早敗。

　　《老子》此章批評「心使氣曰強」，與其主張「柔弱勝剛強」（〈三十六章〉）、「強梁者不得其死」（〈四十二章〉）、「堅強者死之徒」、「強大處下，柔弱處上」（〈七十六〉）、「弱之勝強」（〈七十八章〉）之說一致。然而卻與〈三十三章〉言「自勝者強」的說法似乎相矛盾，原因何在？〈三十三章〉言「自勝者強」與前文「自知者明」明顯為正面說法，此自勝之「強」並不帶負面義，則下文又言「強行者有志」，可見〈三十三章〉之言「強」

是為《老子》所肯定的。同言「強」，一為死之徒、處下者、為弱所勝，一為自勝者、有志的表現，何以前後所言如此矛盾？這是否代表著《老子》文本，其內容本來如此矛盾？然而從〈五十二章〉「見小曰明，守柔曰強」的說法可見，自勝之「強」為「守柔」之「強」，此強不與贏弱相對，不作逞強解，是絕對的強大，此強大，是由於體道自知、自勝，能體道，即能守柔謙下，從守柔工夫所成之強，為絕對之強，與本章所批評的「心使氣曰強」的「強」分屬不同層次，不能一併而論，亦不能不作分辨。能守弱之強，則不會有讓所處事情有過甚、衰微的狀況，因此亦不會有所謂「不道」、「早已」的問題。

七十章

　　吾言甚易知，甚易行。天下莫能知，莫能行。言有宗，事有君。〔一〕夫唯無知，是以不我知。〔二〕知我者希，則我者貴。〔三〕是以聖人被褐懷玉。〔四〕

【注釋】

〔一〕言有宗，事有君：宗、君，均有「主」的意思，宗，即宗旨、根本；君，即根據、主宰。二者均就最高原則而言「宗」與「君」，其原則即自然。

〔二〕夫唯無知，是以不我知：無知，無心於心知分別。不我知，即不知我，與前文「天下莫能知」、下文「知我者希」相應。

〔三〕則：法則，效法。

〔四〕被褐懷玉：被，穿著。褐，粗服。聖人內懷瑰寶，而外
　　在卻不顯眼。

【今譯】

　　我所說的道理很容易了解，很容易實行，大家卻不能了解，
不能實行。我所說的道理都有其宗旨，行事都有所根據。正由
於無心於心知分別，因此天下人不懂我。懂得我的人很希少，
效法我的人很可貴，因此聖人外表不顯眼卻內懷瑰寶。

【義疏】

　　此章言自然之道的可貴，及其所言所行之宗主。
　　《老子》所言的道理，及其言行的依據便是自然之理。自
然之理很容易懂得，很容易實行，然而現實上，並不是人人皆
為聖人，原因在於「天下莫能知，莫能行」，不能聞道而勉力實
踐。《老子》曰：「上士聞道，勤而行之；中士聞道，若存若亡；
下士聞道，大笑之，不笑不足以為道。」（〈四十一章〉）上士、
中士、下士的不同，除了根器有別之外，能否能貫徹實踐，亦
是眾人生命境界高下有別的原因。聞道而能勤行，便能體道，
所謂「強行者有志」（〈三十三章〉），亦是強調工夫修養勉力實
行的重要性。要是能貫徹實踐自然常道，便是「甚易知，甚易
行」；若聞道而不實踐，則「莫能知，莫能行」，可見箇中難易，
是由於有沒有真正實踐而定。「莫能知，莫能行」，不是因為常
道本身難知、難行，而是實踐的人為與不為的問題。同樣〈七
十八章〉所言「弱之勝強，柔之勝剛，天下莫不知，莫能行。」
亦是就沒有真正實踐而說「莫不知，莫能行」，指出天道自然知

易行難，若無貫徹工夫實踐則永遠無法體證常道。

　　所謂「言有宗，事有君」，其言其事最高原則者，便是自然。因為自然是沒有執定一方，任何合乎自然的原則，皆可言、皆可為。因其無所執定，是為「無知」，正因其所言、所做僅依自然為最高行事原則，而又不是天下人皆能知、能行自然之道，所以不懂「我」的人多，「知我者希」，故曰「不我知」。因為懂「我」的人不多，所以能依其言為行事原則的人更為可貴。由「知我者希，則我者貴」，更見其言「天下莫能知，莫能行」、「不我知」並不虛說。

　　聖人體道而不凸顯自我，和光同塵，在外面看來有若「被褐」；然而其體道境界卻可貴得有若「懷玉」一樣，是謂「聖人被褐懷玉」。

七十一章

　　知不知，〔一〕上；不知知，〔二〕病。〔三〕夫唯病病，〔四〕是以不病。聖人不病，以其病病，是以不病。

【注釋】

〔一〕知不知，上：與「為無為、事無事、味無味」（〈六十三章〉）、「欲不欲」、「學不學」（〈六十四章〉）表達方式一致，即以無心之知的方式知。知，主宰、掌握。上，最高的境界。

〔二〕不知知：「不知」為動詞，即不能主宰、不能掌握。後一個「知」字，即前面所言的「知不知」的第一個「知」。

　　　　不知知，不能掌握以無心之知的方式知。
〔三〕病：病患，指生命的弊病、憂患，與〈十三章〉「吾所以
　　　　有大患者」之「患」相應。
〔四〕病病：前一個「病」字為動詞，即憂慮之意，如《論語·
　　　　衛靈公》：「君子病無能焉，不病人之不己知也。」後一
　　　　個「病」字，「不知知，病」之「病」。病病，即憂慮生
　　　　命裡的病患。

【今譯】

　　以無心之知的方式知，是知的最高境界；不能掌握無心之
知，是生命的病患。只有憂患其生命中的病痛，才能沒有病患。
聖人沒有生命中的病痛，因為能憂慮其病痛，所以沒有病痛。

【義疏】

　　此章言聖人憂患生命中的病痛，故能不為病痛所累。
　　能體證「不知」，即能不執著於心知分別，如是便能體證生
命的最高境界。生命的病痛、憂患在於執著有為，故〈十三章〉
曰：「吾所以有大患者，為吾有身，及吾無身，吾有何患！」只
要有所執定，不管是執著於自我，還是執定於價值分判，那怕
是眾人認定為美好的事物，聖智仁義等內容，一旦有所執，生
命便被封限，並失去開放性、靈活性。個人心思，亦因執定，
而隨外物奔馳，迷失自我。只有不隨外物牽引，自然地觀照萬
物，才能做到不執著於心知分別。如是便能體證常道自然，是
為「上」，為生命最高的境界。與此相反，做不到「知不知」，
其生命即為執定所病累。

能憂患生命的病痛，並預防它，才能不犯執有此病，無有「大患」，方可「不病」。聖人能做到「不病」，是因為能病其病，時刻預防此生命的病痛，而能做到不執不恃，體證無為自然之境。

二、外　王

（一）名　教

五　章

天地不仁，〔一〕以萬物為芻狗；〔二〕聖人不仁，以百姓為芻狗。天地之間，其猶橐籥乎？〔三〕虛而不屈，〔四〕動而愈出。多言數窮，〔五〕不如守中。〔六〕

【注釋】

〔一〕不仁：不刻意為仁愛。不仁與不為、不知、不欲等構詞方式一致，均是就自然不為而言「不」，乃作用義的去除有心執著。《老子》認為「不仁」是最自然的方式為仁，才是真正的「仁」。

〔二〕芻狗：《莊子‧天地》言：「夫芻狗之未陳也，盛以篋衍，巾以文繡，尸祝齊戒以將之。及其已陳也，行者踐其首

脊，蘇者取而爨之而已。」(《莊子集釋》，頁 511-512)
可見芻狗為古代祭祀時以草製成狗型的祭品，用以祈
福，在還未祭祀時，人們對之甚為恭敬，等到祭祀完畢
便丟棄之，使之回歸天地。王弼曰：「天地不為獸生芻，
而獸食芻；不為人生狗，而人食狗。」(《王弼集校釋》，
13) 將「芻」、「狗」二字分開解釋，較為曲折，不若《莊
子》釋義之明析。

〔三〕橐籥：風箱。

〔四〕虛而不屈：不屈，不竭、無窮。中間虛空，而不會竭盡。

〔五〕多言數窮：言，法令，如〈十七章〉「悠兮其貴言」之「言」。
數，《管子・任法》：「聖君任法而不任智，任數而不任說。」
(《管子校正》，頁 255)。數，即法制。窮，窮盡，與前
文「不屈」相對。法令滋章其法制亦有時而盡，無法應物
無窮。

〔六〕守中：持守中虛、沖虛之道。

【今譯】

天地不刻意偏愛，將萬物視為芻狗一樣；聖人不刻意偏愛，
將百姓視為芻狗一樣。天地之間，不就像風箱一樣嗎？中間虛
空而不竭盡，發動起來卻源源不斷地供出。政令煩多其法制亦
有時而盡，不若守持沖虛之道。

【義疏】

此章言聖人無所偏愛，以沖虛之道應物、治國。

天地不仁、聖人亦不仁，其所謂「不仁」者，是從作用義

上棄絕刻意有為而言「不仁」，而不是指聖人絕情麻木，沒有仁愛之心，因此又曰「天道無親」（〈七十九章〉），自然之道無有偏愛，均以自然的方式與人相處。聖人不因一己好惡而好仁、不仁，並不代表聖人不仁愛百姓，其仁愛的方式是以自然的方式愛人，故曰「與善仁」（〈八章〉）。《老子》言不為、不知、不學、不欲、不仁，是以無為的方式為、以無心的方式知、以無為的方式學、以無欲的方式欲、以不刻意的方式仁愛，並非否定為、知、學、欲、仁本身，而是從作用上去除刻意作為，以自然無心的方式成就為、知、學、欲、仁。

　　聖人有如天地一樣，無有偏私，以萬物為芻狗。芻狗為古代祭祀時用草織成的祭品，於祭祀時人們對之甚為恭敬，祭祀結束後，即丟棄它，讓它回歸天地。天地無所謂仁與不仁，因其不刻意為仁，只有人才會有所突出，強調仁愛、標舉仁德。《老子》借由天地不仁，說明聖人體道自然，亦不會有所偏私，其治國、治天下時亦不刻意為仁、標舉仁德，視百姓為芻狗。聖人以百姓為芻狗，並不表示聖人視百姓為工具，利用百姓之後便棄之不顧。聖王「不仁」與「天地」一樣無有作意，治國之時毋須標榜仁德愛民，只須在徵用百姓時不虐待百姓，及至徵用完畢後，自必使之各歸其位，任順其生，而不干擾百姓生活，因此曰「聖人不仁，以百姓為芻狗」。

　　《老子》又以風箱為喻，說明沖虛之道。風箱在沒有使用它的時候，它只是中間虛空，然而使用它的時候，正因其虛空，故能用之不竭，越動越出，此即〈十一章〉「有之以為利，無之以為用」之意。虛空、無，並非沒有用處，因其無而能成其有，故能源源不絕，生生不息。治國、治天下亦然，法令滋章、政

令煩多，其法制亦有時而窮，只見其「有」，而失其「無」的一面，反而不能因應實際情況作出調整，囿於僵化制度，失去禮樂制度背後的精神，不若守持沖虛之道，更能應物無窮，此即「虛而不屈，動而愈出」之意。

《老子》並不反對法令本身，亦認為治國、治天下須有一定的法度，因而才有「樸散則為器，聖人用之，則為官長。故大制不割」（〈二十八章〉）的說法。法令越繁瑣，只會令百姓越好用智巧應付法令，造成「盜賊多有」的情況，因而主張聖王「我無為而民自化，我好靜而民自正，我無事而民自富，我無欲而民自樸。」（〈五十七章〉）透過聖王守中不為的方式治國、治天下，始能做到無為而治，使百姓得其自然，充分地實現其自身價值，故曰「多言數窮，不如守中」，由是而見無心治國、治天下的重要性。

十八章

大道廢，有仁義；慧智出，有大偽；〔一〕六親不和，有孝慈；國家昏亂，有忠臣。

【注釋】

〔一〕慧智出，有大偽：竹簡本無此句。帛書甲本作「知快出，案有大偽」，乙本作「知慧出，安有□□」，漢簡本作「智慧出，安有大偽」，傅奕本作「智慧出，焉有大偽」，河上公本作「智惠出，有大偽」。案：智慧與慧智所指無異，故不以他本更易王弼本。偽，人為之事，即《荀子‧性

惡》所言「可學而能，可事而成之在人者，謂之偽。」
大偽，即重大的制作、作為。

【今譯】

大道偏廢了，才會凸出仁義；智慧表現出來，才會出現重
大的人為制作；家庭不和睦，才會凸顯親子間的孝慈；國政昏
亂，才會強調忠臣。

【義疏】

此章強調偏離大道，才會標舉、強調某一偏曲的價值意義。

大道是整全的、絕對的、普遍而又恆常，且為萬物生化的
根據，何以言「大道廢」，大道如何可廢？〈三十八章〉又言「失
道而後德」，大道又如何可失？大道本無廢與不廢、失與不失。
所謂「廢」、「失」均就人病而言，並非法病，常道本身無所謂
「廢」與「失」的問題，僅有人在落實實踐時，不能體道才有
所謂「廢」與「失」，有如《孟子》所言放失其本心是由於物交
物而引於物一樣。世之所以有「盜夸」，亦非由道而生，是由於
缺乏工夫修養，至使其悖離於道，作出不合常道的行為，故曰：
「是為謂盜夸。非道也哉！」（〈五十三章〉）

沒有貫徹工夫修養，才會使得常道在人的身上表現得有所
偏廢。有所偏、有所廢，才會突出一曲之道，而失其整全性，
因此才會強調仁義的重要。常道是全，是整全，是圓滿的；相
對常道來說，仁義是分，是部分，是一曲的。智巧之事生起，
便會出現大的人為制作造為，是謂「大偽」。家庭相處不和諧，
才會標榜孝慈的重要性。國政昏亂，才有凸顯忠臣存在的必要。

《老子》並沒有否定仁義、大的作為、孝慈、忠臣本身正面的功能價值，旨在說明只因為天真淳樸的大道不明，所以才會標舉凸顯人事的某一面。有所突出，即有所偏，有所偏即有所棄，偏執的心亦因此而起，即使是被一般人認為是美好的價值意義，凡有所標榜，便難免流於執滯偏激。

仁義、大的作為、孝慈、忠臣，若以自然的方式實踐，《老子》自亦不會反對，因而謂「與善仁」（〈八章〉），「民復孝慈」（〈十九章〉）。「六親不和，有孝慈」之「孝慈」與「民復孝慈」之「孝慈」有所不同，前者之「孝慈」是因為六親不和，故要強調孝慈，此標舉孝慈之意，是有心為而為之；後者之「孝慈」是透過棄絕刻意為仁義的工夫，自然而然地孝順慈愛，是無心為而為之，二者有著本質的不同，此處宜看分明。

由此可見《老子》認為「大道廢」、「慧智出」、「六親不和」、「國家昏亂」才會「有仁義」、「有大偽」、「有孝慈」、「有忠臣」，並不是否定仁義、大偽、孝慈、忠臣本身，而是反對「有」，反對有心標舉仁義、大偽、孝慈、忠臣的行為。若以自然方式踐履仁義、孝慈，為其所當為、忠君愛國，《老子》自亦不反對。正如郭象《莊子序》所言「至仁極乎無親，孝慈終於兼忘，禮樂復乎已能，忠信發乎天光。用其光則其樸自成，是以神器獨化於玄冥之境而源流深長也。」[4]實踐得最圓滿的仁德，因以自然方式無心而為，故能無所偏私，亦即「天地不仁」、「聖人不仁」（〈五章〉）之意。自然而為之孝慈，能超越刻意造作，故能兼忘物我，而不妄作分別。同樣，禮樂、忠信有常道作為依據，

---

4 「至仁」，本作「至人」，依《古逸叢書》覆宋本改。見《莊子集釋》，頁3。

自然而成，不損天真、不害性命，自能和光同塵。即使客觀制
度存在，因其非有心為之，所以不為生命桎梏，能保存眾人純
樸真心。在這種情況下之仁義、作為、孝慈、忠臣均能保有其
純粹價值，天下神器自能玄冥獨化，自生自適，而無有危殆，
此亦即「天下神器，不可為也。為者敗之，執者失之」（〈二十
九章〉）之意。

只有大道不失，方可保住天下萬物的存在價值，才能真正
做到物我兩忘，無有執定。凡是有所標舉，便有所執定，生命
便偏於一邊而失其整全。

十九章

絕聖棄智，〔一〕民利百倍；絕仁棄義，〔二〕民復孝
慈；〔三〕絕巧棄利，盜賊無有。此三者，以為文不足，〔四〕
故令有所屬，〔五〕見素抱樸，〔六〕少私寡欲。

【注釋】

〔一〕絕聖棄智：「聖」，竹簡本作「智」，帛書甲本作「聲」，
　　　乙本作「耵」，漢簡本、傅奕本與今本同。「智」竹簡本
　　　作「卞」，傅奕本作「知」，帛書本、漢簡本與今本同。
〔二〕絕仁棄義：「仁」竹簡本作「偽」，「義」竹簡本作「慮」，
　　　帛書本、漢簡本、傅奕本與今本同。
〔三〕孝慈：竹簡本作「季子」，漢簡本作「孝茲」，帛書本、
　　　傅奕本與今本同。
〔四〕為文不足：文，文飾、文制，指周朝失序的禮樂制度。

不足，不充分。是文飾的，真實性不足。

〔五〕屬：歸屬。

〔六〕見素抱樸：見，現。表現素樸，抱持純樸。

【今譯】

絕棄聖智，人民便可得到百倍的好處；絕棄仁義，人民便能恢復孝慈；絕棄巧利，便能沒有盜賊。這三件事情，因文飾過致使其真實性有所不足，所以要使人民有所歸屬，便應表現素樸，減少私欲。

【義疏】

此章言有所標舉便有所不足，只有保持純樸，才能使百姓有所歸屬。

竹簡本此章與帛書本、漢簡本、今本歧異較大，因此曾經引起學術界廣泛的討論。[5]論者往往以竹簡本作「**𢇍**智弃卞」、「**𢇍**

---

5 劉笑敢認為此章是竹簡本和帛書本及其以後各種版本歧異最大的一章，不僅文字有不同，思想歧異也非常明顯。見劉笑敢：《老子古今：五種對勘與析評引論》，頁233。學術界對於竹簡本《老子》「**𢇍**智弃卞」章作專題討論的單篇論文，如季旭昇：〈讀郭店楚墓竹簡札記：卞、絕為棄作、民復季子〉，《中國文字》新24（臺北：藝文印書館，1998），頁129-134。裘錫圭：〈關於〈老子〉「絕仁棄義」和「絕聖」〉，《出土文獻與古文字研究》第1輯（上海：復旦大學出版社，2006年），頁1-15。鄭倩琳：〈從《郭店・老子甲》「絕智棄辯」章探析《老子》相關思想之詮釋發展〉，《國文學報》39，2006.6，頁81-109。另外在不少專題研究郭店《老子》的專著裡面，亦無可避免討論竹簡本、今本〈十九章〉之異同、所以異所以同，如丁原植：《郭店竹簡老子釋析與研究》、崔仁義：《荊門郭店楚簡《老子》研究》、魏啟鵬：《楚簡《老子》柬釋》、陳錫勇：《郭店楚簡老子論證》（臺北：里仁書局，2005）、李零：《郭店楚簡校讀記》（增訂本）、丁四新：《郭店楚竹書《老子》校注》等著作。

偽弃慮」與今本作「絕聖棄智」、「絕仁棄義」為爭論點，或以此為後代傳授者出自反儒墨的要求而改動簡本，[6]或認為此改動乃受莊子後學影響而致，[7]或認為傳鈔者據《莊子》〈胠篋〉、〈在宥〉等篇「絕聖棄智」一詞加以妄改。[8]今本〈十九章〉與竹簡本「**㠯**智弃卞」章文句有異已是確鑿之事實，然而這個差異能否對理解《老子》義理思想有著重要轉變，則值得深入討論箇中轉折，及其前後改變的意涵。[9]

一、竹簡本釋義說明

　　竹簡本異於今本者，除卻章句順序不同以外，主要為前三句之內容異於今本，其不同者有二：一，竹簡本言「**㠯**智弃卞」，今本則作「絕聖棄智」；二，竹簡本言「**㠯**偽弃慮，民复季子」，今本則作「絕仁棄義，民復孝慈」。下文將按學界對於竹簡本此兩句的主要釋義比較說明，以見何以釋之為「絕知棄辨」、「絕為棄作，民復季子」。

（一）釋「**㠯**智弃卞」為「絕知棄辨」之義

1.關於釋「智」為「知」之義

　　竹簡本「**㠯**智弃卞」，魏啟鵬釋「絕智」為「拋棄智慧」的

---

6 見裘錫圭：〈郭店《老子》簡初探〉，《道家文化研究》17（北京：三聯書店，1999），頁43。

7 持此說者如許抗生、陳鼓應二位先生，分別見於許抗生：〈初讀郭店竹簡《老子》〉，《郭店楚簡研究》（瀋陽：遼寧教育出版社，1999），頁99。陳鼓應：〈從郭店本看《老子》尚仁及守中思想〉，《道家文化研究》17，頁69。

8 陳鼓應：《老子注譯及評介》（修訂增補本），頁134。

9 劉笑敢認為竹簡本中的「絕知弃辯」、「絕偽弃慮」（案：此為劉笑敢所引之釋文）改成了今本之「絕聖棄智」、「絕仁棄義」，即從一般地批評世俗價值和文化現象，變成了明確地否定儒家的基本思想概念，見劉笑敢：《老子古今：五種對勘與析評引論》，頁233-234。裘錫圭則認為今本十八、十九章與《老子》他章之間就存在著明顯矛盾，見裘錫圭：〈郭店《老子》簡初探〉，頁42。

意思，並引今本〈六十五章〉「民之難治，以其智多」、《河上公章句》「民之所以難治者，以其智多，故為巧偽」、《韓非子・揚榷》「聖人之道，去智與巧，智巧不去，難以為常。」說明之。[10]然而魏氏所言之「智慧」似與今本〈六十五章〉及《河上公章句》之「智」義有所不同，亦不近《韓非子・揚榷》的文意。首先，〈六十五章〉雖亦有「以智治國，國之賊；不以智治國，國之福」之說，然而其所說之「智」恐非今人「智慧」義，今人之所謂「智慧」者乃具有正面價值，大體指通達英慧之意；〈六十五章〉所言「智」是與「無知無欲」相對，為容易流宕成滋生奸偽、工於算計之「智」，偏屬負面意義。《河上公章句》曰：「以其智太多而為巧偽。」（《河上公章句》，頁255）「巧偽」乃就「智太多」而言，足見《河上公章句》直承《老子》之「智」義。其次，《韓非子・揚榷》曰：「聖人之道，去智與巧，智巧不去，難以為常。」其去智巧的目的，是為了行「常道」，而此常道是「使名自正，令事自定」之常道，[11]故其去智巧者，是為不違背以法術治國之道而行詐術，讓人君治國時能循名責實。可見《韓非子》去智的目的是應用於治術，與《老子》著重主體修養「去知」的工夫有所不同，前者目的在法術應用，後者工夫是為了體證自然境界，二者涵義自然有異。

丁原植認為「智」意指「機智」或「謀略」，而非一般意義之「知識」，是「治理人民的機智與謀略」。[12]鄭倩琳將「智」解作「智識」之說，並採丁原植說法，認為照應後文「民利百倍」

10 見魏啟鵬：《楚簡《老子》柬釋》，頁3。

11 陳啟天：《增訂韓非子校釋》，頁699。

12 見丁原植：《郭店竹簡老子釋析與研究》，頁6。

之意，此「智識」特指與治國理民相關的思智。[13]二者所言，似亦成理，然而細究其意，則不難發現，若把「智」釋為特定之「智識」、「謀略」等義，似乎不合符道家言「知」或「智」之義。首先，《老子》全文除卻〈三十三章〉「知人者智，自知者明」之「智」不具負面義外，其餘之「智」字多具負面義，如「不貴其師，不愛其資，雖智大迷，是謂要妙」(〈二十七章〉)、「以智治國，國之賊；不以智治國，國之福」(〈六十五章〉)之「智」，均屬負面義，不論正負面意義之「智」均不就「智識」、「謀略」等義而言。其次，將「智」解作「智識」者，理解為今日對客觀事物作有系統認知意義的學問，此乃受西方用語影響，恐怕不能相應《老子》文意。古文「智」與「知」通，因此將「𢇻智弃卞」之「智」釋作「知」。

　　《老子》之「知」，或以之為「妄作心知分別」之意，如「常使民無知無欲」(〈三章〉)是要去掉妄作分別、過度欲望的意思；或以之為「知曉」之意，如「吾不知其名，字之曰道，強為之名，曰大。」(〈二十五章〉)或以之為「掌握」、「體證」之意，如「知常曰明」(〈五十五章〉)，而不作認知客觀事物之「智識」、「謀略」等義。再次，《老子》雖常言聖人治國之道，然而若以「知」解作「治理人民的機智與謀略」則略嫌過於籠統，且亦容易流向《韓非子》解《老》的詮釋向度，將《老子》所重之主體修養轉向法術治國方向來理解，如此勢必造成忽略「見素保樸，少私寡欲」的工夫修養對實踐主體的重要性，若素樸之本不立，則一切治國之作為皆成無源之水，無本之木，「不道早

---

13 見鄭倩琳：〈從《郭店‧老子甲》「絕智棄辯」章探析《老子》相關思想之詮釋發展〉，頁85。

已」（〈五十五章〉）亦可立而見之。

由以上釋義可見，以智慧、機智、智識解《老子》之「![絕]智」者，恐疏遠「![絕]智弃![卞]」章意旨，若「智」作「心知分別」之「知」解，則較能相應前後文的義理內涵，故釋「![絕]智」為「絕知」。以下將就竹簡本「![卞]」字作釋義，繼而一併說明「![絕]智弃![卞]」之義理內涵。

2.關於釋「![卞]」為「辨」之義

竹簡本「![絕]智弃![卞]」之「![卞]」字，今人多釋作「辯」，如荊門市博物館所編之《郭店楚墓竹簡》釋文為「辯」，彭浩亦作「辯說、巧言」解，[14]丁原植認為「辯」不是「論辯」的意思，又據《說文》：「辯，治也。」的說法，認為此「辯」應指「治理」之義，引申為「治理人民的規範與約制」。[15]季旭昇認為讀作「辯」、「辨」皆可。[16]裘錫圭讀為「絕知棄辨」，認為古書中「辨」、「辯」二字通用，但「絕智棄辯」不如「絕知棄辨」徹底，因《老子》反對者乃執定分別之知。[17]誠如裘錫圭所言，在義理詮釋來看「絕智棄辯」不如「絕知棄辨」之徹底，「![卞]」作「辨」解，與上文「知」相應，同為「妄作心知分別」。當然此句若取「智」、「辯」之意，亦能彼此呼應，古文「辨」、「辯」相通，然則，何以不作「絕智棄辯」而曰「絕知棄辨」呢？今本〈八十一章〉既云：「善者不辯，辯者不善。」是否即能以此謂竹簡本此章故須「棄辯」？[18]審視今存竹簡本並無此說，亦難以憑此

---

14 分別見《郭店楚墓竹簡》，頁111；彭浩：《郭店楚簡《老子》校讀》，頁1。
15 見丁原植：《郭店竹簡老子釋析與研究》，頁6。
16 見季旭昇：〈讀郭店楚墓竹簡札記：![卞]、絕為棄作、民復季子〉，頁131。
17 見裘錫圭：〈關於〈老子〉「絕仁棄義」和「絕聖」〉，頁3-4。
18 彭浩即主此說，見彭浩：《郭店楚簡《老子》校讀》，頁1。

斷定《老子》主張「棄辯」。再者，若以漢代字書訓解《老子》，恐亦未必能達致「訓詁通而義理明」，關於義理的訓解，終究得從《老子》的義理性格入手，把握其「無為而無不為」的義理性格，以此來詮解有疑義的章句，或恐才能義理定而訓詁定，從圓融處來詮解章句義涵。如前文討論所說，若將「智」、「卞」分別訓解成認知或處理客觀事物之「智識謀略」、「言說辯論」等義，而不剋就主體修養和價值取向來論說，則與《老子》之義理性格不甚相應；若承字書之訓解，而將「卞」釋作「治理」，引申「治理人民的規範與約制」之義，則不免將《老子》的工夫修養及其開顯的境界，滑轉為《韓非子》及後來黃老法術的詮釋方向。

　　古文「智」、「知」與「辯」、「辨」相通，但「絕知棄辨」較「絕智棄辯」更具有概括性，故釋竹簡本之「丝智弃卞」作「絕知棄辨」。《老子》云：「天下皆知美之為美，斯惡已。皆知善之為善，斯不善已。」（〈二章〉）指出縱然是美好的事物，只要有所執定便扭曲其原來的價值意義，導致流弊的產生。妄作心知分別，固執己見，只會使生命因此而破裂，此乃生命茫昧的根源。故美不美、善不善是指主觀價值之心知判斷，不是就客觀事物之分辨判斷而論。《老子》並不否定現實上的價值判斷或認知識物的分別，凡是源於自然無心的判斷或分別，這是客觀義的存在，因而曰「知不知，上」（〈七十一章〉）。不論是從主觀出發的價值判斷，或是從客觀成立的認知分別，一經執定，則必然僵滯、畫一、限定，成為意識形態，相互攻訐、標榜，而流弊叢生。妄作心知分別是對主觀價值的執取，而分辨客觀事物則能成就經驗上有系統的知識學問，此二者有著本質上的不同。「絕知棄辨」，並不是要絕棄現實上的知識學問、言說分

辨，「知」與「辨」本屬中性，之所以要絕棄，是絕棄其有心作
為的一面，從作用上絕棄妄作心知分別。有心作為之「知」與
「辨」有如《莊子》所言之「成心」，《莊子》所言之「成心」
是與道心相對的，若以成心對事物作出判斷，則所看待之事物
便不能如其自己的呈現其價值意義，成心一起，真心即被障蔽，
唯有超越成心分別，以道心照見萬物，萬物才能如如呈顯其價
值意義，此時的美不美、善不善方可貞定得住。《莊子》以超越
成心達到真心照見萬物來保住事物之純粹價值，於《老子》則
為「少私寡欲」，以無為去執的工夫絕知棄辨，復其素樸。如是
看來「絕知棄辨」實較「絕智棄辯」能符合前後文的意涵。

（二）釋「𢇍偽弃慮，民復季子」為「絕為棄作，民復季子」
之義

1.關於釋「𢇍偽弃慮」為「絕為棄作」之義

竹簡本「𢇍偽弃慮」之「偽」、「慮」二字之釋義，學界亦存
有不同看法。魏啟鵬釋「偽」作「偽」，意即「欺詐，姦偽不誠」，
[19]陳錫勇與魏氏所說略同，釋作「詐偽」之意。[20]鄭倩琳亦作「偽」，
認為《老子》之意是想說明只要是「人為」就有導向「虛偽」
的可能性，「偽」乃「治民的人為活動」。[21] 許抗生釋「慮」作
「慮」，「慮」、「慮」字形似而誤，[22] 陳錫勇同釋為「慮」作「謀
慮」。[23]

季旭昇據戰國文字往往有形義加繁分化的趨勢，認為「偽」

---

19 見魏啟鵬：《楚簡《老子》柬釋》，頁3。
20 見陳錫勇：《郭店楚簡老子論證》，頁20。
21 見鄭倩琳：〈從《郭店・老子甲》「絕智棄辯」章探析《老子》相關思想之詮
   釋發展〉，頁93。關於釋「愚」作「偽」此說，裘錫圭早有此說，然而後又改
   釋「愚」作「為」，詳見後注。
22 見許抗生：〈初讀郭店竹簡《老子》〉，頁102注1。
23 見陳錫勇：《郭店楚簡老子論證》，頁20。

是「為」的異體字，加義符「心」，表示「心之作為」；「慮」字
應讀為「作」，從「且」聲和從「乍」聲可通，加上義符「心」，
也表示是心的作為，而「為」、「作」可湊成一組，與《老子》
主張「無為」、「不為」精神一致。[24]「慮」字，裘錫圭初認之為
「从心虜聲之字」，「虜」從且聲，「且」聲與「乍」聲古音相通，
因此釋此句為「絕偽棄詐」，後據季旭昇、龐樸等學者說法，認
為此說與《老子》思想方法和文章風格不合；裘氏又將前說「絕
偽」之「偽」改釋為「無為」的「為」義，改釋讀為「絕為棄
慮」，以示道家反對人為、思慮之意。[25]

　　「𢓊偽棄慮」應釋作「絕為棄作」較能呼應前文所說。首先，
若將「𢓊偽棄慮」的「偽」、「慮」釋為欺詐、謀慮等義，則與上
文釋作「絕知棄辨」的「知」、「辨」，下文「絕巧棄利」的「巧」、
「利」之文義脈絡，不甚一貫。因為此章之「知」、「辨」、「巧」、
「利」義，並不是一般人所反對的內容，而欺詐、謀慮則為一
般所認知具有負面意義的內容，因此不能以一般義來看《老子》
所謂之「知」、「辨」、「為」、「作」、「巧」、「利」，《老子》所絕
棄之內容，不是否定它們存在上的意義，這些內容於存在上都
具有正面的意義，不應反對也不可廢棄，《老子》所反對的層次，
是經執定、操控而衍生出限定化、極端化的流弊，就是〈七十

---

24 見季旭昇：〈讀郭店楚墓竹簡札記：卞、絕為棄作、民復季子〉，頁 131-132。
25 見裘錫圭：〈關於〈老子〉「絕仁棄義」和「絕聖」〉，頁 5-7。裘錫圭對於竹簡
　本「絕為棄作」之釋義至今歷經二變：初作「絕偽棄詐」，見氏著〈郭店《老
　子》簡初探〉，頁 43-44，後發表〈糾正我在郭店《老子》簡釋讀中的一個錯
　誤——關於「絕偽棄作」〉，該文後收入裘錫圭：《中國出土古文獻十講》（上海：
　復旦大學出版社，2004 年）改「絕偽棄詐」為「絕偽棄慮」，此為之一變；後
　又發表〈關於〈老子〉「絕仁棄義」和「絕聖」〉改「絕偽棄慮」為「絕為棄
　慮」，此為之二變，此處僅引裘錫圭先生至今最新說法。從裘錫圭「絕偽棄詐」
　之說者，如丁原植，見丁原植：《郭店竹簡老子釋析與研究》，頁 10。

一〉章所說的「病」。[26]

其次，既明「為」、「作」與「知」、「辨」、「巧」、「利」者均指向價值被扭曲後之負面義，則「為」字當如季旭昇、裘錫圭之見，釋為有心作為、人為造作之意，而不作虛偽之「偽」解；「作」則釋為有心作為之意，而不讀「慮」、不作「思慮」解，因「思慮」是心知，乃一種功能，只要不偏執，便無須棄絕。加上「絕知棄辨」、「絕為棄作」與「絕巧棄利」三句自為互文，立言的層次和造句的方式宜作通貫的理解，故「𢼝偽弁慮」即絕棄「偽」、絕棄「慮」，絕棄一切有心造作而為之意念與作為，與《老子》主張「無為」之內在修養相應。「為」、「作」等有所執定的意念行為是需要絕棄的。《老子》對生命的反思，是從幽深細微處反省，生命的種種紛擾、爭持均由於妄作心知執著所致，若將「慮」釋讀為「慮」，以為《老子》所欲絕棄乃思慮者，則恐難以見其深義。

2.關於「季子」之釋義

竹簡本「民复季子」，今本作「民復孝慈」，學者或以為竹簡本亦應作「孝慈」而非「季子」，如丁原植、陳錫勇、李零、丁四新等學者均持此說；[27]崔仁義、季旭昇、裘錫圭等學者則持不同說法，[28]認為竹簡本應作「季子」而非「孝慈」。

於眾多學者見解之中，季旭昇對此部份提出比較詳細的說明，認為傳世本作「孝慈」恐不妥，「季」是脂部字，「孝」是

---

26 《老子・七十一章》曰：「知不知上，不知知病。夫唯病病，是以不病。聖人不病，以其病病，是以不病。」

27 分別見丁原植：《郭店竹簡老子釋析與研究》，頁10；陳錫勇：《郭店楚簡老子論證》，頁20；李零：《郭店楚簡校讀記》（增訂本），頁4；丁四新：《郭店楚竹書《老子》校注》，頁16。

28 見崔仁義：《荊門郭店楚簡《老子》研究》，頁62。

幽部字，兩者韻部相差較遠，難以通假，而《老子》常以「嬰兒」比喻原始渾樸的善德；又帛書甲本作「畜茲」，「畜」是幽部字，與「孝」音近通，疑「季子」義近或作「畜子」，「畜」者好也，「畜子」者，「好子」也，由「畜子」轉為「畜茲」，再由「好」轉為「孝」（二者同為曉母幽部開口一等字，可說是同音），就成了帛書乙本的「孝茲」，再轉則作今本的「孝慈」。[29]裘錫圭於季旭昇之說上更以馬王堆帛書〈脈法〉篇作例，佐證「季子」應指「尚未從學的幼童」合乎《老子》以「嬰兒」、「赤子」象徵之「渾樸無知的精神狀態」。[30]因此採用季旭昇、裘錫圭之說，隸定為「季子」，如此便可與《老子》之言「嬰兒」、「赤子」同義，以此象徵修養境界回復到有如嬰兒之混沌無分別的狀態。

　　竹簡本之言「𢆶偽弃慮，民復季子」，是指人君透過絕棄有心為而為的工夫，以無為引領百姓，使之回復到有如嬰兒之混沌無分別境界。透過實踐主體絕棄妄作心知分別的工夫，使精神境界回復有如無知孩提的狀況，達至二度混沌，於客觀分別之中體證主觀境界之無有分別，由是而言「复」，故「季子」之說較「孝慈」之說更能切合文意。

二、竹簡本與今本之異同

　　竹簡本與今本相異之字詞釋義經前文疏通後，則可進一步討論，今本〈十九章〉與竹簡本是否在義理上存在著明顯的不同？若兩者之間的義理真有不同，則是否如前賢推斷，或為後世傳授者因反對儒墨兩家說法而改動？或受莊子後學影響而修改？然而，若竹簡本與今本為相同之義理系統，義理內涵並無

---

29 見季旭昇：〈讀郭店楚墓竹簡札記：卞、絕為棄作、民復季子〉，頁133-134。
30 見裘錫圭：〈關於〈老子〉「絕仁棄義」和「絕聖」〉，頁7-8。

明顯的扞格，則何以後人研究會認為二者之間的義理內涵有所轉折？下文嘗試透過比較二者之異同進一步說明。

（一）竹簡本與今本的義理內涵

　　竹簡本「**𢇍**智弃卞」章，其所謂絕棄者乃作用義上之絕棄，故其所欲絕棄之「知」、「辨」、「巧」、「利」、「為」、「作」者，並非就存在上之種種客觀分別、技藝上的善巧、生活上的有所作為而言棄絕，而是就價值上之妄作分別、執於用善之巧利、有心刻意之為作來說絕棄，此等因妄作心知分別而致之不純粹者，有必要通過作用上的絕棄，少私寡欲、損之又損的工夫，保住它純粹的價值，因為只有保持素樸之心，才能創造純粹的價值，此即牟宗三先生所說的「作用地保存」。《老子》言絕棄「知」、「辨」、「巧」、「利」、「為」、「作」者，皆從其流弊面論述，以遮詮的方式表示，在上位者不以一己之好惡治國，百姓才能各自實現自身的價值，各安其居，各樂其業；不標榜利用巧善，便能杜絕機巧詐偽之事，無有盜賊；不有心造作而為，便不會滋生姦偽之事，百姓自能保持其孩提之心，如此自上而下均能無為而無不為，保住事物的純粹價值，生命不致陷入浮動破裂之中。不僅如此，《老子》所作的正面論述，以表詮的方式，表示一般的「知」、「辨」、「巧」、「利」、「為」、「作」，若無修養上根源的保證，則仍有其不足之處，故正面囑咐：治國治民須「見素保樸，少私寡欲」，存有淳樸之心，自能減少私欲、滋生有為之事。

　　竹簡本言「**𢇍**智弃卞」、「**𢇍**偽弃慮」，今本卻云「絕聖棄智」、「絕仁棄義」，聖智仁義乃儒者所常說，前賢或以為今本〈十九章〉所棄絕者乃儒家所著重的內容，故認為今本此章乃反對儒

者學說，與竹簡本義理指向有著明顯的不同。若絕棄「知」、
「辨」、「為」、「作」是就絕棄有心有為而論，而棄絕「聖」、「智」、
「仁」、「義」是就反對儒者來說，則二者之詮釋方向是否有所
不同？今本《老子》所絕之「聖智仁義」與儒者所重之「聖智
仁義」內容是否相同？若二者所言為相同內容之「聖」、「智」、
「仁」、「義」，是否真能充分證成今本異於竹簡本者乃反對儒家
學說，或為莊子後學者所改，[31]凡此都需要更充分的說明。

　　《老子》云：「聖人無常心，以百姓心為心。」（〈四十九章〉）
「聖人無為，故無敗；無執，故無失。」（〈六十四章〉）聖人內
心沖虛，對外應物時又能因時處順，無為而無不為，可見聖人
由內而外均為體現生命最高境界的象徵。「聖」既具正面價值，
何以言絕？今本《老子》推崇「聖人」為治天下的理想人格，
並不反對「聖人」，如此看來，是否真能證實今本〈十九章〉為
後人所改，而不合乎《老子》原意？[32]《老子》云：「天下皆知
美之為美，斯惡已；皆知善之為善，斯不善已。」（〈二章〉）可
見即使是美善之事，一旦有所執定，有心去為美、為善，有所
私者，便容易流向為不好、為不善。同樣「聖智仁義」亦然，
於此王弼則有很相應地理解，其〈老子指略〉曰：「既知不聖為
不聖，未知聖之不聖也；既知不仁為不仁，未知仁之為不仁也。

---

31 許抗生認為「絕仁棄義」帶有強烈反儒思想傾向，並懷疑今本「絕仁棄義」
　　可能是莊子學派後來加進去的，見許抗生：〈初讀郭店竹簡《老子》〉，頁99。
32 裘錫圭即持此說，遂認為「絕聖棄智」疑為後人所改，竹簡本應是反映原本
　　面貌的。見裘錫圭：〈關於〈老子〉「絕仁棄義」和「絕聖」〉，頁13。鄭倩琳
　　則作出進一步推論，認為「《老子》所『絕』之『聖』，應該與儒家『五行』、
　　『六德』說之『聖』有所關連」，又認為「老子後學在提出『絕聖』論題時，
　　根本未意識到『絕聖』可能與《老子》思想中的『聖人』理想相衝突，因為
　　這兩者的真正意涵乃是截然對立的。」見鄭倩琳：〈從《郭店・老子甲》「絕
　　智棄辯」章探析《老子》相關思想之詮釋發展〉，頁88-89。

故絕聖而後聖功全，棄仁而後仁德厚。……絕仁非欲不仁也，為仁則偽成也。」（《王弼集校釋》，頁 199）不聖為不聖、不仁為不仁乃眾所周知的事情，然而何以謂聖也有不聖、仁也有不仁？聖之所以為不聖、仁之所以為不仁，是由於崇尚聖人、仁德，就容易衍生刻意強求的弊病，在有為的情況下，聖人、仁德等價值便會產生異化。聖人之所以成為聖人，是自然而然，絲毫不勉強、不造作的，不是光靠標舉強求聖人的理想人格就能體現聖人的生命境界，所謂「絕聖」就是要棄絕這種執定聖人理想人格的想法。聖人治國是應時、應人、應事自然而作，故湯武不必執堯舜之跡而成聖，堯舜不必法羲農之行而為聖。凡有所執定者，已刻意執古聖之跡，縱使偶有所成，亦只是仿古之歷史陳跡，而非聖人當下之真實事業，所以王弼說「聖之不聖也」其意旨在此。同樣，標舉仁德者亦然，凡有所立則有所執定，仁德便因其有心有為而扭曲其純粹價值，所以只有絕棄了對聖智的崇尚之後，聖智的事功才能得以成全，拋棄了對仁德的執定以後才能敦厚仁德的內涵。絕棄仁德，並不是從存在上反對仁德的行為，而是有心為仁，則造作之事便會因此而衍生，此與「天地不仁，以萬物為芻狗；聖人不仁，以百姓為芻狗」（〈五章〉）屬相同義理脈絡。聖王「絕仁」、「不仁」跟「天地不仁」一樣，意謂聖人治國毋須標榜仁德愛民，只須以自然方式輔助百姓之自然便可。

　　不僅執定的「聖」、「仁」該絕棄，同樣，所謂「智」、「義」、「巧」、「利」者亦然，凡有所標榜、有心為而為之事，均須絕棄。《老子》云：「民之難治，以其智多。故以智治國，國之賊；不以智治國，國之福。」（〈六十五章〉）百姓難以管治，是在於

人君好用智巧。若為君者以智巧治國，則會衍生無窮的弊端，因為越是窮盡聖智聰明去偵察它，竭盡才能思慮去治理它，機巧之事只會愈益精密，虛偽巧飾亦會層出不窮，如是則越難保住百姓純樸無知的本質，所以只有不用智巧治國，才能為國家百姓帶來福祉，由此說「智」之當棄。

　　棄絕聖智，百姓始能守其純樸之心，好好過活；絕棄仁義，人們方可自然孝順父母、慈愛兄弟。既明「不仁」、「絕仁」之意，則「棄義」之理亦自明。若在上位者刻意標舉仁義之行，便會導致百姓偏執刻意行仁義之事，眾人皆慕節操名聲之美，則其孝順便無真誠，慈愛亦失其真情，長此以往，父慈子孝、兄友弟恭，均淪為揚顯名聲之舉，而失其真實本義。只有絕棄標舉仁義之事，方可讓百姓保存自然而然之孝順慈愛。從義理脈絡來看，即使帛書本、漢簡本、傅奕本，乃至今本言「孝慈」為竹簡本「季子」之誤抄，亦無損其大意，「季子」是指純樸無為的狀態，「孝慈」乃無為自然下之真心孝順慈愛，二者均為無心造作的表現，縱今本為誤抄，其義理脈絡仍不相抵觸。

　　《老子》並沒有否定仁義、人的作為、孝慈、忠臣本身的正面價值。《老子》旨在強調天真淳樸的大道不明，所以才會標舉凸顯一般被認為是美好的人事價值，凡有所立，便有所執，世人均明白不聖、不智、不仁、不義、不巧、不利的意義，然而卻不懂執其善者，縱如聖、智、仁、義、巧、利，亦自會衍生扭曲自然真心的流弊。由此可見，《老子》「絕聖棄智」章的反省是非常幽微深遠，它從最為眾人所輕忽的一面去反省有為的弊病，以此止息好欲為美的風尚，故強調「見素抱樸，少私寡欲」等無為工夫，以此回復自然真性。

（二）竹簡本與今本義理內涵之異同

　　今本所欲絕棄之「聖」、「智」、「仁」、「義」乃《老子》透過作用的保存，絕棄有心有為之「聖」、「智」、「仁」、「義」，非為反對「聖」、「智」、「仁」、「義」而作。如是，則可進一步追問，《老子》所絕棄者，與儒家所倡之「聖」、「智」、「仁」、「義」到底有無差別？若無，則似可推說今本〈十九章〉是為反對儒家學說而作；若有，則可進而檢視今本〈十九章〉與竹簡本義理內涵是否同屬相同之詮釋系統？

　　儒家所重之「聖」、「智」、「仁」、「義」，乃繼承周文之正面價值，故孔子曰：「郁郁乎文哉！吾從周。」（《論語・八佾》）在孔子提出「吾從周」以前，仁與義已常被提及，是周文傳統的內容，仁義禮智亦非孔子所發明，只是面對「周文疲弊」，孔子指點仁心挺立道德主體，把僵化之周文復活過來，故曰：「人而不仁，如禮何？人而不仁，如樂何？」（《論語・八佾》）以內在真誠的仁心、仁德恢復禮樂的真實意義。孟子承孔子所說，提出「仁義禮智」四端之心，並以能仁義行、彰顯四端之心者為聖人，由是可見儒家之所謂「聖」、「智」、「仁」、「義」者，是以道德本心論之。《老子》所欲棄絕之「聖」、「智」、「仁」、「義」乃針對僵化流弊敷衍之周文，有心造作之「聖」、「智」、「仁」、「義」而言，此乃束縛生命的桎梏，若不消除此等造作偏執，則無法復其素樸之心，貞定生命的自然淳樸。儒家正面繼承了周文，給禮樂作出根源性說明，指點內在道德本性；道家面對「周文疲弊」則提出以無為無不為的方式應物，不標榜聖智仁義，開決封限。如此看來，《老子》反對者，並不是儒家所主張之正面的「聖」、「智」、「仁」、「義」，而是價值異化之「聖」、「智」、「仁」、「義」，就義理而言，儒家也同樣反對異化的「聖」、「智」、

「仁」、「義」，兩家主張在這個論題上並沒有衝突，而是各有其問題的脈絡和義理根源的不同。

如上所言，今本〈十九章〉所言既然不是為了反對儒者而立說，則可以進一步討論，竹簡本與今本〈十九章〉之義理內涵是否相融攝，還是彼此間存有扞格？竹簡本言「絕知棄辨」、「絕巧棄利」、「絕為棄作」，今本言「絕聖棄智」、「絕仁棄義」、「絕巧棄利」，二者均就消除心知執著的工夫層面而言棄絕，義理性格相同，應無容置疑。然而若就其義理內容之廣度來討論，則竹簡本似較今本更為寬闊，其理由何在？竹簡本所絕之「知」、「辨」、「為」、「作」乃一切妄作分別根源所在，此為生命范昧紛馳之始，而今本所絕之「聖」、「智」、「仁」、「義」僅為妄作分別的其中一種面相，若就義理之涵蓋度而言，竹簡本實較今本來得寬闊。然而若從今本所絕之「聖」、「智」、「仁」、「義」來看，則可發現今本《老子》面對周文的反省是非常幽深的，儒者言仁義，是從道德意識入，從正面開出，至於標舉仁義聖智所引起之禮教制度僵化、玩弄光景等問題則是另一層次的人病問題。道家則從實踐時的人病問題說起，除了反省標舉聖智仁義便會導致執著的流弊，妄作種種機巧偽詐的問題外；道家更清楚地意識到人文價值領域凡有所立則必有所封限，政治上的以一正萬的專制獨裁是不可行的，縱然孔子亦明白禮樂制度應因時損益，然而儒家以仁心道德為首出，在道家看來便已有所立，故《老子》言「絕聖棄智」、「絕仁棄義」、「聖人不仁」，《莊子》即視之為「以己出經式義度」來化物、「藏仁以要人」（《莊子集釋・應帝王》，頁 290、287），無異於〈天下〉篇所評之「天下多得一察焉以自好」（《莊子集釋》，頁 1069）。由是可見，道家是從人間價值的整體存在去反省，認為人的世

界不能只突出某一面相。道家不從正面立說開出聖智仁義，卻以自然的作用保住聖智仁義的純粹價值。由此可見，竹簡本與今本〈十九章〉於義理上同屬同一義理脈絡，今本與竹簡本不同處，不必一定要理解為針對儒者而發。

至於憑今本「絕聖棄智」、「絕仁棄義」之說，推斷今本或為後代傳授者出自反對儒墨的要求、或受莊子後學影響修訂文句，或認為傳鈔者據《莊子・胠篋》、〈在宥〉等篇「絕聖棄智」一詞加以妄改所致，甚至認為今本批評仁義聖智，而竹簡本不予批評是因為「墓主本人是尊奉儒家，特別是奉『五行』為道德原則，他既讀儒書，又習道籍，為了折中這兩種書，他是有意對《老子》動了手術，把不順眼的話去掉了。」[33]前人研究對竹簡本、今本何以相異的種種揣測，作為後設研究是容許提出不同的見解，然而在詮釋學理論上來說，揣測作者撰述動機在理論上並無必然性，若無確鑿的相關資料證據出現，一切揣測亦難以充分證成，不同的理解，只要能自圓其說，亦可以豐富經典詮釋的內容，不妨各存其言，以備一說，也是為詮釋流變史留下一個詮釋紀錄。

三十八章

上德不德，〔一〕是以有德；下德不失德，〔二〕是以無德。〔三〕上德無為而無以為，〔四〕下德為之而有以為。〔五〕上仁為之而無以為，上義為之而有以為，上禮為之而莫之應，〔六〕則攘臂而扔之。〔七〕故失道而後

---

33 見李零：《郭店楚簡校讀記》（增訂本），頁 23。

德，失德而後仁，失仁而後義，失義而後禮。夫禮者，忠信之薄而亂之首。〔八〕前識者，〔九〕道之華而愚之始。〔十〕是以大丈夫處其厚，不居其薄；〔十一〕處其實，不居其華。故去彼取此。〔十二〕

【注釋】

〔一〕上德不德：上德，最高的德。不德，不拘於德、不執於德。

〔二〕下德不失德：下德，最差的德。不失德，執定其德使之不失，即拘於德。

〔三〕無德：非純粹的德。

〔四〕上德無為而無以為：「無以為」，傅奕本、嚴遵本均作「無不為」。帛書本、漢簡本、河上公本與王弼本同作「無以為」。高明認為「無以為」與「無不為」意義迥別，版本分歧絕非偶然，且二者之間必有一誤。見高明：《帛書老子校注》，頁 3。以為，有心為之。無以為，沒有有心為之的情況出現，即表現的形態，不拘於某種目的、形式。無為而無以為，即在無心的作用下沒有有心為之的情況；無為而無不為，即在無心的作用下無所不為，其所為的一切均在無為作用下為之。因此「無以為」與「無不為」均在無為情況下，前者無有有心作為，強調不為；後者所為均屬無心，重點在為，二者於義理上並不違背，只是各有所重。

〔五〕下德為之而有以為：帛書甲本缺此句，帛書乙本作「上德无为而无以为也，上仁为之而无以为也，上德为之而

有以為也，上禮為之而莫之應」。漢簡本、傅奕本作「下德為之而無以為」，其中漢簡本「為之」的「為」字殘缺，河上公本與王弼本同作「下德為之而有以為」。有以為，有心為而為之。為之，即實現，為中性義，非就刻意為而言為之。因下德為執定其德之德，故以下德為之，便是有心作為，於義理上，「下德為之而有以為」較「下德為之而無以為」能順通前後文義。

〔六〕莫之應：不能與之有相應的內容。

〔七〕攘臂而扔之：攘臂，伸出手臂。扔之，強拉、牽引。

〔八〕忠信之薄而亂之首：薄，少、不足。忠信，指真實性。內涵少真實性，是價值紊亂的源頭。

〔九〕前識者：識，《說文》曰：「常也，一曰知也。」知者，心知分別，如《莊子・繕性》曰：「道固不小行，德固不小識。小識傷德，小行傷道。」（《莊子集釋》，頁556）前識，前面言德、仁、義、禮等種種分別。

〔十〕道之華而愚之始：華，未得果實之階段，引申浮華、表面之意，相對「處其實」之「實」而言。

〔十一〕處其厚，不居其薄：厚，即本；薄，即末。

〔十二〕去彼取此：彼，指華、薄。此，指實、厚。

【今譯】

最高的德是不拘於德，因此是有德的。最差的德是不失所執定的德，因此是不純粹的德。最高的德是無心為之而沒有刻意表現，最差的德實現的時候是以有心的方式表現。最高的仁實現的時候是沒有刻意表現為仁，最高的義實現的時候是以有

心的方式表現，最高的禮實現時總是不能相應於實情，於是伸出手臂強拉別人順從它。因此失去常道後就會強調德，失去德之後就會強調仁，失去仁之後就會強調義，失去義之後就會強調禮。禮，內涵少了忠信之質導致紊亂的源頭。前面所言的種種分別，是常道的浮面化而且是愚昧的開始。因此大丈夫居身於淳厚之本，不處於澆薄之末；居於篤實處，而不處於浮華處。因此捨棄薄末，直取厚本。

【義疏】

此章言常道乃最高境界。

《老子》以「上德」作為最高的德，是以自然為內容，且得之於內而言「德」。「德」是開放性的、無所限定的、不被封限的，故不拘於德，亦不執於德，因而沒有任何規定，能容納一切事物，故又言「上德若谷」（〈四十一章〉）。從主體實踐來說，凡是自然而然、無心而為便能體證此純粹的至德，因其不被封限，所以能保有一切純粹價值，故曰「有德」。相對於「上德」而言，「下德」執有其德，使之「不失德」，如此便被「德」所限。凡是有所執定、拘束，即使所執之事為正面價值之事，仍屬有心刻意而為，如是便會封限純粹的至德，故曰「無德」。上德因其不拘於德，所以能無心為而為之，表現的形態不拘於某種形式或目的，故曰「無為而無以為」；下德執有其德，有心為而為之，有特定的形式或目的而為德，故曰「為之而有以為」。由是可見上德是絕對的，無有執持，連德本身亦不會執定，故為最高的德。最高的德「上德」，又稱之為「孔德」（〈二十一章〉）、「玄德」（〈十章〉、〈五十一章〉、〈六十五章〉）、「常德」（〈二十

八章〉），以「孔」言德為絕對的大，不與物相對；以「玄」說其深遠，不可測度；以「常」謂其恆常不變，不為外物所牽引。

相對於德而言，仁、義、禮等均有其一定的內容，有一定內容即有所指向，有所指即有所偏，有所偏即有所失，由是而見其封限所在。最好的仁實現起來是無心為而為，最好的義實現起來還是出於有心為而為之，最好的禮實現起來因重視外在儀式禮節，所以往往不相應於實情，只能勉強牽引他人，使他人順從於有心為之的禮。

由道、德、仁、義、禮五者的敍述已經標示著全偏高低的分別，第一，道為最高：因道有超越性、普遍性、圓融性、完整性、開放性，為萬物之所以然，乃無心執持的最高境界。能體證常道的人，是盡全體之性而符應於自然，是謂「道者」，所謂「道者同於道」、「同於道者，道亦樂得之」（〈二十三章〉）。第二，德次於道：德與道同屬於形而上者，同樣以自然為內容，取法於自然，然而細分二者實亦有其不同之處。所謂「失道而後德」，德相對於道來說，是內在的，已把道特殊化，其普遍已是特殊形態下的普遍，是具體而真實，非抽象的普遍，因此「德」不若「道」之全體、普遍。能體證常德的是盡一己之性而符應於自然，是謂「德者」，所謂「德者同於德」、「同於德者，德亦樂得之」（〈二十三章〉）亦足見「道者」、「德者」有著不同的生命境界。「道」與「德」雖同屬自然層次，然而細分之下仍有上述的差別。第三，仁次於德：相對於德來說，德和仁同屬內在的，但德是無限開放的，仁則有一定指向，只是在無心為仁的情況下，還是可以達到無為之境，即「與善仁」（〈八章〉）之意。因仁偏屬於一方，即使實現到最好的狀況，還是有所偏、有所

棄,故仁又次於德,因而曰「失德而後仁」。第四,義又次於仁:相對於仁來說,義即行事之宜,為外在的,已失去仁的內在性,此乃做事的合宜原則,故義又次於仁,而曰:「失仁而後義」。第五,禮為最下:此言禮並非具有仁義在內之禮,而是淪為行為的規範、為外在的儀節的「禮」,故與實情往往不相應,只能勉強加諸人們身上,強拉、牽引別人去遵守這些外在的禮節,是以又次義一等,而為最末者,謂之「失義而後禮」,因而又曰「禮者,忠信之薄而亂之首」,禮缺乏忠信等內容,故真實性不足。凡是預設的規範,均為離道虛浮的假象、愚昧之始,體道之人持守常道,循道之本,不會執有其德、執守仁義禮等末節。

聖人體道,不執於道,更不會執於德,故能處其厚、得其實,而不會淪為居其薄、守其末。由是可見《老子》以道為首出,德次之,此二者均為開放無限,最能保存自然純粹的價值意義,只是「德」是得之於內,而為盡一己之性之自然,故言「失道而後德」。仁、義、禮三者更是落於一偏,而且按順序每況愈下。即使能以無心的方式實踐仁德,為仁已落入某一面相,失其整全的意義,更何況是義與禮。義與禮是僵化的外在形式,甚至淪為生命的桎梏,造成生命種種分裂相與價值之異化,因此被《老子》批評為「道之華而愚之始」,屬浮華不實、末節、薄者,若從華而不從實,則生命便會變得愚昧、妄作失真,故最後強調「去彼取此」,去華取實、去薄取厚。

另外,值得討論的是「前識者」所言之前「前識」,是指什麼內容?《河上公章句》認為「不知而言知為前識」(《河上公章句》,頁150),此說與前面討論德、仁、義、禮並無直接關聯。范應元則曰:「前識,猶言先見也。⋯⋯謂制禮之人自謂有先見,

故因天理而為節文，以為人事之儀則也。然使人離質尚文，乃
道之華也。漸至逐末忘本，姦詐日生，人之愚昧自此始也。」[34]
認為禮儀若無自然為質，則淪為節文，為末節，為道之華，這
是眾人皆知的事，然而從「失道而後德，失德而後仁，失仁而
後義，失義而後禮」可見，《老子》所批評的「道之華而愚之始」、
為薄而要捨去的，當不只是忠信之薄而亂之首的「禮」而已。
王弼注曰：「前識者，前人而識也，即下德之倫也。竭其聰明以
為前識，役其智力以營庶事，雖得其情，姦巧彌密，雖豐其譽，
愈喪篤實。」（《王弼集校釋》，頁 94）王弼此說可議者有二：第
一，從「前識」釋義而論，以「前人而識」釋「前釋者」，前後
文理不甚相連，亦顯突兀。然而其說實有所承，《韓非子‧解老》
曰：「先物行，先理動之謂前識。前識者，無緣而妄意度也。」
[35]嚴遵曰：「先識來事，以明得失，此道之華而德之末，一時之
法，一隅之術也。」[36]以先見釋「前識」，與前文言道德、仁義
禮制並無關聯，勉強為之圓說則顯曲折。《說文》曰：「識，常
也，一曰知也。」知者，即心知分別，《老子》常言「無知」，
可見有心分別乃工夫所對治的病痛。正如《莊子‧繕性》曰：「道
固不小行，德固不小識。小識傷德，小行傷道。」（《莊子集釋》，
頁 556）有道的人不做違背道的行為，有德的人不會執著分別。
有為執著、背道而行的人，有傷道德。由是可見「前識」之「識」
應作「知」解，而非「先見」或「前人而識」之意，凡有心分
別，則割裂常道，使之失去完整性而落一偏，即使做到「不失

34 范應元著，黃曙輝點校：《老子道德經古本集註》，頁 70。
35 陳啟天：《增訂韓非子校釋‧解老》，頁 729。
36 王德有點校：《老子指歸》，頁 7。

德」、上仁、上義、上禮，仍屬落入一偏，而非整全的常道，屬有心分別的層次，故為「道之華而愚之始」。

第二，從王弼指出前識「即下德之倫也。竭其聰明以為前識，役其智力以營庶事，雖得其情，姦巧彌密，雖豐其譽，愈喪篤實」的義理內涵，可見自執其德、不失德的「下德」起，仁、義、禮均屬營役智力、有心為之的事。面對有心為之、有所標舉的仁義，《老子》便言「絕仁棄義」，主張「聖人不仁」，這是可以理解的。然而「前識者，道之華而愚之始」，所言的內容，明顯包含「上德」，實踐到最圓滿的德，仍屬於「失道而後德」的層次，「下德」固然次於「道」，然而「上德」亦然，何以故？若「上德」次於道，而為「道之華」，何以又言「上德若谷，大白若辱，廣德若不足，建德若偷，質真若渝。」（〈四十一章〉）以虛谷言德，與自然、常道同層？

道與德的分別，是一個非常細微、深刻的問題，且很值得討論。道德既可連說，同以自然為內容，且為形而上者，然而於同中亦有別，自可分而論之。除了道是全體之性，德是盡一己之性，得之於內，二者同樣以符應於自然為內容、同樣具有普遍性之外。若再具體討論兩者的不同，則應從主體實踐切入，見其差別。從〈二十五章〉內容可見，常道是超越的、先在的、獨立的、絕對的、普遍的、永恆的，且為生化萬物的根據。常德則是主體的、內在的、普遍的、得之於內的，使萬物能實現其為自己的根據。常德的主體性是得之於道的下貫，猶儒家之言「性」，應屬客觀的，與「心」之主觀性不同。常德的普遍是具體的普遍，是特殊的普遍，因其普遍是落在每個實踐主體之內，從每個實踐主體均可實現常德來說，是普遍的。從常德為

得之於內來說，是內在的；從常德為不同個體所體證來說，是特殊的；從常德為實踐主體表現出來的「無不為」來說，是具體的。凡是常道落實實踐時，必須由實踐主體透過工夫修養體證，落在實踐主體上便為「德」。[37]常道之整全性，便在實踐時，化為一己之性，而為常德，如是便失其整全性、無限性，是謂「失道而後德」。然而上德，仍是以自然為其內容，且以無心自然的方式實踐，所以仍具有沖虛無為、清靜不爭的特質，而曰「上德若谷」（〈四十一章〉）、「常德不離」、「常德不忒」、「常德乃足」（〈二十八章〉）。可見「上德」既是道，亦不是道，原因何在？分析言之，「上德」為常道的內在化，仍以自然為質，虛心無為、不離自然、無有偏私、自足不跂尚，具有普遍性，故「上德」是道。「上德」一被內在化，即為實踐主體所限，其普遍是具體的普遍、歷程的普遍；相對於常德具體的普遍、歷程的普遍而言，常道的普遍是超越的普遍、圓滿的普遍。加上常道之超越性內在於實踐主體而為既超越又內在之常德，故「上德」不等同道。上德不等同道，所以才說「失道而後德」、為「前識者，道之華而愚之始」，常道只要一落入實踐，便有可能為實踐主體所執定，而為「下德」，即使實現得最圓滿，不拘於德，仍是「上德」而已。

　　從《老子》對名教的態度可見，常道是整全的、符應於自然的、超越而不與物對，開放而無有封限，故為最高。常道以自然的方式實踐萬物，消極地說則能作用地保存名教的純粹價值，使之不被異化而產生種種流弊；積極而言則能開出人類一

---

37 此說與「道者同於道」、「同於道者，道亦樂得之」（〈二十三章〉）並不矛盾，因為體道者不是常道本身，即體道的人不能完全等同於道，只是道在其人之上的具體呈現。

切文明，與時俱變，應物無窮。

　　首先，從作用地保存名教的價值來看：《老子》立說不是為了否定仁義禮智等名教內容，亦不是為了反對儒家學說而立，其言「絕聖棄智」、「絕仁棄義」（〈十九章〉）、「聖人不仁」（〈五章〉）、「大道廢，有仁義」（〈十八章〉）之仁義聖智與儒家所言四端之德並非絕不相融，儒家之聖智仁義從仁心、仁體、誠體開出，是從道德義來說；《老子》絕棄之仁義聖智，是指有為造作之聖智仁義，與《莊子》所言之「成心」同層，若執定此標準，便會導致：凡出乎仁義道德者始給予肯定，若非以仁義為首出者則無法得以安立，這種以仁義為唯一價值的批判，無異落入《莊子》所批評的「以己出經式義度」來化人、「藏仁以要人」、「入於非人」（《莊子集釋・應帝王》，頁290、287）等有所標舉、以一正萬的行為。過度強調仁義，只會造成對仁義的偏執。《老子》所反省的是有為、僵化、徒具形式的名教，並不是為了反對儒家而立說，只要合乎自然而然的仁義禮智，還是會給予肯定，故曰「上仁為之而無以為」，是以「上仁」肯定無為之仁，以無為無不為的方式保存名教的純粹價值意義。

　　儒家以正面方式繼承「周文」，大倡仁義之說，然而論「仁義」於先秦諸子中，非儒家所獨有的論述。《墨子》亦曰「國君者，國之仁人也。」（〈尚同上〉）、「天子者，固天下之仁人也，舉天下之萬民以法天子，夫天下何說而不治哉？」（〈尚同中〉）「仁人之事者，必務求興天下之利，除天下之害。」（〈兼愛下〉）《韓非子》亦言「仁義者，不失人臣之禮，不敗君臣之位者也。」（〈難一〉）「仁者，謂其中心欣然愛人也。其喜人之有福，而惡人之有禍也，生心之所不能已也，非求其報也。」（〈解老〉）只

是各家所肯定之仁義，溯其背後之思想根源，並不相同。道家以肯定自然的方式實踐的仁義，因而曰「與善仁」，否定有心作為之仁義、否定有所標舉突出的仁義，因而曰絕仁棄義、「聖人不仁」、「失德而後仁」。儒者肯定由道德心之行其所當行的「由仁義行，非行仁義也。」（《孟子·離婁下》）《韓非子》則認為當仁義不利於人君以法術駕御群臣之時，則為毒、為害，均須被否定，因而曰：「夫垂泣不欲刑者，仁也；然而不可不刑者，法也。先王勝其法，不聽其泣，則仁之不可以為治，亦明矣。」（〈五蠹〉）「明仁義愛惠之不足用，而嚴刑重罰之可以治國也。」（〈姦勢弒臣〉）「見大利而不趨，聞禍端而不備，淺薄於爭守之事，而務以仁義自飾者，可亡也。」（〈亡徵〉）《墨子》肯定的仁義，其根源乃人格神意義的天志，只有超越義，而無內在義，與孟子不同。《墨子》肯定之仁義表現在具體事物之中，而為尚同、兼愛下之仁義，以此來教化天下。可見仁義之說非儒家獨有，亦非僅有儒家才正面肯定仁義等名教內容，各家於其義理脈絡下，亦自有其安頓名教的定位，只是所給予的定位各有不同。因此，不能因為《老子》言「絕聖棄智」、「絕仁棄義」、「聖人不仁」、「失道而後德，失德而後仁，失仁後義，失義而後禮」，便謂其說批評儒家學說。

　　其次，從積極地開出人類文明來看：《老子》以道為整全，名教為常道所涵攝，其內容自道的「有」性的一面開出。不僅仁義禮智等名教內容均涵在道德之中，推而廣之，人類文明均可自道、德而生，凡是無心無為的，均可透過無為而無不為的方式充分落實、成全，由是可見道、德開決封限的一面。在開決封限下的仁義禮智，即為《老子》「無以為」所籠攝下的仁義

禮智，此為絕對的、純粹的、自然的仁義禮智，由是回應僵化
的周文，保住真實的價值。〈二十八章〉曰：「為天下谿，常德
不離，復歸於嬰兒。」「為天下式，常德不忒，復歸於無極。」
「為天下谷，常德乃足，復歸於樸。樸散則為器，聖人用之，
則為官長。故大制不割。」正能體現《老子》成就文明的一面，
常德乃上德，於實踐主體用自然的方式盡一己之性的時候，便
能為天下谷，無所不包、無所不載，一切都可以容納涵蓋，所
有價值意義都可由此開創出來；因其為之的方式是自然而然
的，作用地保存萬物價值意義，故可以為天下法式、標準，作
為天下所遵循的途徑，萬物均可自此無而能有，有而能無。因
常德之不曾偏離自然，故能遵此回復如嬰兒無分別的境界。因
常德之無有差別，故能以無分別心照見一切萬物，使生命不受
有為偏執所封限，恢復心靈無限妙用之境。因常德之充分無所
不備，故能不處一偏，使生命能回復到天真純樸的境界。常德
散開則落實為器用，成就萬事萬物，聖人秉此常德設立百官、
掌管政事，成全理想的道化政治之境，在這種情況下「無棄人」、
「無棄物」（〈二十七章〉），天下萬物在自然的方式下得以成全，
一切文明、制度均不受宰制得以開出，故曰「大制不割」，因其
不割裂萬物，進而「功成事遂」（〈十七章〉），成就人類一切事
功。

　　從《老子》「無為而無不為」的工夫進路，以及常道能生化
一切事物價值意義的特性可見，《老子》對名教的態度是以遮詮
的方式反對有所標舉、刻意為之的名教，因而言「聖人不仁」、
「絕聖棄智」、「絕仁棄義」、「禮者，忠信之薄而亂之首」，透過
棄絕的工夫，對名教作出「作用地保存」；以表詮的方式肯定自

然而然實踐下的名教，因而有「居善地，心善淵，與善仁，言善信」之說。遮詮地說名教，以作用地保存名教的價值意義，為消極地保障名教不致僵化而產生流弊，成為生命的桎梏，此乃常道「無」的特性；表詮地說名教，以自然方式成全名教，為相對積極地成就人類文明、制度與事功，不獨名教而已，凡出於自然制作的一切文明，都予以肯定，因此常道的開放性、超越性，可及於人類一切出於自然的文明，此乃常道「有」的特性。在常道「無」、「有」的雙重特性下，加之「玄」的作用，使「無而能有」、「有而能無」，即能保障名教以及制度不致僵化，又能與時俱進，順勢而變，開創人類文明。

（二）治　國

十七章

太上，〔一〕下知有之。〔二〕其次，親而譽之。其次，畏之。其次，侮之。信不足焉，有不信焉。悠兮其貴言。〔三〕功成事遂，百姓皆謂我自然。〔四〕

【注釋】

〔一〕太上：最高境界，從下文可見此境界是就治國境界之高下而言「太上」。

〔二〕之：指統治者。

〔三〕悠兮其貴言：悠，竹簡本、帛書乙本作「猷」，漢簡本、

傅奕本、河上公本均作「猶」。猶、悠通假，閒逸無心、
自然貌。貴言，珍惜政令。

〔四〕我自然：我，指百姓自己。自然，自己如此。

【今譯】

最高的治國境界，百姓只知有統治者的存在。次一等的治
國境界，百姓親近統治者而讚美他。再次一等的治國境界，百
姓敬畏統治者。更其次一等的治國境界，百姓侮辱統治者。真
實性不足的，才有不足以採信的。治國者無心自然而能珍惜政
令。成就治國功績，實現民生活計，百姓都說是我自己如此。

【義疏】

此章言治國四種境界。

《老子》所言的治國、治天下境界由上而下可分四等言之，
一般人以為被百姓「親而譽之」的統治者為最理想的境界，然
而《老子》卻提出更高的標準，認為聖王無為而治，自然不恃
其功，不要求百姓親而譽之。聖王縱有治天下之事功，卻不矜
誇其功，和光同塵，在這種情況下百姓只知有統治者的存在，
百姓與統治者共存共適而相忘於道術，故百姓皆謂我自己如
此，此即「帝力於我何有哉」，實為治國、治天下的最高境界－
－太上之治。若在上位者治國、治天下，只是為了人民不討厭
他、親近他、歌頌他，不能相忘，則屬於次一等的境界，是謂
「其次，親而譽之。」相對於「下知有之」、「親而譽之」者，
便是再次一等「畏之」的狀況，治國者以滋章的法令威嚇百姓，
使民畏其威，不敢反抗，此乃以法治民，而不是以道治國、治

天下，迫使百姓終日惶惶，唯恐犯禁而不能安居樂業，故再次之，因而曰「其次，畏之。」而最差的情況是常人認為「侮之」的狀況，當民不堪其政時，人民便侮辱統治者，甚至揭竿而起，推翻政府，此乃最差的境界。

由《老子》對治國、治天下境界的判教可見，最高境界是以統治者之治道是否符合自然來說，故能合符自然之道者為有「信」，是真實的。只有合符自然的統治者，百姓才會真心服從他。其治理方式是以自然之道治之，不隨便發號政令，珍惜政令，是謂「悠兮其貴言」。因其「貴言」，便不會造成法令滋彰的情況，百姓才能自然而然地如其自己地過活。

由治國、治天下的理想境界可見，居上位者事事皆以天下百姓為念，政令皆以虛靜自然的方式頒佈，並以無為而無不為的方式成就治理的事功而不居功，更不因其有國、有天下而宰制百姓；居下位者在自然無為的政治環境下實現個人之德，因生活不被宰制，只知有君主的存在，遂認為我本如此，而謂「我自然」。百姓之能「皆謂我自然」，必須得聖王無心輔助，這是無可置疑的。從「功成事遂，百姓皆謂我自然」，更見聖王之所以尊貴，是由於他縱然有輔萬民的事功，而不居功。此事功是通過不宰制百姓，讓他們能充分實現自我，故百姓皆謂我自己如此，不會親而譽之，僅知之而已。

太上之治，從聖王治道的一面來看，聖王須有自然無心的主體修養，始能成就其無為治理的一面。所謂「天下神器，不可為也。為者敗之，執者失之。」（〈二十九章〉）治理天下必不可有心為之，統治者若私心造作、有為而治，則必致敗亡國家，失去天下。所謂無為而治，並不是指聖人不必做事，光靠無心

主宰百姓，讓開成全萬民，便能成其道化政治的理想境界。若聖王僅靠讓開成全即可治國，便不會有「輔萬物之自然，而不敢為」（〈六十四章〉）的說法，所謂「聖人處無為之事，行不言之教，萬物作焉而不辭，生而不有，為而不恃，功成而弗居。夫唯弗居，是以不去。」（〈二章〉）其輔、其生、其為均是為的表現，只是其為是以無心不為的方式為，是謂「為無為」，因其為是以無為方式為，故能做到「為無為，則無不治。」（〈三章〉）大治天下。可見聖王並非光靠不為就能成就事功，太上之治必須由聖王為無為，有所作為、有所順任，方能成其治，只是其為、其治是以無心方式實現。

從百姓各自實現的一面來看，百姓在聖王輔其自然的情況下，各自以自然的方式，如其自己實現自己。所謂「百姓皆謂我自然」，語雖簡單，然其義理渾淪，深奧廣大，卻可推導出百姓皆有自覺實踐工夫的必要，方能成其道化政治理想。首先，從「皆謂」來看，見其普遍性，人人皆可體證自然之境，皆有透過工夫修養，使生命境界調適上遂的可能。百姓在聖王「輔萬物之自然，不敢為」的情況下，只要透過工夫實踐，便能體證自然常道。其次，從「我自然」來看，足見其實踐主體之自覺、自主，並非僅由聖王無心自然的心境觀照而成，若光靠觀照而成之道化政治理想，便不需要談及百姓是否能普遍地實踐自然常道，亦無須指出人人皆有自覺工夫修養，便可由聖王一人主體修養照見理想的政治境界。《老子》曰：「我無為而民自化，我好靜而民自正，我無事而民自富，我無欲而民自樸。」（〈五十七章〉）「我無為」、「我好靜」、「我無事」、「我無欲」乃聖王無為而治、不宰制百姓的治理方式，使「民自化」、「民自正」、

「民自富」、「民自樸」，在聖人「功成事遂」的前提下，百姓有著我自己如此的自然修養，方能真正做到自化、自正、自富、自樸，此乃君臣上下一體透過自覺工夫修養所成之自然，並非光靠聖王觀照下之自然。理想的道化政治，乃君臣、百姓人民上下一體均沐於自然無為的自我修養、自我實現的境界之中。

百姓透過聖王助成和自身的努力體證自然之道，實為聖王治國的客觀化表現，如是則從聖王之主觀修養境界，推至聖王及百姓一同體證自然之道的主客合一境界。能證成此道化政治的理想境界，聖王對百姓長養亭毒有著極大的功化，正因聖王不以此居功自滿，才能保住化成萬物之功，此即聖王功化下道化政治的最高境界。

三十一章

夫佳兵者，〔一〕不祥之器，物或惡之，〔二〕故有道者不處。君子居則貴左，〔三〕用兵則貴右。兵者，不祥之器，非君子之器。不得已而用之，〔四〕恬淡為上。勝而不美，而美之者，是樂殺人。夫樂殺人者，則不可以得志於天下矣。吉事尚左，凶事尚右。偏將軍居左，上將軍居右，言以喪禮處之。殺人之眾，以哀悲泣之，〔五〕戰勝，以喪禮處之。

【注釋】

〔一〕佳兵：帛書本無「佳」字，漢簡本作「觟美」。「『觟』（匣母支部）可讀為『佳』（見母支部），『佳美』指有美麗裝

飾之物;《史記‧扁鵲倉公列傳》引《老子》:『美好者，不祥之器』，『美好』即『佳美』，與漢簡本屬同一版本系統。另外一種讀法是將『觟』讀為『畫』(匣母錫部)，『畫美』是動詞;『夫觟(畫)美不恙(祥)之器也』應連讀，指美化、裝飾『不祥之器』的行為。」見北京大學出土文獻研究所編:《北京大學藏西漢竹書》貳，頁159。傅奕本作「美兵」，河上公本與王弼本同作「佳兵」。佳兵，精良武器。

〔二〕物或惡之:物，指人。惡，厭惡。

〔三〕貴左:以左為貴，古時禮制以左為貴。

〔四〕不得已而用之:不得已，即自然而然，相關義理說明詳見〈二十九章〉義疏。以自然的方式用它。

〔五〕泣之:泣，竹簡本作「位」，帛書本、漢簡本作「立」，傅奕本、河上公本、王弼本均作「泣」。「泣」、「涖」、「莅」同字，羅運賢《老子餘義》指出「『泣』當為『涖』之訛。《說文》無『涖』字，蓋即『䇐』(本書三十二章及《周官》、《左傳》、《莊子》並有『涖』字，《說文》蓋遺而未收，『涖』『䇐』古同。《淮南‧俶真訓》注引《老子》『以道涖天下』，『涖』正作『䇐』)。《說文》:『䇐，臨也。』『涖之』與下句『處之』一律。」見朱謙之:《老子校釋》，頁128。泣之，即臨之，與上下文「處之」相應。

【今譯】

精良兵器是不祥的東西。眾人都厭惡它，所以有道的人不依賴它。君子所處一般以左為貴，用兵時則以右為貴。兵器是

不祥的東西，不是君子所用的東西。以自然的方式使用它，閒恬淡然為最好，戰勝並不以之為美事。如果以此為美事的人，是樂於殺人的人。樂於殺人的人，便不能擁有天下了。吉慶的事以左為上，凶喪的事以右為上。偏將軍居於左邊，上將軍居於右邊，戰爭以喪禮的儀式來處理它。殺人眾多，以哀痛悲傷的心情面對它。戰爭勝利，以喪禮的儀式處理它。

【義疏】

此章言用兵乃治天下之非常手段。

從對待用兵的態度可見，精良武器殺人者眾，故為「不祥之器」，一般人都害怕它，所以聖王治天下並不依賴「佳兵」。加上「以道佐人主者，不以兵強天下，其事好還。師之所處，荊棘生焉。大軍之後，必有凶年」（〈三十章〉）的說法可見《老子》否定用兵攻伐鄰國，強取天下，所以用兵以右為貴，與平常以左為貴的禮制相反，以此強調謹慎用兵的必要。君子治國在一般情況下都不會隨便出兵攻伐鄰國，故謂「兵者，不祥之器，非君子之器。」若萬不得已要發動戰爭，則須以「不得已」此自然而為的方式用之，因以自然的方式用兵，故曰「恬淡為上」。即使戰勝，亦難免「師之所處，荊棘生焉。大軍之後，必有凶年」，是以又言「勝而不美」，不以此為美好之事。若認為「以兵強天下」、好戰用兵為美事，則屬以殺伐為樂之人，如此殘暴之人則非聖王所為，是難以擁有天下，得天下而治之。真正得天下的聖王是以常道治天下，而用兵則屬非常手段，故為奇變、詭道，只有以無為無事的方式治理天下，百姓才會歸順，故曰：「以正治國，以奇用兵，以無事取天下。」（〈五十七章〉）按常理來說，吉慶之事以左方為上，凶喪之事以右方為上，但

用兵為奇，故與常理相反，加上用兵強取天下為有道者所不處，所以用兵貴右、上將軍居右、凶事尚右、以喪禮處之，由是可見《老子》並不主張用兵治理天下。

從戰爭帶來的禍害更可見《老子》肯定以自然之道來輔佐聖王的人，若以武力強佔天下，則軍隊所處之地，大戰之後皆遍地荒涼，且野草叢生。戰爭過後，因人力短缺，無人耕耘，則穀物收成不足，必遇荒年。所謂「天下有道，卻走馬以糞；天下無道，戎馬生於郊。」(〈四十六章〉) 亦正是此意，治理天下合乎自然之道，則馬走在田中耕作而不必上戰場打仗；治理天下不合乎自然之道，則連母馬亦要上戰場，並於戰場上生下駒。當農田在耕種時缺乏人力耕作，亦無法走馬糞治其田，招致荒年乃必然之事。若為形勢所迫而要用兵，則聖王僅能以自然的方式出兵，在取得成果之後便收兵，不會以此滿足一己私欲而窮兵黷武。若純粹為了滿足一己私欲而窮兵黷武，只會招致敗政亡國、民不聊生，於此足見戰爭的禍害。

從《老子》用對待喪禮的態度看用兵之事，以及論述戰爭禍害的內容可見，《老子》並不肯定「以兵強天下」，並認為「有道者不處」佳兵，佳兵乃「非君子之器」，但也不排斥用兵，一旦不得已用兵，也是以自然的方式出兵。

三十二章

道常無名，樸雖小，天下莫能臣也。侯王若能守之，萬物將自賓。〔一〕天地相合以降甘露，民莫之令而自均。始制有名，名亦既有，夫亦將知止，知止所以不殆。譬道之在天下，猶川谷之於江海。

【注釋】

〔一〕自賓：自然賓服。

【今譯】

　　常道恆常無法被名狀，純樸而精微，天下無人能支配它。侯王若能守此道，天下萬物將自然賓服於他。天地相合自然降下甘露，沒有人命令它便能自然平均地潤澤四方。制作萬物就有了名位，名位由是而生，但亦要止於自然，懂得止於自然方可免於危殆。常道對天下來說，就有如川谷在江海一樣。

【義疏】

　　此章言常道虛能納物，聖王守道自能讓萬物歸順。

　　《老子》言「名可名，非常名」（〈一章〉）、「常無欲，可名於小」（〈三十四章〉），可見常道既無法被名狀，亦因其無欲自然而為純樸精微，然而卻是萬物得以實現的根據，天下無人能命令它、支配它。治國者若能守此道，天下萬物將自然而然地歸順於他，故又曰「執大象，天下往。往而不害，安平太。」（〈三十五章〉）「不召而自來」（〈七十三章〉）。能守此道，天下人自能歸往、不必刻意召引，亦能自然來順；聖王對待歸順的人民，只要不有為而治，宰制百姓，自能安享太平。

　　《老子》更以客觀現象之譬喻說明體道自然，認為就好像天地陰陽相合，自然降下甘露一樣，沒有人命令它，卻是自然而平均地潤澤四方。樸小無名，散而為器，能體常道而用之的治國者，以有名的方式在宥天下，名教由是而生。聖王運用名

教，亦當以自然的方式建立制度，制作名位當事當時而用，而
非偏執地作意為之，如是方可免卻危殆，因此又曰：「常德乃足，
復歸於樸。樸散則為器，聖人用之，則為官長。故大制不割。」
（〈二十八章〉）常德自足、純樸無為，聖人能守此道、行此德，
即能無為而治，即使制作名物制度，仍能依於自然，不宰制百
姓，做到無棄人、無棄物，「大制不割」的境界。

　　常道對於天下來說，有如川谷在低下的地方，方可廣納河
水，使之成為江海，聖王體道亦然，須謙卑處下，有若川谷一
樣。正如〈三十九章〉所言「谷得一以盈，萬物得一以生，侯
王得一以為天下貞」，「谷無以盈將恐竭，萬物無以生將恐滅，
侯王無以貴高將恐蹶。故貴以賤為本，高以下為基。」川谷得
虛空始可容納流水而成江海，萬物得虛空始能無心地實現其自
我價值，聖王得虛空始能無為而治、貞定天下。由是可見虛空
容物的重要性，是以〈六十六章〉曰：「江海所以能為百谷王者，
以其善下之，故能為百谷王。是以欲上民，必以言下之；欲先
民，必以身後之。是以聖人處上而民不重，處前而民不害，是
以天下樂推而不厭。以其不爭，故天下莫能與之爭。」江海所
以能成為許多河流所匯合之處是由於它處萬物之下，能涵容萬
物、受天下之垢，謙讓不爭，故能成為百谷之王。同理可知聖
王治國、治天下亦然，聖王如欲領導人民，必須政令謙下、將
自身的利益考量放到最後，在這種情況下才能居上位而人民不
覺得有所負擔，處於前面而人民不會感到受傷害，百姓以自然
的方式推崇聖王之治功，而不會過度造作。凡此均由於聖王謙
下的修養，使天下百姓不會與之相爭，此即常道海納百川的謙
厚包容之意，故又曰「知常容，容乃公，公乃王」。（〈十六章〉）

能體證常道的人即能謙下包容，能謙下包容即合於大公無私，合於大公無私即能為眾人之首而為聖王。聖王守道不離，所以落實治國、治天下時，縱然制作名位、處理庶務，亦能任順自然，不會面臨危殆。

三十七章

　　道常無為而無不為。侯王若能守之，萬物將自化。〔一〕化而欲作，〔二〕吾將鎮之以無名之樸。〔三〕無名之樸，夫亦將無欲。不欲以靜，天下將自定。〔四〕

【注釋】

〔一〕自化：以自然的方式化成。

〔二〕化而欲作：在自化的過程中有所作意，即有不合乎自然的狀況。

〔三〕鎮：安、定。

〔四〕自定：竹簡本、河上公本、王弼本作「自定」，帛書本、漢簡本、傅奕本作「自正」。自定、自正，均為以自然方式安定之意。

【今譯】

　　體道之人常以無為的方式無所不為，侯王要是能持守它，萬民將會自然化成。化成而有所作意，我就用無名之道的純樸來安定它。無名之道的純樸，亦不會對它有所欲求。無所欲便能清靜，天下便能自然安定。

【義疏】

此章言聖王守無為而無不為的常道，便能安定天下。

常道「無為而無不為」，可見常道並不僅有「無為」的一面，更有承「無為」作用下之「無不為」的表現。常道，既可就人生之道而言，亦能就帝王之道而論。只有透過無心無為的工夫，才能做到無不為，其無不為之為均在自然的情況下為，毫無私欲作意。「無為」見常道「無」的特性，「無不為」則見常道「有」的特性，因其以無欲無為為本，始能做到為無為，而無不為。由是可見「無不為」並非妄作之「為」，而是有工夫修養在背後支撐，是體道的具體表現。

侯王若能守住常道，萬民便能自然化成，此即承「侯王若能守之，萬物將自賓」（〈三十二章〉）而下，「萬物將自化」。凡是能守無為而無不為之道的聖王，天下萬民均會自然賓服、自然化成、自然安定，亦即〈五十七章〉所言「我無為而民自化，我好靜而民自正，我無事而民自富，我無欲而民自樸」之意。聖王無為好靜、無事無欲，是其修養，以無為自然方式治國，自有其相應政策，即「樸散則為器，聖人用之，則為官長。故大制不割。」（〈二十八章〉）「始制有名，名亦既有，夫亦將知止，知止可以不殆。」其所定之制為大制，即使有所制作、任用官長，亦是在「無不為」的方式下實現，由是而能使百姓自化、自正、自富、自樸。

縱然在萬物自生自化的過程中，偶有作意起念、不合自然的歧出，聖王亦能以沖虛之道來鎮定它，使之復歸自然。聖王體沖虛之道，守「無名之樸」，然而卻不執定於「無名之樸」，

亦無所欲於「無名之樸」本身，是謂「無名之樸，夫亦將無欲」，此即「玄之又玄」（〈一章〉）、「道法自然」（〈二十五章〉）的表現。

因著聖王無欲清靜，亦不欲於常道本身，便能守道而行，無為而治，所以天下便能安定。在這種情況下，聖王「不欲以靜」、無為好靜、無事無欲，以無為方式治理天下；百姓在聖王無為而治下自化、自正、自富、自樸，「皆謂我自然」（〈十七章〉），自上之聖王，下及臣民一是皆能體證自然常道，由是而達至道化政治的理想境界。

四十六章

天下有道，卻走馬以糞；〔一〕天下無道，戎馬生於郊。〔二〕禍莫大於不知足，咎莫大於欲得，〔三〕故知足之足，常足矣。

【注釋】

〔一〕卻走馬以糞：卻，退卻。糞，傅奕本作「播」，帛書本、漢簡本、河上公本與王弼本均作「糞」，即糞田、耕種。

〔二〕戎馬生於郊：戎馬，戰馬。郊，郊外，即戰場之上。

〔三〕咎：過失。

【今譯】

治理天下合乎自然之道，退卻善跑的馬給農夫糞田耕種；治理天下不合乎自然之道，戰爭的馬生產於郊野戰場之上。生

命的禍患莫過於不知足，過失莫大於貪得，所以知足的這種安足，才能長久安足。

【義疏】

此章言以常道治天下才能使百姓生活安逸，知足才能恆足。

在位者治天下有道，合於自然，則不會輕易出兵發動戰爭，更不會窮兵黷武，在這種情況下善跑的馬便不必上戰場，而能退卻田間，糞土耕田；相反，無道之君治天下，好用佳兵，征戰連年，戰馬即使產駒，亦只能在戰場上生產。征戰不斷，既無足夠人口從事耕種，亦錯失種田時機，導致作物歉收，成為荒年亦屬常見的現象，故又曰「大軍之後，必有凶年。」（〈三十章〉）

治天下之道在於「無為而無不為」，不知足、貪多務得即違背自然常道，形成生命的禍患，所以只有「常德乃足，復歸於樸」（〈二十八章〉），安足於無欲自然，才能使生命歸根復命。所謂「知足者富」（〈三十三章〉）、「知足不辱」（〈四十四章〉）知足能使人富足、不受辱，是從精神修養來說其富足，不招侮辱，並不是說知足的人在現實生活上能富而不貧，而是即使貧困，仍能安貧樂道，不能窮餒其志。只有修養上做到安足於知足，才能真正在精神上一直得到滿足。

五十三章

使我介然有知，〔一〕行於大道，唯施是畏。〔二〕大道甚夷，〔三〕而民好徑。〔四〕朝甚除，〔五〕田甚蕪，〔六〕

倉甚虛，服文綵，〔七〕帶利劍，厭飲食，〔八〕財貨有餘，是謂盜夸。〔九〕非道也哉！

【注釋】

〔一〕介然有知：「介」帛書甲本作「挈」，帛書乙本、漢簡本、傅奕本、河上公本、王弼本均作「介」。介然，釋義眾說紛紜。《河上公章句》曰：「介，大也。」頁 203。成玄英《老子義疏》曰：「介然，微小也。」頁 334。林希逸曰：「介然，固而不化之意。」見林希逸著，黃曙輝點校：《老子鬳齋口義》，頁 57。釋德清曰：「介然，猶些小，乃微少之意，蓋謙辭也。」見釋德清著，黃曙輝點校：《道德經解》，頁 108。高亨謂：「介，讀為『黠』。《廣雅‧釋詁》：『黠，慧也。』即智慧。」見高亨：《老子注譯》，頁 87。高明曰：「馬王堆漢墓帛書整理小組云：『「挈」即「挈」之異體，各本皆作「介」。嚴遵《道德指歸》釋此句云：「負達抱通，提聰挈明。」《注》引經文作「挈然有知」，而經的正文已改作「介」。』鄭良樹也云：『案嚴本、河上本及其他諸本「介然」同，《指歸》云：「是以玄聖處士負達抱通，提聰挈明。」谷神子《註》云：「挈然有知行於大道者。」是嚴本原作「挈然」，不作「介然」，明矣。今嚴本作「介然」，淺人之所改也。』《說文‧手部》：『挈，縣持也。』引申為持握或掌握。使我挈有知」，謂假使我掌握了知識。『挈』、『介』古同為見紐月部字，讀音相同，今本『介』乃『挈』之借字，此當從《甲》本。」見高明：《帛書老子校注》，頁 80。案：「介」釋大或小，

均與「有知」不相應；釋之為「智慧」，則稍嫌曲折；據帛書甲本改乙本字，又據嚴遵本注文推論原字應為「挈」，而不作「介」，其證似稍嫌薄弱，因與帛書本稍後之漢簡本亦作「介」，而不作「挈」，傅奕本同作「介」，似不宜改字釋義。《孟子·盡心下》曰：「介然用之而成路。」朱子注曰：「介然，倏然之頃也。」見南宋·朱熹（1130-1200）：《四書章句集注》（臺北：鵝湖出版社，2000），頁368。以「倏然之頃」釋「介然」，較能相應「介然有知」之說，即忽然有知，言其不刻意、自然而有之意。知，自然智慧，非今之所謂客觀知識之知。

〔二〕唯施是畏：施，行、做。畏，敬畏、謹慎。

〔三〕夷：平坦。

〔四〕好徑：喜愛走小路。

〔五〕朝甚除：王弼注曰：「朝，宮室也。除，潔好也。」（《王弼集校釋》，頁142）

〔六〕蕪：荒蕪。

〔七〕服文綵：穿著華麗紋飾的絲織品。

〔八〕厭：足。

〔九〕盜夸：強盜、大盜。

【今譯】

假使我倏然間有些許智慧，實踐大道，只會敬畏地施行。大道很平坦，但是人們喜愛走小路。宮室甚為潔靜美好，田野甚為荒蕪，倉廩甚為虛空，而在位者身穿華美衣服，佩帶鋒利寶劍，飽足精美飲食，財貨豐盛剩餘，這就叫做強盜。不合於

常道呀！

【義疏】

此章指出常道平易，卻需謹慎實踐，為君者不應恣意盜取天下民脂。

《老子》以倏忽突然來形容體道的無心不經意，因而謂「介然有知」。倘若能體證常道，實踐大道，仍須以敬畏、謹慎的態度來踐履常道。因為常道實踐的時候平常普通，必須腳踏實地的一步一步體證，並無捷徑可一蹴而得。加上「民之從事，常於幾成而敗之。慎終如始，則無敗事。」（〈六十四章〉）實踐無為而無不為的工夫修養，偶一為之，看似容易，然而堅持終身履道而不違道背德，實非易事，且一般人常常於幾近體道時便會放棄從道，因而需「慎終如始」、「唯施是畏」，始能無執、無敗。從只需實踐修養工夫，便能體證大道而言其「甚夷」。從「民好徑」而言，實踐時需「慎」、需「畏」。〈中庸〉言「極高明而道中庸」亦足以說明「大道甚夷」的情況，大道既有先在性、獨立性、絕對性、普遍性、永恆性，同時亦作為萬物存在的根據，能使萬物自然地實現其自己，足見其「極高明」的一面，然而大道只要能無心自然地實踐，便能體證自然之境，是謂「道中庸」、「甚夷」，實踐它有如如履平地一樣，由是走向人生的正途，只是不能「慎終如始」，工夫不夠透徹的人，便會走上小徑，遠離常道，迷途而未能歸根復命。

無道之君，大興土木，興建宮殿，使得宮室潔靜美好，身穿繡有華美裝飾的服裝、佩帶鋒利寶劍，飽足豐盛美食，財帛寶物享之不盡。相較之下，民間生活艱苦，三餐不繼，農田荒

蕪、倉廩空虛。人君能過上如此奢華嗜欲的生活，百姓則未盡溫飽，全因在位者搜刮民脂民膏，只為滿足在位者的私欲，因而謂之「盜夸」。

得其位，而不能做到「行於大道，唯施是畏」，居其位亦不能長久。因此《老子》主張「以道莅天下」（〈六十章〉）、「取天下常以無事，及其有事，不足以取天下。」（〈四十八章〉）以無為無欲的方式得天下，成就人君的外王事業，並批評只為滿足個人嗜欲之君為「盜夸」，是悖離常道的表現。

五十四章

善建者不拔，善抱者不脫，子孫以祭祀不輟。修之於身，其德乃真；修之於家，其德乃餘；〔一〕修之於鄉，其德乃長；〔二〕修之於國，其德乃豐；修之於天下，其德乃普。〔三〕故以身觀身，以家觀家，以鄉觀鄉，以國觀國，以天下觀天下。吾何以知天下然哉？以此。

【注釋】

〔一〕餘：寬綽、從容。
〔二〕長：長久。
〔三〕普：周普、周遍。

【今譯】

善於建德的人不可拔除，善於抱一的人不會脫離，子孫的祭祀便不會斷絕。修道於個人，他的德是真實無妄；修道於一

家，他的德可以寬綽有餘；修道於一鄉，他的德是地久天長；修道於一國，他的德是豐盛富足；修道於天下，他的德是周普遍及。所以用個人觀照個人，用一家觀照一家，用一鄉觀照一鄉，用一國觀照一國，用天下觀照天下。我怎麼知道天下的情況呢？用這種方式。

【義疏】

此章言修德的效應及其層次。

所謂善建、善抱，與「善行無轍迹，善言無瑕讁，善數不用籌策，善閉無關楗而不可開，善結無繩約而不可解。」(〈二十七章〉)「善為士者不武，善戰者不怒，善勝敵者不與」(〈六十八章〉)、「善者不辯，辯者不善」(〈八十一章〉) 之言「善」一樣，不是就行事技巧之善拙而言「善」，而是就「自然」來說「善」。以自然的方式建、抱，就能不拔、不脫，所謂不拔、不脫，與「無轍迹」、「無瑕讁」、「不用籌策」、「不可開」、「不可解」、「不武」、「不怒」、「不與」、「不辯」一樣，不是就存在義之沒有來說「無」與「不」，而是就作用上之沒有刻意作為來說「無」與「不」，所以善建之人不會刻意拔，善抱之人不會有心脫。所建、所抱的內容，是就常道、常德而言，故《莊子》謂「建之以常無有」，從無心的方式「建」見其「常無」，由有所「建」的一面見其「常有」，因此以常無、常有來說「建」。[38]善於建德之人不會拔離常德，善於抱一之人不會脫離常德，既無刻意之拔與脫，亦不會拔離與脫離常德。聖人建自然之德，建

---

38 《莊子・天下》曰：「關尹老聃聞其風而悅之，建之以常無有，主之以太一，以濡弱謙下為表，以空虛不毀萬物為實。」見《莊子集釋》，頁1093。

之以常無有，抱一以為天下式，故能不違道背德，而不拔、不脫。

因能建德、抱一，故下文所言之「子孫以祭祀不輟。修之於身，其德乃真；修之於家，其德乃餘；修之於鄉，其德乃長；修之於國，其德乃豐；修之於天下，其德乃普。」是言德的效應：真、餘、長、豐、普。「以身觀身，以家觀家，以鄉觀鄉，以國觀國，以天下觀天下」則言德之功用，歸還於自己之自然。

關於德的效應：善建德、善抱一者，「子孫傳此道，以祭祀則不輟也。」[39]能守此道者，自然「民復孝慈」（〈十九章〉），祭祀亦將不會斷絕。修道於一己之身，則為盡個人之德，故「其德乃真」，此真是就真誠不妄而言「真」，不誠則無物，修道於身，其德便能自然地實現，故為誠、為真、為有物，而不妄作、不虛幻、不有為。同理，自修身外推，及至一家、一鄉、一國、天下，應物越廣，越見其實踐自然道德的效應。能修道於家，則其自然之德便顯寬綽從容，用之不竭，不竭則不殆。再擴而充之，修道於鄉，則能長久不衰，故又曰：「知止不殆，可以長久。」（〈四十四章〉）修道於國，則其德應用更廣更大，故不僅真實有餘，長久不殆，更能使人於精神上豐盛富足。推而廣之，修道於天下，則其德更是周普遍及，無所不備，在聖王的統治下，無有所棄，即所謂「無棄人」、「無棄物」。（〈二十七章〉）由是可見，修道應物越廣則德的效用越大，由個人之真實無妄，及至一家之寬綽有餘，再至一鄉之長久不殆，又至一國之豐盛富足，及其極，擴至天下之周普遍及，隨著德的應物越廣，則

---

39 王弼「子孫以祭祀不輟」句下注，見《王弼集校釋》，頁143。

其效應越大，此亦即「虛而不屈，動而愈出」（〈五章〉）之意，常道用之不竭，且越用越有，生生不息、源源不絕。

關於德之層次：《老子》言德之用是以其自己觀照自己的方式來體證，使自己能歸復於自然、自己如此。與儒家言修身治天下不一樣，儒者以自身所體之仁義教化人民，以仁義治天下，《老子》則是還歸於各人生命，使之歸於自己，實現其自身價值意義。所謂「以身觀身」，是用自然的方式觀照自身，使自己還歸於自己，不為任何外在形式拘囿，僅以自然的方式實現自我。同理，「以家觀家」，亦是用自然的方式觀照其家，使其家還歸於其家，以自然的方式過活，家裡所有成員都能自我實現，自然孝悌慈愛，而非「六親不和」的情況下才標舉孝慈。推而言之，「以鄉觀鄉，以國觀國，以天下觀天下」者亦然，眾人均在自然不為的情況下相因、相與，各自實現其自然價值，照見其鄉、其國、其天下之自然而然。此「觀」，即透過修道踐德而至之「觀」，是以自然的方式觀照生命，亦即「滌除玄覽」（〈十章〉）之意。德之用，與德的效應一樣，從身而家，從家而鄉，從鄉而國，由國而至天下，層層推進，應物無窮，由是而達至天下一體之自然，以成道化政治的最高理想境界。

《老子》此道，之所以能如此推導的原因，是由於「以此」，即以道德之自然推導其說：實踐常道的最高境界，必為全體都能證得自然。《老子》之所謂「修之於天下，其德乃普」、「以天下觀天下」實即《莊子》所謂之「藏天下於天下而不得所遯，是恆物之大情也。」（《莊子集釋·大宗師》，頁 243）主體修養落實實踐應物，終必為政治上之「藏天下於天下」，無所私、無所棄，方為究竟。

五十七章

以正治國，〔一〕以奇用兵，〔二〕以無事取天下。吾何以知其然哉？以此。天下多忌諱，而民彌貧；民多利器，國家滋昏；人多伎巧，〔三〕奇物滋起；法令滋彰，〔四〕盜賊多有。故聖人云：我無為而民自化，我好靜而民自正，我無事而民自富，我無欲而民自樸。

【注釋】

〔一〕正：正常，常理，與下文「奇」相對。

〔二〕奇：奇變、詭道，即特殊情況。

〔三〕人多伎巧：人，竹簡本、帛書甲本、漢簡本、河上公本、王弼本均作「人」，傅奕本作「民」。多，重。伎，竹簡本、漢簡本作「智」，帛書甲本作「知」。「伎巧」傅奕本作「知慧」，河上公本作「技巧」。王弼注曰：「民多智慧，則巧偽生；巧偽生，則邪事起。」（《王弼集校釋》，頁150）足見以智巧釋「伎巧」，是以妄作心知分別之「知」釋「伎」，「伎巧」即智巧，智謀巧偽之事。

〔四〕法令滋彰：「令」，竹簡本作「勿」，帛書乙本、漢簡本、河上公本均作「物」，傅奕本與王弼本同作「令」。法物，物即事也，法之事，與法令通，今取王弼本之說。滋彰，繁苛擾民。

【今譯】

　　用正常自然方式治理國家，用變化詭道方式出兵作戰，用無心無為方式治理天下。我怎麼會知道當中的原因呢？用以下所說的內容。天下越多禁忌，人民便越貧困；人民越多利器，國家便越陷於昏亂；人們越著重智謀巧詐，奇特的事物會滋生興起；法令繁苛擾民，盜賊便會不斷增多。所以聖人說，我無心作為則人民便會自然化成，我愛好清靜則人民便會自然為正，我無為處事則人民便會自然富足，我無心欲求則人民便會自然純樸。

【義疏】

　　此章指出以自然無為的方式治國，則全國便能體道自然。

　　治國、治天下若從正面來看，是以正常、正道的方式治國，以變化、詭道的方式用兵，以無心處事的方式治理天下，方能做到無為而治。所謂正常、正道治國，即以無為自然的方式治國，無私地輔助萬民自我實現其價值意義。所謂變化、詭道用兵，是因為用兵在特殊的狀況，有道者亦不處，不以兵強天下，在萬不得已的情況下，僅能以「不得已」的方式，自然用之，其言「奇」，是就用兵的情況而說，並不就私意作祟而言「奇」。

　　若從反面可見，為君者多禁忌，便無法廣納不同意見，造成百姓精神、物質上均無法得到滿足；百姓愈標榜利器，則國家越容易陷於昏亂之中；人民愈重視智謀巧詐，則奇特的事物便會接踵而生；法令越嚴苛，盜賊反而日益增多，所以只有聖王無為而治，不專制，不以己出經式義度教化百姓，才能讓人民實現自己，故聖人治國不為、不執，因其不刻意而為，不執著把持，故無所敗、無所失。

　　《老子》舉反面的事例，從人君及百姓兩方面說明有為之
治的禍害。或以為此四例均針對人君而言「多忌諱」、「多利器」、
「多伎巧」、「法令滋彰」，而不就百姓而論。「天下多忌諱」、「法
令滋彰」是從人君治國而論有為之治，此當屬無疑。然而唐玄
宗（685－762）、唐・杜光庭（850－933）均將此四句詮解為尅
就治國者而言有為之治，唐玄宗並改文本「民多利器」為「人
多利器」，以「人君」、「人主」釋《老子》所言之「人」，於「人
多利器，國家滋昏」句下注曰：「人主以權謀為多，不能反實，
下則應之以詐譎，故令國家滋益昏亂也。」句下疏曰：「人君若
多用權謀，不能反實，不必應之以詐譎，故云滋益昏亂。」杜
光庭義疏則曰：「君好奇變，民尚欺詒，上下交詐，正道不明，
故為昏亂也。」「人多伎巧，奇物滋起」句下注曰：「人主以伎
巧為多，不能見素，下則應之以奢泰，故令淫奇之物滋起。」
句下疏曰：「言人君不尚淳朴而好浮華，百姓效上而為，奢泰馳
競，淫飾日以繁多也。」杜光庭義疏曰：「上躭玩而不除，下增
飾而彌甚。華侈既作，朴素遂忘。固可戒矣。《春秋》丹桓宮之
楹、刻桓宮之桷，書而譏之。臧文仲山節藻梲，亦以為過。蓋
欲人君尚於檢素也。」[40]唐玄宗、杜光庭以人君釋「人」之說，
於義理上更能呼應前後文說法，前文之言「以正治國，以奇用
兵，以無事取天下」，後文之曰「我無為而民自化，我好靜而民
自正，我無事而民自富，我無欲而民自樸」均就人主說法，認
為僅有無為而治，方能使天下大治，故其反面舉證亦理當針對

40 唐玄宗注《老子》即《唐玄宗御注道德真經》，其疏即《唐玄宗御制道德真經
　疏》，杜光庭義疏即《道德真經廣聖義》，見杜光庭著，周國林點校：《道德真
　經廣聖義》，《中華道藏》第九冊（北京：華夏出版社，2004），頁781-782。

人主立言，認為人君多用權謀、好用伎巧，則不能見素抱樸，使百姓生起效上之心，因而指出為君者須「我無為」、「我好靜」、「我無事」、「我無欲」，正本清源地點出無為治國的必要。於前人釋義上來看唐玄宗、杜光庭之說，亦非無據，《河上公章句》於「人多伎巧」句下注亦言「人謂人君，百里諸侯也。」（《河上公章句》，頁221）而考諸今本《老子》之說，《老子》以「聖人」、「聖王」為體道之士，以「人」為未體道之眾人、俗人，或指一般百姓，如「我獨異於人，而貴食母。」（〈二十章〉）「是以聖人常善救人，故無棄人。」（〈二十七章〉）「是以聖人執左契，而不責於人。」（〈七十九章〉）「人之迷，其日固久。」（〈五十八章〉）「聖人亦不傷人。」（〈六十章〉）「聖人不積，既以為人，己愈有；既以與人，己愈多。」（〈八十一章〉）若釋「人」為人主，則應直接謂之「人主」，而不會僅以「人」言之，如「以道佐人主者」（〈三十章〉），如是看來以人主、人君釋「人多伎巧」之「人」，略嫌勉強。即使前說成立，「民多利器」亦終必改字為「人」始能同樣釋之為人君有為之治。[41]就義理內容的一貫性來看，唐玄宗改字後，義理顯得更為通暢一致，無怪乎其謂「暢理故義不可移，臨文則句須穩便。便今存古，是所庶幾。又司馬遷云：老子說五千餘言，則明理詣而息言，不必以五千為定格。」[42]

綜觀而言，從《老子》所舉「天下多忌諱」、「民多利器」、

---

41 唐玄宗改「民」為「人」非因避諱而改字，〈治大國六十章〉「非其鬼不神，其神不傷民。非其神不傷民，聖人亦不傷民」，亦改今本〈六十章〉之「人」為「民」。見唐玄宗著，劉韶軍點校：《唐玄宗御注道德真經》，《中華道藏》第九冊（北京：華夏出版社，2004），頁386。

42 《唐玄宗御注道德真經》，頁370。

「人多伎巧」、「法令滋彰」四事可見，能使百姓富足的，不在於多忌諱；能讓國政清明的，不在於多利器；能止息奇物的，不在於重伎巧；能減少盜賊的，不在於嚴苛法令。以多忌諱、多利器、重伎巧、嚴苛法令治國，則有如抱薪救火，反令國家敗亡，天下昏亂。僅有無為而治，方能止息一切妄作、邪見。因而曰：「我無為而民自化，我好靜而民自正，我無事而民自富，我無欲而民自樸。」能使百姓自然化成、為正、富足、純樸，是在於人君無為好靜、無事無欲，只有聖王「不尚賢，使民不爭；不貴難得之貨，使民不為盜；不見可欲，使民心不亂。」（〈三章〉）在上位者能無為無欲，則百姓不起競尚貪欲的心，民不為盜，便無須以嚴苛政令治國；上位者能好靜無欲，則百姓便不會多利器、重智巧，國家便不會昏亂、奇物便不會滋起；上位者能無心為事則百姓便能精神富足，無須靠多忌諱來管制天下，自不會有「民彌貧」的情況出現。可見聖王無為好靜、無事無欲、無私輔萬物之自然，才是治國、治天下的根本，這才是真正的「以正治國」、「以無事取天下」，故《老子》又曰：「取天下常以無事，及其有事，不足以取天下。」（〈四十八章〉）

五十八章

　　其政悶悶，〔一〕其民淳淳；〔二〕其政察察，〔三〕其民缺缺。〔四〕禍兮福之所倚，福兮禍之所伏。孰知其極？〔五〕其無正？〔六〕正復為奇，〔七〕善復為妖。〔八〕人之迷，〔九〕其日固久。是以聖人方而不割，〔十〕廉而不劌，〔十一〕直而不肆，〔十二〕光而不燿。〔十三〕

【注釋】

〔一〕悶悶：昏昧無分別的狀態。

〔二〕淳淳：淳厚純樸的狀態。

〔三〕察察：精察明辨貌。

〔四〕缺缺：若有不足貌。

〔五〕極：底蘊、限度。

〔六〕正：定準。

〔七〕正復為奇：奇，奇變。指事物發展由正常狀態轉變為奇變狀態。

〔八〕善復為妖：妖，邪惡。指人心價值由和善轉變為邪惡。

〔九〕迷：迷失。

〔十〕方而不割：方，方正。割，分別。

〔十一〕廉而不劌：廉，稜角。劌，割傷。

〔十二〕直而不肆：直，直率，應如何對應便如何應對。肆，放肆、凌越。

〔十三〕光而不燿：光，照亮。燿，刺眼、燿目。

【今譯】

　　人主治國其政策無為無分別，則人民就淳厚純樸；人主治國其政策精察明辨，則人民就若有不足。當禍患時福報倚伏在其中，當福報時禍患隱藏在裡面。誰知道它的底蘊？禍福沒有定準？常態轉化為奇變，和善轉向為邪惡，人們迷失，其執迷的日子很久了。因而聖人方正而不分別，有稜角而不傷人，直率而不放肆，照亮而不燿目。

【義疏】

此章言聖人治國無分別心，以自然無心為準則。

聖人治國的境界有若昏昧不明，此言其無心分別的狀態，並不是說人君在治國事情上昏庸無能，若真行事昏庸，則不會有「方而不割，廉而不劌，直而不肆，光而不燿」的表現。因聖王治國無有分別心，應物自然，無為清靜、無事無欲，所以百姓才能自樸自正，淳淳自然，由「淳淳」見聖王之「不割」、「不劌」、「不肆」、「不燿」。

與此相反，若人主治國其政策精察明析，如〈五十七章〉所批評的有為之治：「天下多忌諱」且「法令滋彰」任何事物要加以管制，政令嚴苛，只會造成「民彌貧」、「盜賊多有」，在精神或物質生活便日益貧乏、貧困，若有不足，是謂「其民缺缺」。

生命的遭遇，當禍患時，卻是福報所倚伏的條件；相反，當福報時，卻潛伏著禍患，可見所遇之事不能從表象就能洞識其底蘊，是禍是福都沒有定準。事態發展往往由常態轉向奇變，人心價值亦常由和善轉向邪惡，福禍、正奇、善妖二者相反，卻有可能互為因果，相因相與，無法執定。只是一般人過於執定福報、常態、和善的一面，過於精察，才會造成生命的迷惑，失道日久。

《莊子・齊物論》曰：「恢恑憰怪，道通為一。」正能說明執念造成生命的迷失不定，「唯達者知通為一，為是不用而寓諸庸」（《莊子集釋》，頁70），僅有體道之人，能與常道通同，不泥於成心分別，以自然之道應物，始能是其是、非其非，其是非才能得以貞定，不隨造作意念而浮動不止，如是便能知其

「極」，得其「正」。其正、其極，即自然也，萬事之底蘊、行事之準則全在於符合自然與否，不能有所執，凡有所執定，即使是福、是正、是善，亦會復為禍、為奇、為妖。

聖人治國，以自然的方式治之，有方、廉、直、光功化的一面，卻能和光同塵，不割、不劌、不肆、不燿。「方」與「廉」並舉，是指聖王治國方正，處事雖有稜角，卻不傷人、不害事。行其所當行，是其是、非其非，直率應對，而行為不放肆，做事不凌越。治國有其光可以照亮別人，卻不會特別強調成效，因而能不耀眼眩目，此即無為之治的效應。因聖人治國以自然不為為原則，故能做到「其政悶悶」，無有分別的渾沌之境，百姓亦能「淳淳」而謂我自然，全體體證自然境界，實現道化政治的最高理想。

五十九章

治人事天莫若嗇。〔一〕夫唯嗇，是謂早服。〔二〕早服謂之重積德，〔三〕重積德則無不克，〔四〕無不克則莫知其極，莫知其極，可以有國。〔五〕有國之母，〔六〕可以長久。是謂深根固柢，長生久視之道。

【注釋】

〔一〕治人事天莫若嗇：天，自然。嗇，儉約、愛惜。

〔二〕早服：服，從事、踐履。及早踐履自然。

〔三〕重積德：不斷的厚積常德。

〔四〕無不克：克，面對、應付。無事不可應對。

〔五〕有國：擁有一諸侯國，即當一國之君。

〔六〕母：根據。

【今譯】

治理人民，崇奉自然沒有比儉約愛惜要好。只有儉約愛惜，才能叫做及早踐履自然。及早踐履自然就是不斷的厚積常德，不斷厚積常德就能無事不能應對，無事不能應對則不能揣測它的極限，不能探測它的極限，就可以勝任一國之君。掌握治國的根據，就能夠長治久安。這就是根基深穩、使生命自然長久的方法。

【義疏】

此章言治國之道在於自然。

「治人」是就治國來說，此乃外王之事；「事天」是做人應物的原則──自然不為，既屬內聖，亦為外王之事。不論內聖或外王的修道工夫，均須儉嗇，即不可貪多務得，「其耆欲深者，其天機淺」（《莊子集釋‧大宗師》，頁 228）情欲深重，則自然天性便會淺薄，無法體道，因此儉約愛惜其精神，不縱欲有為，方能及早踐履常道。能及早踐履常道，修德不斷，透過損之又損的工夫厚積，始能常德不離，是謂「重積德」。能時刻保持工夫修養，便能做到「無為而無不為」，遇事應物均能順應自然，在無心的作用下無所不為，遇事輒應，無不能解，是謂「無不克」。從體道實踐之「無不克」，見常道的應物無窮，由常道「其用不弊」、「其用不窮」（〈四十五章〉）、「虛而不屈，動而愈出」（〈五章〉）足見常道之不可測量，是謂「莫知其極」。

　　常道應物到最廣、最大，便為治國、治天下，因此實踐常
道、體證常道之人便可勝任一國之君、天下之主，大治天下。
能治理一國，且能掌握治國的根據，便可長治久安。治國的根
據即在於「嗇」，能愛惜儉約，即能「見素抱樸，少私寡欲」（〈十
九章〉），不為不欲，體道自然。聖王以自然之道治國，「萬物將
自賓」（〈三十二章〉）、「萬物將自化」（〈三十二章〉）、百姓自化
自正，自富自樸，「天下將自定」（〈三十二章〉）。可見以自然之
道作為準則，其生命根基因而深穩，不論對自己生命還是治人
而言，均能使之自然長久，精神不會因此而枯竭，因此《老子》
曰：「道乃久，沒身不殆。」（〈十六章〉）「既知其子，復守其母，
沒身不殆。」（〈五十二章〉）能守自然常道，則能得其正壽而終，
故又曰：「不失其所者久，死而不亡者壽。」（〈三十三章〉）若
不能守其道，則招敗亡，是謂：「不道早已。」（〈三十章〉）足
見「長生久視之道」是就精神修養而言，透過愛惜其精神的工
夫修養，於有限生命裡體現無限的價值意義，從價值義上言長
久不亡、不殆不竭。

　　《河上公章句》釋此章時，偏就治身之道而言「長生久視
之道」，「有國之母，可以長久。是謂深根固蒂，長生久視之道」
句下注曰：「國身同也。母，道也。人能保身中之道，使精氣不
勞，五神不苦，則可以長久。人能以氣為根，以精為蒂，如樹
根不深則拔，菓蒂不堅則落。言當深藏其氣，固守其精，無使
漏泄。深根固蒂者，乃長生久視之道。」（《河上公章句》，頁
231-232）以「國身同也」釋「有國之母」，轉治國之道而言治身。
認為治身之道，即在於不勞損精氣，不損害五臟之神，以此做
到長壽。人以元氣為根，以精氣為蒂，只有深藏、固守其元氣、

精氣，無使之泄漏，方能使生命根深蒂固，長生久視。《河上公章句》轉而就自然長生之道言「有國」，以「愛惜精氣，則能先得天道」的方式達至長生久視，以延年益壽的長生之道為重點展開，實與《老子》著重精神工夫修養的進路已有不同。

以治身之延年益壽來詮釋此章「治人事天莫若嗇」、「長生久視之道」的說法，從解章句來看似亦可備一說，後來詮釋者如林希逸亦言「母者，養也，以善養人者，服天下也。治國者如此，養生者亦如此。養生而能嗇，則可以深其根，固其柢，可以長生，可以久視。根柢，元氣之母也。久視，精神全，可以久視而不瞬也。今之服氣者或有此術，雖非老子之學，可以驗老子之言。此章乃以治國喻養生也。」[43]林希逸以此言養生，是偏就生理形軀而言，因其說以「元氣」為根據，故所全之精神，為頭腦思辨清晰之「精神全」，而不是修養價值之「精神」清明，不為外物牽引其心之「精神全」。以元氣為根據，養此元氣，則無可避免落入氣化宇宙論詮解《老子》之道生義，致使其所成全之人事，亦不得不偏就客觀外物而言。於元氣思想下言養生長生、全精神，實與《河上公章句》延年益壽的長生之道為同一思想脈絡。誠如林希逸所言「今之服氣者或有此術，雖非老子之學，可以驗老子之言」，然而以養元氣論長生，實亦非《老子》所言之「長生久視之道」，謂之「以治國喻養生」亦非此章重點所在。此章以「嗇」作為「治人事天」的工夫修養，成全治國之道，是從價值義來說「長久」，而「長生久視」實為精神修養的境界體現，並不是以治國喻養生，更不是以養生喻

---

43 見《老子鬳齋口義》，頁63-64。

治國，然而若以養生長壽來展開其說，且為完整的思想體系者，當可視之為創造性的詮釋，亦為《老子》思想開展不同的詮釋面向。

除了以氣化思想進路理解《老子》「長生久視之道」的說法外，即使王弼從本體思想切入，在注此章時亦有可議論處。王弼以「農夫」釋「嗇」，認為「農人之治田，務去其殊類，歸於齊一也。全其自然，不急其荒病，除其所以荒病。上承天命，下綏百姓，莫過於此。」（《王弼集校釋》，頁 155）以此釋「治人事天莫若嗇」則未能緊扣主體實踐的工夫修養論「治人事天」，如是便與「早服」、「重積德」、「無不克」、「莫知其極」、「有國」、「長久」等聖王工夫修養及由工夫修養所證成之境界亦不相應。若謂之以譬喻論道，亦甚為曲折，不若直接以「嗇」視為儉約愛惜的工夫修養來得直接，亦能相應於其他章節所言的修養工夫。王弼以農事喻治國，而「務去其殊類，歸於齊一」，已經悖離其「若其以有為心，則異類未獲俱存矣」（《王弼集校釋‧復卦注》，頁337）的說法，亦不符於《老子》「無棄人」、「無棄物」（〈二十七章〉）的主張。法家主張齊一，道家主張自然，於今日而言即多元並存之思想，故王弼此章注確有可議處。

綜合以上討論內容，不難發現，《老子》縱有「長生久視」、「沒身不殆」、「死而不亡」、「實其腹」、「強其骨」（〈三章〉）、「善攝生者，陸行不遇兕虎，入軍不被甲兵。兕無所投其角，虎無所措其爪，兵無所容其刃。」（〈五十章〉）等說法，亦不必認為其說主張長生不老、養生延壽，更不必認為其論有服炁練形的傾向。《老子》以本體宇宙論言道生萬物，著重自我價值的實現，並依此宗趣而起無為無不為的工夫教路，證成道化政治理想境

界。由是可見，其說不以修養形軀為主，故詮解容易產生疑問的義章句時，應在此宗趣、教路的籠罩下進行詮釋，方不至於使某一章的內容脫離整部《老子》的思想脈落，造成矛盾或不相應的詮解。

六十章

　　治大國若烹小鮮〔一〕。以道莅天下，〔二〕其鬼不神。〔三〕非其鬼不神，其神不傷人；非其神不傷人，聖人亦不傷人。夫兩不相傷，故德交歸焉。〔四〕

【注釋】

〔一〕烹小鮮：烹煮小魚。
〔二〕莅天下：「莅」同涖，涖臨，即治理天下。
〔三〕其鬼不神：以鬼神言吉凶。神，作動詞用，神用，下文「其神不傷人」之「神」作名詞用，則與「鬼」相對。鬼不起作用，不作祟。
〔四〕德交歸：交，樓宇烈曰：「交，俱、共。」（《王弼集校釋》，頁 159），眾人歸復玄德。

【今譯】

　　治理大國有如烹煮小魚。用常道治理天下，則鬼不能起作用。不但鬼不能起作用，即使神也不傷害人；不但神不傷害人，聖人亦不會傷害人。兩者都不傷害人，所以眾人都能歸復玄德。

【義疏】

此章言聖人治國不傷人，使百姓歸復自然。

所謂「治大國若烹小鮮」，從有烹煮之喻，可見治國並不是光靠無心、讓開一步便可成全人事。聖王治國必須從無為落實至無不為，以無心治國的方式，功化萬物，始能成其事。「烹小鮮」即不能把小魚常翻來翻去烹煮，否則小魚的肉便因此而被翻成破碎；同樣，治國亦然，不能政策反覆，朝令夕改，治國若「多忌諱」、「法令滋彰」（〈五十七章〉），則有若烹小鮮時常把小鮮翻來翻去一樣，百姓生活便為過多的忌諱、嚴苛的法令所滋擾，如是便是有為之治。於是，聖王治國，必須有治國之策、公平政令，但不能管制過多、過度，一切政策、法令必須以合符自然的方式實施，如是才不至於擾民，是謂「治大國若烹小鮮」。

聖王以常道治理天下，鬼神不能起作用傷害百姓，與儒者之言「夫大人者，與天地合其德，與日月合其明，與四時合其序，與鬼神合其吉凶」（《周易・乾・文言》）的說法相近，只是二者所合之德並不相同。在聖王治理下，凶事不能興起作用；不只凶事起不了作用，吉事亦不能傷人；不但吉事傷不了人，聖人亦不傷人。《老子》此說似乎有違常理，凶事豈會不傷人？吉事為美好之事，聖人又為世人所稱頌，又豈會傷人？

凶事之所以不傷人，是在於以自然常道應物，自然能「陸行不遇兕虎，入軍不被甲兵。兕無所投其角，虎無所措其爪，兵無所容其刃。」（〈五十章〉）「蜂蠆虺蛇不螫，猛獸不據，攫鳥不搏。」（〈五十五章〉）其心澄明，謹於去就，明察事理，而

遠離凶事，自然不為凶事所傷。

《老子》言吉事亦不傷人，原因在於吉事為眾人趨之若鶩之事，然而「福兮禍之所伏」（〈五十八章〉），即使美好之事，過於追求，如多伎巧、尚賢、貴難得之貨等，便為有欲有為所陷溺，必須師法自然，即使自然無為本身，亦不能刻意追求，方不為吉事所傷。能以道應物，自然不會對美好事物有過度的追求，故曰「其神不傷人」。

踐履常道，鬼神吉凶之事不能傷人。同樣，聖人體道，治天下以道，固然不會傷人。聖人以道治國、治天下，「輔萬物之自然，而不敢為」（〈六十四章〉），因其不敢有心刻意治理天下，故能做到因順萬事，而以不以私意妄作分別，百姓自能如其自己地實現其自己，真正做到「萬物歸焉而不為主」（〈三十四章〉）、「我無為而民自化，我好靜而民自正，我無事而民自富，我無欲而民自樸」（〈五十七章〉）、「功成事遂，百姓皆謂我自然」（〈十七章〉）。從聖王不殘害百姓之自然來看，是謂「聖人亦不傷人」。

以道臨天下，除了消極地「兩不相傷」，鬼神不傷人、聖人不害百姓之外；積極言之，則為「德交歸焉」，聖王功化萬物，「輔萬物之自然」，使萬物復歸於玄德，保全萬物純粹價值的一面。所謂「德交歸焉」實為「交歸於德」之意，在聖王無為而治下，鬼神與聖王均不傷害、干擾百姓生活，百姓便能透過無為而無不為的工夫自我實踐，歸復於自然常德，故所歸的是德、是道。在道化政治的理想下，聖王、百姓共歸於自然之德的潤澤氛圍之下。

若在上位者不能以道臨天下，只會造成民不聊生，國家昏

亂、盜賊多有，即使強政勵治，嚴刑峻法治國，百姓仍不畏死，以身試法。可見治國應循常道而行，才能政通人和；若國家常處於無道的狀態，則政令滋章仍無法有效管理百姓，百姓只會對上位者畏之、侮之。

六十一章

　　大國者下流。天下之交，〔一〕天下之牝。〔二〕牝常以靜勝牡，以靜為下。〔三〕故大國以下小國，〔四〕則取小國；小國以下大國，則取大國。〔五〕故或下以取，或下而取。〔六〕大國不過欲兼畜人，〔七〕小國不過欲入事人。〔八〕夫兩者各得其所欲，大者宜為下。

【注釋】

〔一〕交：交歸、交會、所歸。

〔二〕牝：雌性，以牝不爭、守柔的特性為喻。

〔三〕為下：處下，以謙卑態度處居於下位。

〔四〕以下小國：下，謙下。

〔五〕取大國：取，取得庇護。

〔六〕或下而取：取，後人或改為「聚」，高明指出「易玄、遂州、敦煌辛、顧歡等諸唐本，都將後一『取』字改為『聚』，讀作『故大國以下小國，則取小國；小國以下大國，則聚大國』。顯然是由後人所改，非《老子》原文。」見高明：《帛書老子校注》，頁124。案：帛書本、傅奕本、河上公本、王弼本均作「取」，漢簡本缺字，不必改「取」

為「聚」，應釋為取得庇護。

〔七〕大國不過欲兼畜人：不過，不越過「自然」的分際。兼
　　　畜，兼併、併吞。大國不要過分的併吞別人。

〔八〕入事人：事奉大國、討好別人。

【今譯】

　　大國像居於下流的江河一樣。天下交會所在，為天下雌柔。
雌柔常以虛靜勝過雄剛，因為虛靜能謙下。所以大國以謙下態
度對待小國，便能取得小國歸附；小國以謙下態度對待大國，
就能取得大國庇護。因此有的以謙下態度取得歸附，有的以謙
下態度得到庇護。大國不要過分的併吞別人，小國不必過分事
奉別人，這樣大國小國都得各自達成所想，大國應該表現謙下。

【義疏】

　　此章言大國、小國應以自然謙下態度相處，才能各得其所。
　　《老子》認為即使國都之間縱有大小之別，大國亦不必以
強陵弱，以眾暴寡，以強兵取天下。大國應謙下守柔，守弱而
不逞強，處下而為天下所歸。小國亦不必不跂羨於大國，過度
阿諛大國，以求取大國的庇護。大國與小國之間若能以自然的
方式相處，則能共榮而不爭。
　　然而現實上，常出現以強凌弱者，故《老子》特別就大國
說法，認為大國要像江海一樣處於下，廣納百川，不應動輒出
兵侵佔小國領土，故曰「不以兵強天下」（〈三十章〉）。大國若
能虛靜處下，自能使小國不召而自來，歸附於他；小國若能謙
下見容，亦能得到大國的庇護。只要大國不過度欲求併吞小國，

小國不過度阿諛奉承大國，當中佔優勢的大國尤應謙下廣納小國，兩者便能得其所需，和平共處。

謙下不爭乃《老子》外交態度，以虛靜守柔的方式使諸侯國之間能和平共處，而不相互攻伐。即使萬不得已發生戰爭，亦不是為了滿足人君一己私欲而連年征戰、窮兵黷武，用兵行軍須以自然的方式作戰，並以喪禮儀式對待勝利，足見其不欲肆意發動戰爭、審慎哀矜的態度。

六十五章

古之善為道者，非以明民，〔一〕將以愚之。〔二〕民之難治，以其智多。〔三〕故以智治國，國之賊；〔四〕不以智治國，國之福。知此兩者，亦稽式。〔五〕常知稽式，是謂玄德。玄德深矣、遠矣，與物反矣，〔六〕然後乃至大順。〔七〕

【注釋】

〔一〕非以明民：明，智。不以智巧臨民、治民。

〔二〕將以愚之：愚，昧、無知，混沌無分別狀態。以混沌無分別治之。

〔三〕以其智多：其，人君。智，智巧。

〔四〕賊：賊，賊害、傷害。

〔五〕稽式：法式，原則。

〔六〕與物反矣：反，返，歸返。與萬物復返於道。

〔七〕大順：自然境界。

【今譯】

從前善於修道的人，不以智巧治民，而是以無分別之心治民。百姓難以治理，原因在於人君愛用智巧。所以用智巧治國，會傷害國人；不用智巧治國，乃國人的幸運。掌握這兩種情況，就是掌握治國的法則。常掌握治國的法則，就是玄德。玄德深奧、遠大，與萬物復返於道，然後才能體證自然境界。

【義疏】

此章言治國之君掌握玄德，體證自然之境。

「古之善為道者」，即就善於修道的人君而言。聖王不以智巧臨民，而是以混沌無分別之心治之。所謂「愚之」的愚民政策，並非為了易於控制百姓而主張愚民政策。此章之「明」與「愚」，不是就開啟民智與使百姓愚昧無知而言，是就有為之智巧與無為之混沌無分別來說，此所謂「愚之」，與〈二十章〉「我愚人之心也哉！沌沌兮！」類同，是就體道自然之人的精神境界而言，描述其心有若愚笨之人、無有分別的狀態，並非實指其智商低於常人之意。此章「愚之」之說，與〈三章〉言聖人之治「虛其心」、「弱其志」、「常使民無知無欲」相應，聖王「愚之」，虛弱百姓心志，使之無知無欲，凡此均就主體修養之無心造作而言虛心弱志、無知無欲，此乃作用層上之絕棄，並非真要百姓沒有志向想法，毫無判斷能力，且無個人喜好愛欲，而是一切好惡分別均須在無心作用下成全，才能保其純粹價值，因此《老子》言「知不知」（〈七十一章〉）、「欲不欲」（〈六十四章〉）以此肯定無心之知、自然之欲。

「民之難治，以其智多」，是承接前文，不以明民政策臨民，而以混沌無分別之心治民來說，下啟後文以智治國、不以智治

國之說，前後文均就人君而論，故「以其智多」之「其」是就人君而言，非指百姓。百姓難以治理，是因為上位者好用智巧治國，故又曰：「民之難治，以其上之有為，是以難治。」（〈七十五章〉）在上為者，好有為而治，「天下多忌諱」、「法令滋彰」（〈五十七章〉）則百姓只會更好用智謀巧詐來躲避法令，作奸犯科。因此，只有在上位者為無為、事無事，無為好靜、無事無欲，百姓始能自化自正、自富自樸，在不被干擾的情況下，自我實踐，體證自然之境。所以上位者好以智巧治國，則為殘害國人之舉；不用智巧治國，便是國家之福，人君能掌握此兩者的道理，便是治國的原則。

能不以智治國，無為而治，始能體證玄德。玄德無為自然，深奧遠大，能體證之，即能與萬物同返於道，復歸自然之境。所謂「與物反」，在於治國者而言即與百姓同返於自然之道。百姓能返於自然之道，必須在聖王無心輔助之下，使之能自適其適，體證自然。在這種情況下，百姓與聖王同得自然，一起歸根復命，復返於常道，自聖王以至百姓，全體一同體證自然無分別的狀態，便是道化政治的理想境界。

六十六章

江海所以能為百谷王者，〔一〕以其善下之，故能為百谷王。是以欲上民，〔二〕必以言下之；〔三〕欲先民，〔四〕必以身後之。〔五〕是以聖人處上而民不重，〔六〕處前而民不害，〔七〕是以天下樂推而不厭。〔八〕以其不爭，故天下莫能與之爭。

【注釋】

〔一〕百谷王：蔣錫昌言「《說文》：『泉出通川為谷。』是『百谷』猶百川也。《說文》：『王，天下所歸往也。』是『王』即歸往之義。此言江海所以能為百川歸往者，以其善居卑下之地，故能為百川歸往也。」見蔣錫昌：《老子校詁》，頁 402。

〔二〕是以欲上民：竹簡本、帛書本、傅奕本、河上公本均有「聖人」作此句主語，漢簡本作「是□□人之欲高民也」，可見此句是就聖人立說。上民，居上位而領導人民。

〔三〕以言下之：言，政令、政策。下，謙下。其政令必須以謙下態度對待百姓。

〔四〕先民：居先策而引導人民。

〔五〕以身後之：身，指君王。後，退讓、不爭。君王自身必須以退讓不爭的態度與百姓相處。

〔六〕不重：不有負擔。

〔七〕害：反對、傷害。

〔八〕厭：竹簡本作「詀」，帛書本、傅奕本作「猒」，漢簡本、河上公本、王弼本均作「厭」。厭，滿足，如《論語·述而》「學而不厭，誨人不倦」之「厭」。

【今譯】

　　江海所以能為百川匯聚之處，因為它善於處萬物之下，所以能為百川之首。因此聖王想要居上位而領導人民，必須以謙下態度下達政令；想要居先策而引導人民，必須以不爭態度自處。因此聖人居上位而人民不感負擔，處前面而人民不會反對，

因此天下樂於推崇他而不感滿足。因為他不爭先，所以天下沒有人能與他相爭。

【義疏】

此章言聖王治國虛懷納物，謙下不爭，故天下不能與之相爭。

聖王治國必須像江海一樣「善下」，方能治理天下。江海「善下」的特質包括：沖虛能容天下萬物、處下能受天下之垢、謙退不爭能讓萬物自生，因聖王能「善下」故能像江海一樣而為百川所歸，天下百姓便不招自來。

「道之在天下，猶川谷之於江海」（〈三十二章〉），常道能沖虛容物，體道的上位者亦然，因此聖王如要領導百姓，則必須政令謙下，自身亦不可與民相爭，可見「言下」、「身後」，便是「善下」的具體表現。聖王謙下不爭，即使居上位，其政令亦不會嚴苛難行，影響百姓的生活，造成人民的負擔，是謂「處上而民不重」；即使領導百姓，亦不會與民相爭，故又曰：「聖人之道，為而不爭。」（〈八十一章〉）因其不爭，所以人民便不會起來反抗他，「夫唯不爭，故無尤。」（〈八章〉）無有怨尤，百姓亦不害之，是謂「處前而民不害」。

聖王治理天下，而「民不重」、「民不害」，則便會「樂推而不厭」。所謂「樂推而不厭」之「厭」，不是指百姓樂於推崇聖王而不討厭他。若以厭惡、厭棄釋「厭」，除了語意重複外，更不合《老子》的治國理想境界。首先，從語意重複這一點來看，樂推自然是不厭惡，若以厭惡釋「厭」，便沒有必要重複言「不厭」，僅言「天下樂推」即可。其次，若以厭惡、厭棄釋「厭」，

則理想的治國境界，僅為天下百姓樂於推崇君王而不厭棄他，這樣的治國境界，僅能避免〈十七章〉所批評的「畏之」、「侮之」的治國境界，可見以厭惡、厭棄釋「厭」仍非最高的治國理想境界。[44]

　　「不厭」之「厭」若參照比較其他版本字義演變，似可從中得出「厭」作其他解釋較為合理。「厭」竹簡本作「訧」，帛書本、傅奕本作「猒」，漢簡本、今本作「厭」，「訧」、「猒」、「厭」釋義不一。[45]首先，論「訧」釋義，《玉篇》曰：「訧，多言。」多言並無厭憎之意，所謂「樂推而不訧」之「訧」應取其多、足之意。[46]「不訧」可釋作不多，意指百姓樂於推崇聖王之治功而不嫌多。其次，論「猒」釋義，范應元《老子道德經古本集

44 今本「樂推而不厭」之「厭」字，多釋作「厭惡」、「厭棄」、「厭煩」之意，如高亨：《老子注譯》，頁106。余培林：《新譯老子讀本》（臺北：三民書局，2003），頁134。張松如：《老子說解》（高雄：麗文文化，1993），頁382。

45 丁四新集引諸家之說，指出帛書二本作「弗猒」，王弼本等作「不厭」。訧，從「占聲」，《郭簡》讀作「厭」；崔仁義《荊門郭店楚簡《老子》研究》認為「通厭」，彭浩《郭店楚簡《老子》校讀》說「借作『厭』」，袁國華〈郭店楚簡文字考釋十一則〉認為「仍以讀同『厭』為佳」。劉釗《郭店楚簡校釋》認為「『訧』字從『占』聲，讀為『厭』。『厭』字在戰國文字中已有變形音化從『占』為聲者」。丁原植《郭店竹簡老子釋析與研究》、劉信芳《荊門郭店竹簡老子解詁》讀「訧」為「詹」，訓「多言」。廖名春《郭店楚簡老子校釋》讀為「怗」，訓「止」，陳錫勇《郭店竹簡老子論證》讀「厭」為「壓」。丁四新認為「今皆不取。猒、厭，古今字。厭，厭倦，厭惡。見丁四新：《郭店楚竹書《老子》校注》，頁31。

46 丁原植指出「訧」為「多言」而非「厭」，認為「『訧』字，僅從文字學上來看，也很難將它釋讀為『厭』，二者間不太可能有通假的關係。『訧』，也許是誤字……將『訧』字讀為『詹』，這在文字學上似乎不能得到完全的確認。可是將『詹』字解為『多言』，以配合著『進』字的『歸服』之義，卻使我們可以指向另一種不發生上述衝突的解釋方向。」見丁原植：《郭店竹簡老子釋析與研究》，頁29。案：「進」乃竹簡本原文作「天下樂進而弗訧」之「進」。

註》曰:「是以天下樂然推尊而不猒足也。」[47]以「足」釋「猒」,而不是厭惡釋之,意指百姓樂於推崇聖王之治功而不滿足,是以自然的方式推崇聖王,而不過度地「親而譽之」。與王弼本同言「不厭」者,亦可與「不猒」之「猒」同釋為足、滿足之意。聖王居上位而百姓不感負擔,處於前而人民不傷害他,所以天下百姓自然而然地樂於推崇他而不滿足。從「處上而民不重」前面言「聖人」可見,凡此「民不重」、「民不害」、「不厭」均是在聖王體道的情況下,百姓皆自然而然地表現其「不重」、「不害」、「不厭」,而不是刻意為之,為了討好在位者而表現得「不重」、「不害」、「不厭」。縱為「天下樂推」,其所樂推亦是自然而然的方式推崇,而非有所突出的、偏好地「親而譽之」。由以上討論可見「不厭」應釋為不滿足之意,而此不滿足,是在自然的情況下所表現。

治國的理想境界,即在於在上位者沖虛謙下地領導百姓,百姓便能自然而然地生活。因聖王之沖虛謙下,自然不與萬物相爭,僅以自然的方式輔助萬物,讓萬物自然地實現其自己,天下萬物因其能得以自我實現,便不會與之相爭,是謂「以其不爭,故天下莫能與之爭」。

六十八章

善為士者不武,〔一〕善戰者不怒,〔二〕善勝敵者不與,〔三〕善用人者為之下。〔四〕是謂不爭之德,是謂用人之力,〔五〕是謂配天古之極。〔六〕

---

47 范應元著,黃曙輝點校:《老子道德經古本集註》,頁116。

【注釋】

〔一〕善為士者不武：士，武士。善為士者，善戰的武士，不是指善於修道的人。不武，不凸顯威武的樣子。

〔二〕善戰者不怒：善戰者，善於征戰的人。不怒，不會被激怒。

〔三〕不與：不和敵方對抗。

〔四〕下：處下、謙下。

〔五〕是謂用人之力：帛書本、漢簡本無「之力」二字，傅奕本、河上公本與王弼本同。用人之力，即以人為己用。

〔六〕是謂配天古之極：或句讀為「是謂配天，古之極」，與前文「是謂用人」相應。句讀為「是謂配天古之極」則與「是謂不爭之德，是謂用人之力」相應。高明認為後三句以「德」、「力」、「極」為韻，疑「古」字衍文，「是謂配天之極」六字為句，與上文文法一律。見高明：《帛書老子校注》，頁167。然而帛書本、漢簡本、傅奕本、河上公本皆有「古」字。天，自然。古，言常道自古有之，見其先在性、恆常性。極，最高的境界。

【今譯】

　　善於為武士的人不會顯示其威武的子，善於征戰的人不會被激怒，善於戰勝敵人的人不和敵方對抗，善於用人的人謙下待人。這就是不爭的常德，這就是善用他人之力，這就是合於自古以來所謂自然的道理。

【義疏】

此章言對外作戰時，不爭乃用人最高的境界。

國與國相交，萬不得已兩兵交戰，在這種情況下，真正的武士並不凸顯其威武的樣子，善於征戰的人不會因為被激怒而出兵，善於戰勝敵人的人不會與敵方對抗，善於用人的人待人尤為謙下，凡此皆為不爭之德，是為真正懂得善用他人力量成為自己力量的人。

不武、不怒、不與，並不是指現實上武士不威武，征戰時毫無情緒，不與敵人對抗，任人魚肉，而是從作用義上言「不」，去掉有心凸顯的一面，不刻意有為，即自然而然地行軍打仗。其士之威武，是自然之威武；其戰之怒，是自然之怒；其與敵相抗，是自然的對抗。居上位者用人，能謙下對待士兵，故能人為己所用。凡此無心、謙下之舉便為「不爭之德」，其不爭，是就作用義上言不執著計較。但凡戰爭，總是需要一爭長短，決分勝負，只是善戰者，「善有果而已，不敢以取強。果而勿矜，果而勿伐，果而勿驕。果而不得已，果而勿強。」（〈三十章〉）體自然之道，而無心無為，即使開戰，仍能達到自然境界。

可見「善為士」、「善戰者」、「善勝敵」、「善用人者」之「善」，不僅為字面善於為戰之善，更從合於自然之德言之，因此曰「是謂配天古之極」。

六十九章

用兵有言：吾不敢為主而為客，〔一〕不敢進寸而退尺。〔二〕是謂行無行，〔三〕攘無臂，〔四〕扔無敵，〔五〕執無兵。〔六〕禍莫大於輕敵，輕敵幾喪吾寶。〔七〕故抗兵

相加,〔八〕哀者勝矣。〔九〕

【注釋】

〔一〕吾不敢為主而為客:為主,主動出戰;為客,主守不主
攻。即不敢主動挑起戰爭。

〔二〕不敢進寸而退尺:即不欲只知進不知退。

〔三〕行無行:行,軍隊行列、陣勢。軍隊行列無固定陣勢。

〔四〕攘無臂:攘臂,伸出手臂,是指行軍手法。行軍手法無
固定形式。

〔五〕扔無敵:扔,引、捉。是指使對方就範,而無一定對抗
的方式。

〔六〕執無兵:不用固定的武器。

〔七〕吾寶:我所珍貴的東西。

〔八〕抗兵相加:王弼曰:「抗,舉也。」(《王弼集校釋》,頁
174)舉兵相對戰。

〔九〕哀者勝矣:哀,哀矜戒慎。

【今譯】

用兵有這種說法:我不敢主動挑起戰爭,而採取守攻;不
敢只知進攻,而要懂得退守。這就叫做行軍無固定陣勢,作戰
無固定手法,使敵方就範而無一定對抗的方式,不用固定的武
器作戰。禍患最大的就是輕忽敵人,輕忽敵人幾近喪失我所珍
視的東西。所以舉兵相對的時候,哀矜戒慎的一方便會得勝了。

【義疏】

此章言用兵以自然為原則,應哀矜戒慎。

有道者不以兵強天下,若必須出兵與敵軍對峙時,「不得已而用之,恬淡為上。」(〈三十一章〉)所謂恬淡自然用兵,即不主動挑起戰爭,亦不會只知進攻而不知退守,行軍應敵更是沒有一定的方式,順應自然、侍機而行。因此,才有「行無行,攘無臂,扔無敵,執無兵」之說,所「無」是作用上的「無」,無必、無固、無我,沒有一定的方式、固執的態度,更不因私意而作戰,如是才能行軍無固定陣勢,作戰無一定的手法,使對方就範;不用對抗的方式,做到不戰而屈人之兵;不用固定的武器作戰,一切因時制宜、遇事而變,由是而見其無心循物、自然而然的用兵之策。

行軍作戰應始終戒慎,若輕敵而妄作決定,則招大禍,生命中重要的東西亦因此而喪失。聖人不以強兵取天下,兵者,乃屬「不祥之器」,迫不得已兵戎相見,須以哀矜戒慎態度處之。兩兵交接,即使戰勝,仍不免傷亡犧牲,故曰:「勝而不美,而美之者,是樂殺人。夫樂殺人者,則不可以得志於天下矣。」「殺人之眾,以哀悲泣之,戰勝,以喪禮處之。」(〈三十一章〉)能謹慎面對用兵之事,哀矜戒慎地用兵,而不是出於好戰殺人、知進不知退者,便能戰勝敵人。

從《老子》言「哀者勝矣」,可見其用兵態度始終一致,並不主張強兵征戰;即使迫不得已開戰,仍然主張以自然方式應戰。

七十二章

民不畏威，則大威至。無狎其所居，〔一〕無厭其所生。
〔二〕夫唯不厭，〔三〕是以不厭。〔四〕是以聖人自知，〔五〕
不自見；〔六〕自愛，不自貴。故去彼取此。〔七〕

【注釋】

〔一〕無狎其所居：狎，輕忽。其所居，人民的起居生活。

〔二〕無厭其所生：厭，滿足。其所生，人民的生活。

〔三〕夫唯不厭：此句就在上位者而言「不厭」。厭，滿足。不
　　　厭，不過度滿足。

〔四〕是以不厭：此句就百姓而言「不厭」。

〔五〕自知：自知其病。所知乃〈七十一章〉之「知不知」。

〔六〕不自見：不自我顯現。

〔七〕去彼取此：彼，是指自見、自貴；此則指自知、自愛。

【今譯】

　　人民不懼怕在上位者的威嚴，才是真的威嚴。君主不要輕
忽百姓的生活，亦不要過度滿足百姓生活。因為君主不過度滿
足地過活，百姓才不會過度滿足地過活。因此聖人自知其病，
而不自我顯現；愛惜自己，而不以為自己高高在上。所以要捨
棄自見、自貴，而取自知、自愛。

【義疏】

　　此章言治國安民之策在於自然不為。

　　所謂「大威」即威之極者，指合於自然之道的威嚴。《老子》
言「大白」、「大方」、「大器」、「大音」、「大象」（〈四十一章〉）

「大成」、「大盈」、「大直」、「大巧」、「大辯」(〈四十五章〉) 之言「大」均與道同層，是就價值意義之絕對而言其「大」，而非落在現象意義之相對大小來說其「大」。此「大」是以自然方式成其為「大」，故「大威」是以自然方式成其威，在上位者的大威是以自然方式顯現，所以百姓便不會畏懼君王的威嚴、威望；若以不自然方式所成之威嚴、威望，如武力欺壓百姓者，才會使人民生畏，能做到民不畏其威而有其位，則為「大威」。

統治者治理天下要達至「大威」之境，則必須使「民不畏威」，民之所以無所畏，是在於上位者之「威」出於自然，而不覺其威，故民無所畏。具體使「民不畏」、君臣百姓均能體證自然之境的方法，即在於「無狎其所居，無厭其所生」，由於君王做到「無狎」、「無厭」，所以才能達到「夫唯不厭，是以不厭」的境地。

然而其所謂「厭」者，又當作何解釋？關於這問題，後人有不同解釋，當中較具代表性的應屬清人朱謙之說法，朱氏於其《老子校釋》中釋「無狎」、「無厭」為「無狹迫」、「無厭笮」，又於「夫唯不厭，是以不厭」句下案曰：「又『厭』字，《御注》、范、夏竦《古文四聲韻》並作『猒』。下一字是，上二字非。蓋古厭飫、厭憎作『猒』，迫逼作『厭』。(參照鄧廷楨《雙硯齋筆記》卷四) 此章下一字作『猒』，上二字皆作『厭』。《經》文五十三章『厭飲食』，六十六章『是以天下樂推而不厭』，亦作『猒』。……上『厭』字與下『厭』字，今字形雖同，而音義尚異。上『厭』，壓也；下『厭』，惡也。蓋『厭』字四聲轉用，最為分明。(參照顧炎武《唐韻正·二十九葉》)『夫唯不厭』，『厭』，益涉切，則入聲也。『是以不厭』，『厭』，於艷切，則去

聲也。……《說文》：『厭，笮也，从厂，猒聲。』徐曰：『笮，
鎮也，壓也。』……『是以不厭』，即『是以不惡』也。夫唯為
上者無壓笮之政，是以人民亦不厭惡之也。」[48]朱謙之論證甚詳，
認為〈七十二章〉所出現之三個「厭」字，當有兩種解釋，一
作「壓」，解作「壓笮」，一作「猒」，解作「厭惡」。「無狎其所
居，無厭其所生。夫唯不厭，是以不厭」一句，據朱氏之意應
為：在上位者不要狹迫、壓迫人民的生活，由於上位者不壓笮
百姓，所以百姓便不會討厭君主。朱謙之又兼引〈五十三章〉、
〈六十六章〉之「厭」證之，認為此二章均作「猒」解，與〈七
十二章〉之最後一「厭」字同義。近人亦多釋「厭」義為「壓
榨」或「厭惡」之意，如高亨釋「無厭其所生」之「厭」從《說
文》「厭，笮也」之說，即壓迫之壓。「夫唯不厭，是以不厭」，
上「不厭」二字，指統治者不壓迫人民。下「不厭」二字，指
人民不用暴力以壓迫統治者。[49]陳鼓應認為「夫唯不厭，是以不
厭」，前一「厭」字解作「壓」，後一「厭」字釋作「厭惡」，意
為「只有不壓榨〔人民〕，人民才不厭惡〔統治者〕。」[50]將「厭」
字解作「壓笮」、「厭惡」是否能緊扣《老子》無為而無不為的
工夫修養，符應於道化政治的理想境界，似乎可以尋求更圓融
的解釋。

　　然而〈七十二章〉之「厭」字應均釋作「猒足」之意，較
能符合《老子》無為自然的義理思想。下文先剋就〈七十二章〉
內容討論，以確定「厭」字之意涵，繼而從《老子》其他章節
說明何以本章釋「厭」為「猒足」。

48　朱謙之：《老子校釋》，頁285-286。
49　高亨：《老子注譯》，頁113。
50　陳鼓應：《老子注譯及評介》（修訂增補本），頁319-321。

首先，若就〈七十二章〉前後文句的一貫性討論，可分別從文字訓詁、義理內涵、前人注解三方面討論，以明何以「厭」字解作「猒足」較能符合文意。

第一，若從文字訓詁來看，《說文》曰：「厭，笮也。」段玉裁注：「竹者，迫也。此今人字作壓，乃古今字之殊。」又曰：「厭之本義笮也，合也，與壓義尚近；於猒，飽也義則遠。而各書皆假厭為猒足、猒憎字，猒足猒憎失其正字，而厭之本義罕知之矣。」將「厭」解作壓笮，固然有其理，然而段玉裁亦言「厭」、「猒」古字相通，似亦可解作「猒」之意。竹簡本雖無相應章節，但帛書本均作「猒」，故將〈七十二章〉之「厭」字均釋為「猒」，較為合理。

第二，若從義理內涵來看，釋「厭」為「猒足」者，則與前後文之義理內涵較為相應。「無狎其所居，無厭其所生」之「無狎」、「無厭」應解作「不刻意輕忽」、「不刻意滿足」，與「無為」、「無知」、「無欲」之「無」同具作用義上之棄絕義，意為在上位者不刻意輕忽，亦不過度滿足百姓生活，該怎麼治理天下便怎樣治理天下，不為私意影響而刻意輕忽或過度滿足百姓所需，以自然的方式治理天下，如是方能免去過猶不及的情況，達到無為而治的理想境界。若釋「無狎」、「無厭」為「無狹迫」、「無厭笮」，除了語意重覆之外，亦忽略了治國者無心無為的修養工夫。承「無厭其所生」而言，因治國者不刻意猒足百姓所需，所以老百姓便能過著不過度滿足的生活，所謂不過度滿足的生活，不是控扼、宰制，而是不奢侈、不浪費，能使生活適度，以自然方式滿足其欲，此即「欲不欲」（〈六十四章〉）之意，由是而言「夫唯不厭，是以不厭」。此亦即「我無為而民自化，

我好靜而民自正，我無事而民自富，我無欲而民自樸」（〈五十七章〉）的理想境界，在上位者不有為，百姓便能自然自適地過活。只有「無狎」、「無厭」、「不厭」均扣緊工夫修養之無心而談，方能呼應後文聖人「自知，不自見。自愛，不自貴」的義理內涵。聖人即聖王，為道化政治理想境界下的統治者，聖王能和光同塵，自知其病、愛惜自己，不自現其能、認為自己高居在上，則能去除「自見」、「自貴」等有為執滯之病，如是方能無心無為地治理天下。在這種情況下，因為居上位的君主有著自然無為修養的保證，使得天下百姓亦能處在自然無為的狀態下生活，又因兩者均能體道自然，方能一體達至道化政治的理想境界。

　　第三，若從前人注解來看，亦能佐證把「厭」解作「猒足」之意。王弼《老子注》中「夫唯不厭，是以不厭。」句下注曰：「不自厭也。不自厭，是以天下莫之厭。」（《王弼集校釋》，頁180）王弼所謂「不自厭」者，是就君王而言，君王不可能壓笮自己，亦不可能厭惡自己，故前一「厭」字，不可能釋作「壓笮」或「厭惡」，而應為「猒足」之意。因君王在個人工夫修養上做到不刻意自我意滿足、不過度淫奢，故天下百姓在其領導下亦過著不過度滿足的生活。王弼以「不自厭」解「夫唯不厭」，是就君主不過度自我滿足而言，而不是就百姓來說；其釋「厭」為「猒足」者，不辨自明。又《河上公章句》「無厭其所生」句下注：「人所生者，以有精神。精神託空虛，喜清靜，若飲食不節，忽道念色，邪僻滿腹，為伐本厭神也。」（《河上公章句》，頁279）「夫唯不厭，是以不厭」句下注：「夫唯獨不厭精神之人，洗心濯垢，恬泊無欲，則精神居之而不厭也。」（《河上公章句》，

頁 279）認為若不節制聲色欲望，則會造成過度滿足，只有不過度滿足的人，方能達到清虛無欲之境。《河上公章句》以不過度滿足欲望所需來解釋《老子》「無厭」更是顯而易見。由是可見以「猒足」解「厭」字，是有前例可循。

其次，若配合《老子》相關篇章說明，則又可分別從其他章句言「厭」的內容，以及相關義理歸趣討論，以明「厭」字釋作「猒足」，是較能妥貼《老子》一書之義理內涵。

第一，若從《老子》其他章句之「厭」字來看，〈五十三章〉曰：「朝甚除，田甚蕪，倉甚虛。服文綵，帶利劍，厭飲食，財貨有餘，是為夸盜。非道也哉！」此章言無道的國君治國實況：人君所處之宮殿潔好，農田卻荒蕪失耕，糧倉匱乏。在這種情況下，人君還穿著錦繡華衣，佩帶鋒利的寶劍，飽足飲食，府庫卻有多餘的財貨，《老子》認為這種人根本是強盜所為，因為百姓生活過不好，人君卻豐衣足食，其所享有的一切均是盜取天下人而有，應視之為「盜夸」。由此可見「厭」當解作猒足、滿足。〈六十六章〉曰：「江海所以能為百谷王者，以其善下之，故能為百谷王。是以欲上民，必以言下之；欲先民，必以身後之。是以聖人處上而民不重，處前而民不害，是以天下樂推而不厭。以其不爭，故天下莫能與之爭。」此章言聖王治國必須像江海一樣「善下」，方能治理天下。因聖王能「善下」故能居上位而使百姓不有負擔，處於前而人民不受傷害，故天下百姓自然而然地樂於推崇他而不過度。其所謂「樂推而不厭」之「厭」，作過度、嫌多解，而不解作厭惡，是因為樂推自然是不厭惡，沒有必要重複其詞。「不厭」即不滿足、不嫌多，多多益善之意，因為君王無為，故百姓樂推無極。意指百姓樂於推崇

聖王之治功，而其推崇的方式是自然而然的，故不會由於過度推崇而起造作。由是可見《老子》之言「厭」者多作「猒足」義。

　　第二，若從《老子》全書義理宗趣來看，〈七十二章〉之「無厭」、「不厭」應緊扣無心無為的工夫義而論，較能妥貼聖王以無為治國，達至無不為的道化政治理想境界之義理宗趣。所謂「無」、「不」者均須透過虛心無為的工夫來做到不刻意、不過度，行其所該行、為其所當為，無論過度輕忽或刻意滿足百姓生活所需，均會造成過猶不及的狀況。人君治國不是為了讓百姓稱讚治國者的功業，而是依自然之道而行，合道而治，故雖有治國之功，仍不會恃其功，因此曰「功成而弗居」（〈二章〉）、「功遂身退」（〈九章〉），正因人君「不自見」、不誇耀治國之功，故能保存功化天下的純粹價值，是謂「自伐者無功」（〈二十四章〉）、「不自伐故有功」（〈二十二章〉）。可見聖王無為而治的目的，不是為了成其功業後得到百姓的歌頌、稱譽，故亦不會受民粹影響，因百姓私欲好惡而影響其施政方針，只要合符自然的國策，終究會執行。為政者「無狎」、「無厭」人民生活，因人君生活之「不厭」，故能使百姓過著不會過度滿足的生活，由是聖王以至天下臣民均能自然而然地實現其自己。此亦即〈十七章〉太上之治，「功成事遂，百姓皆謂我自然」的道化政治理想境界。

　　聖王治國自知其病，自愛其身，而不自見、自貴，因此言「去彼取此」，所去者乃自見、自貴之病，所取者乃自知、自愛之德。與〈十二章〉言「是以聖人為腹不為目，故去彼取此」一樣，所去所取均為體證常道的工夫，透過無為而無不為的工

夫修養，治理天下，使天下一同體證道化政治的理想境界。

七十四章

民不畏死，奈何以死懼之！若使民常畏死，而為奇者，
〔一〕吾得執而殺之，孰敢？常有司殺者殺。夫代司殺者
殺，〔二〕是謂代大匠斲，〔三〕夫代大匠斲者，希有不傷
其手矣。

【注釋】

〔一〕為奇者：奇，反常的事。做反常之事的人，即作奸犯科
　　　的人。
〔二〕代司殺者殺：司殺者，職司殺人的人。代替職司殺人的
　　　人執行殺人的任務。
〔三〕代大匠斲：大匠，高明的工匠，此言與道同層的工匠。
　　　斲，砍、殺。

【今譯】

　　人民不畏懼死亡，如何用死亡來恫嚇他們！要是能使人民
時常畏懼死亡，對於作奸犯科的人我就可以抓起來殺掉他，誰
還敢為非作歹？自然的情況是職司殺人的人執行殺人的任務。
代替職司殺人的人去執行殺人的任務，這叫做代替高明的匠人
砍殺。代替高明的匠人去砍殺的人，很少有不反傷自己的手呀。

【義疏】

　　此章以治民、刑政兩方面說明常道治國的具體狀況。

　　第一，從治民說明常道治國的具體狀況：治國應讓人民有活路，始能止息邪奸之事。百姓生活在絕路的情況下，自然無所顧忌，亦不懼怕死亡，即使統治者以嚴刑峻法治天下，甚至是用死亡來恐嚇他們，對管理百姓亦起不了任何作用；要是百姓能安居樂業，在有生路的情況下，自然會畏懼死亡，這時候對於作奸犯科的就能以死刑恐嚇他，便沒有人敢為非作歹。「民不畏死」其中一個原因是在於「民之輕死，以其求生之厚，是以輕死。」（〈七十五章〉）在上位的人過度縱欲，盡情享樂，自然造成民不聊生，在沒有活路的情況下，百姓自然不畏懼死亡。可見治國應循常道而行，使百姓復歸於自然，才能政通人和；若國家常處於無道，則政令滋彰仍無法有效治理國家。

　　第二，從施政說明常道治國的具體狀況：君臣百姓各有所司，不可越俎代庖。《老子》一書為人主說法，前言治民之政，後言「常有司殺者殺」，則是剋就人君說明治國者不能越俎代庖，自君臣以至百姓，眾人各有其職，若能各司其任則天下始能大治。所謂「常有司殺者殺」之「常」，是就天道自然而言「常」。專職主殺的人，自有其職，不能因為君主個人喜好而越職任殺人之事，若越其職而代司殺者殺人，便是代「大匠」砍殺。所謂「大匠」，是指合符自然之道的工匠，《老子》言「大音」、「大象」（〈四十一章〉）、「大直」、「大巧」、「大辯」（〈四十五章〉）之「大」均與自然之道同層，為體道的表現，故言「大匠」，不僅指其技術之高超，更是指其技進於道，所以「大匠」是就天道自然而言。若不是主司殺的人去做司殺的職務，則屬有違自然。凡是不合自然之事，便會反害其身，故曰「希有不傷其手

矣」。

　　從治國而言，即君王不應任人臣之事，輔助萬物而不能有心為之，為其所不當為的事，此即《中庸》所言「在上位不陵下，在下位不援上，正己而不求於人則無怨。」（《中庸・第十四章》）之意，上位不陵越下位之事，下位不攀援上位之務，眾人各司其職，安於其份，則天下便不會因為職務紊亂而生怨。關於君臣百姓各安其分的說法，郭象注解《莊子》則有更詳盡說明，其注曰：「若乃主代臣事，則非主矣；臣秉主用，則非臣矣。故各司其任，則上下咸得而無為之理至矣。」（〈天道〉注）[51] 聖王治國不必親自處理民事，可交由臣子代為處理，是各司其任。若人主代臣子行事，凡事由君王親力親為到民間代理庶務，則君不君，臣不臣，終致各人不在其位，不安其分，傷損君臣上下的自然真性，天下從此大亂。只有君臣各安其任，各司其分，方能「上下咸得」，各盡其職，因此又曰：「主上不為冢宰之任，則伊呂靜而司尹矣；冢宰不為百官之所執，則百官靜而御事矣；百官不為萬民之所務，則萬民靜而安其業矣；萬民不易彼我之所能，則天下之彼我靜而自得矣。」（〈天道〉注）[52] 君主不越其職而為冢宰的職任，則伊尹、呂望具有冢宰能力的人，便能如其分的統領百官而為外朝宰相；冢宰不為百官之事，而能任百官親御其事，則百官便可各盡能。同理，百官亦然，百官不為人民所為的庶務，人民便可任順其生、安居樂業。自君主以下，冢宰、百官，以至百姓，都能各安其分，天下便能無為而自得，萬物群品，各盡其能，各得其所，一同體證道化政

---

51 見《莊子集釋》，頁 465-466。
52 見《莊子集釋》，頁 461。

治理想境界。

可見治民、施政若能循常道治國，在下位者不以身試法，在上位者不越職而行，則君臣百姓自能各安其分，自適自得，同證自然之境。

七十五章

民之饑，以其上食稅之多，〔一〕是以饑。民之難治，以其上之有為，是以難治。民之輕死，以其求生之厚，是以輕死。夫唯無以生為者，是賢於貴生。〔二〕

【注釋】

〔一〕食稅：課稅。
〔二〕貴生：求生之厚。

【今譯】

人民之所以饑餓，是由於在上位者課稅太多，因此饑餓。人民之所以難以管治，是由於在上位者刻意作為，因此難以管治。人民之所以輕視生命，是由於在上位者過度追求厚養生命，因此輕視生命。只有不刻意奉養生命的人，他的德才勝於厚養生命的人。

【義疏】

此章言上位者治國應無為而治。
百姓饑餓、難治、輕死，是由於在位者治國有違自然。上

位者好大喜功、課稅太多，則人民三餐無以為繼；在位者造作有為、好用智巧干擾百姓生活，則人民變得難以管治；人君過度追求生活享樂、厚養生命，則百姓失其活路，便會輕死、敢死。

在《老子》來說「朝甚除，田甚蕪，倉甚虛。服文綵，帶利劍，厭飲食，財貨有餘，是謂盜夸。非道也哉！」（〈五十三章〉）人君居深宮之中，過著錦衣肉食的奢華生活，民間農田失收、倉庫空虛，則為盜盡天下財富之大盜，是離道背德之人，如是便為有為之治。所謂「民之難治，以其智多」（〈六十五章〉），在上位的人若好用巧智詐謀，以智治國，法令嚴苛，則百姓只會在有為的政治環境下，變得更好用智謀而難以管治，所以「古之善為道者，非以明民，將以愚之」（〈六十五章〉），只有聖王不以智巧治國，以無分別心的方式治理天下，才是「國之福」，才能「與物反」，聖王與百姓同返自然純樸之境，「乃至大順」（〈六十五章〉）。「民之輕死」、「民不畏死」（〈七十四章〉），則由於百姓見不到活路，所以才無有顧忌的作奸犯科；百姓見不到活路的原因，則在於在上位的人厚養其生，朝甚除、服文綵、帶利劍、厭飲食、財貨有餘，壓榨民脂民膏，百姓只好輕死、鋌而走險，只有沖虛不為、謙退不爭的方式治理天下，才能做到人主在上位而百姓不覺得有所負擔，安其居、樂其業，始有活路而不輕死，真正做到「聖人處上而民不重，處前而民不害」、「天下樂推而不厭」（〈六十六章〉）的政治理想。

由是《老子》指出只有「無以為生」，即不執於厚生，不奢華富厚地生活，比「貴生」來得重要。無為於為生，不厚生、不貴生，不僅是眾人得以自適自生的方法，更是人君所必須有

的修養境界，只有上位者無為好靜、無事無欲，百姓始能自化自正、自富自樸，此亦即「夫唯不厭，是以不厭」（〈七十二章〉）的意思，上位者與百姓皆以自然純樸的方式過活。可見《老子》言「無以為生」之說，主要是針對人主說法，因此謂《老子》一書乃「君人南面之術」，為王者立言。

《老子》認為「無以生為者」的修養境界，高於「貴生」之人的境界，何以又言「長生」？二者之說是否矛盾？《老子》言「長生久視之道」、「長生」者是就「治人事天莫若嗇。夫唯嗇，是謂早服。早服謂之重積德，重積德則無不克，無不克則莫知其極，莫知其極，可以有國。有國之母，可以長久。是謂深根固柢，長生久視之道」（〈五十九章〉）、「天地所以能長且久者，以其不自生，故能長生」（〈七章〉）而論，儉嗇乃損之又損的工夫，透過厚積工夫以體證自然之道，故能長生久視而不殆、無敗無失；不自生，乃不執有其生，不以私意妄為，故能長生，此生是「萬物得一以生」（〈三十九章〉）之得道而生，故其言「長生」，是指無為自然達至價值意義之生生不息、長生不殆；不是就物質生活而言厚生，更不是就執有其身而言厚生。「有身」（〈十三章〉）之執，是指過於執著於一己之厚生，如是便會招致大患，陷入死地，故曰：「人之生動之死地，亦十有三。夫何故？以其生生之厚。」（〈五十章〉）因此《老子》言「長生」是以無為自然的方式來成就生命的存在價值，以此方式生生不息地自我實現，是從價值意義來肯定「長生」；其言「生之厚」、「生生之厚」、「貴生」，是就個人對欲望的過度追求，以及執著於生命形軀本身而言厚生、貴生，此厚此貴，是有違自然常道的，故需要工夫對治，才能達到「無以生為」的境界。由是可見，「貴生」與

「長生」有著本質的不同，不可混為一談。

七十七章

天之道，其猶張弓與！〔一〕高者抑之，下者舉之；有餘者損之，不足者補之。天之道，損有餘而補不足。人之道則不然，損不足以奉有餘。孰能有餘以奉天下？唯有道者。是以聖人為而不恃，功成而不處，其不欲見賢。〔二〕

【注釋】

〔一〕張弓：拉開弓弦。

〔二〕見賢：見，表現、突出。表現其才智。

【今譯】

自然之道，它好像張開弓弦一樣呀！拉高的時候就壓下它，拉低的時候就舉起它；過多的就減損它，不夠的就增補它。自然之道，減損多餘的來增補不足夠的。一般人的做法卻不是如此，減損不足夠的來供奉給多餘的。誰能用多餘的來供奉給天下的？只有體道的人。因此聖人有所作為而不依仗其能，成就事功而不自居其功，他不想表現其才智。

【義疏】

此章言聖王治天下之無私。

所謂「天之道」並不是指日月星辰等天體運行的法則，不是就客觀外物而言「天之道」；其「天之道」是指自然常道，是

聖人所體證的修道境界，此與「人之道」相對，「人之道」乃一般人處事應物的情況。

《老子》認為自然常道，有如開弓射箭一樣，拉高則抑之使下，拉低則舉之使高，過猶不及均不能成其事，故有餘的就損抑之，不足的就增補之，如是方能行其所當行，為其所該為，此等不以個人喜好偏私增補損抑治天下之策，始為聖王體證天道之治。聖王治理天下並不是就客觀事物上之不分清紅皂白、貧富懸殊，推行畫一政策，才叫無分別之心。不因私心喜好，以有餘來供奉不足之人，才能因事制宜，使眾人各得其所需，各安其業，各適其生，此乃無為自然之治。

人之道則不然，修養沒有達至自然之境的人，只會損不足以奉有餘，作錦上添花之舉，妄生企羨之心，凡此均為人心所為，並非發自道心之舉。只有體證自然之道的人，始能行事合於自然，治天下時能損有餘而補不足，故又曰「天道無親，常與善人。」（〈七十九章〉）自然之道並無特別偏愛任何人，只有合於自然的人，才能得到自然之道的助成。

治理天下的聖王，因其體證自然天道為「有道者」，故與「天之道」一樣，不因個人喜好而偏私地增補其所無，亦不因個人厭惡而偏私地減損其所有，而是自然而然地「損不足以奉有餘」，以無私的心治理天下，損益皆合乎自然，使百姓均得其所需，而能自生自成。於聖王治天下之損益來說，是有所為、有所成，只是以為無為、成無成的方式為之、成之，故有治之功，而不仗恃其能，亦不標舉其功，是謂「不欲見賢」。因聖王不恃其能、不居其功，故能成就外王事功，大治天下，此乃無為而治，正是道化政治的理想境界。

七十九章

　　和大怨，必有餘怨，安可以為善？〔一〕是以聖人執左契，而不責於人。〔二〕有德司契，〔三〕無德司徹。〔四〕天道無親，〔五〕常與善人。〔六〕

【注釋】

〔一〕安可以為善：善，合於自然之道。怎能做到合於自然之道？

〔二〕是以聖人執左契，而不責於人：左契，契約。鄭玄注《禮記・曲禮》曰：「契，券要也，右為尊。」帛書甲本作「右介」，乙本作「左芥」，漢簡本、傅奕本、河上公本、王弼本均作「左契」。吳澄曰：「執左契不責於人，無心待物也。契者，刻木為券，中分之，各執其一，而合之以表信。取財物於人曰責。契有左右，左契在主財物者之所，右契以付來取財物之人。臨川王氏曰：『《史記》云：「操右契以責事。」《禮記》云：「獻田宅者操右契。」則知左契為受責者之所執證。謂執左契者，己不責於人，待人來責於己，有持右契來合者即與之，無心計較其人之善否。和怨者有心於為善人也，不若無心待物，如執左契而不責於人，靜中觀物而任其自然也。』」見吳澄著，黃曙輝點校：《道德真經吳澄註》，頁 111。蔣錫昌《老子校詁》曰：「左契為負債人所立，交債權人收執。右契為債權人所立，交負債人收執。責者乃債權人以所執左契

向負債人索取所欠之謂。」頁 458。高明認為歷代注文釋「執左契」甚為牽強，且不合《老子》之旨，「左」應為「右」，因形近而混，應從帛書甲本，意為「聖人執右應責而不責，施而不求報」。相關考證，見高明：《帛書老子校注》，頁 214-217。案：「右契」之說獨見於帛書甲本，且無竹簡本可加以佐證，他本均作「左契」，不宜輕易文本，故保留今本之說，作「左契」。不論執左契，還是右契，《老子》所闡明之意在於執其契，「而不責於人」，重在「不責於人」而求諸己。

〔三〕有德司契：司，主。高明《帛書老子校注》曰：「『有德司契』之『契』，當指責於人之『右契』而言，謂有德之君雖借助於人，但不以所執右契責於負債人，貸而不取，施而不求其報也。」頁 219。

〔四〕無德司徹：釋「司徹」主要有兩種不同說法，一為釋「徹」為過、失。《河上公章句》曰：「無德之君，背其契信，司人所失。」頁 301。釋「徹」為「失」。王弼曰：「徹，司人之過也。」（《王弼集校釋》，頁 189）釋「徹」為「過」。二為釋「司徹」為主徵稅。高明《帛書老子校注》曰：「『無德司徹』之『徹』，乃指官府責取於民之稅金，則不貸而取，不施而強求其報，恰與『有德司契』相對，故謂『無德司徹』。」頁 219。陳鼓應《老子注譯及評介》（修訂增補本）曰：「司徹：掌管稅收。『徹』是周代的稅法。」頁 342。案：二說皆可成理，但釋稅較能呼應前說，有德之人司契，求諸己而無責於人；無德之人司徹，求諸人而不責己。主徵稅，則為責求於百姓，求諸人而不責

於己，是以釋「司徹」為主徵稅較為合宜。

〔五〕無親：無所偏親。

〔六〕善人：合於自然的人。

【今譯】

和解深怨，一定有餘留小的怨恨無法彌縫，怎能做到合於自然之道？因此聖人執持契約，而不要求於人。有德之人主執契，無德之人主徵稅。天道無所偏愛，常常跟合於自然的人一起。

【義疏】

此章言和解怨恨上策在於修身合於自然。

無論怎樣努力和解深怨，也必定有小的怨恨無法彌縫，是謂「和大怨，必有餘怨」，而解怨的最佳方式為「報怨以德」（〈六十三章〉），用自然常德回應怨恨、怨懟，便可以「為善」。所謂「善」者，是指和怨、報怨的上策，即以自然的方式回應怨恨，該怎樣去做，便怎麼去做，不因私意左右其回報的方式，而是以無分別心，因循事理作出應對。「安可以為善」之「善」與下文「常與善人」之「善」，同就自然常德而言「善」，不是就儒者之仁德言「善」。「天道無親」、「天地不仁」、「聖人不仁」（〈五章〉），是指天道無特別偏愛，所以「無親」、「不仁」，其「無」是作用義的無，是無心分別之意；其「不」，是去掉刻意造作的絕棄工夫，故「無親」、「不仁」，不是指天道冷酷無情，而是天道無有私情、私意分別。聖人體道，故亦無所私，同樣是「無親」、「不仁」，是合於自然的人，亦可謂之「善人」，因此，天

道常相與於自然之德的人，遂曰「天道無親，常與善人」。

　　聖人治國、治天下是執左契、司契，「言善信，正善治」（〈八章〉）依自然的方式施政，取信於百姓。常道「其精甚真，其中有信」（〈二十一章〉），聖人體道而行，其言行亦甚真、有信，所以不責求於人，而求諸己。修道實踐，是求諸己之事，不能強加於人，僅能要求自己努力實踐，勉行於道，調適上遂，體證自然之境，故聖人執契、司契，要求自己以無為自然的方式治理天下，成全百姓之自然，而不是用以一正萬的方式要求百姓做到紀律一致。與此相反，無德之人治國、治天下，則主徵稅，只要求百姓付出，而不求諸己，是謂無道之治、無德之君。

　　治國、治天下，處事繁瑣，實難以逐一如願地滿足百姓不同的要求，此時最容易產生怨懟，故上位者所面對人民的怨恨不滿，為「大怨」。若治國之策有所偏私，惠及多數人，仍不能照顧少數人的需要，於是便形成「和大怨，必有餘怨」的局面，而最好的解決辦法，便在於以善應之、以德報之。用自然的方式治國、治天下，則無怨，因此主張「聖人執左契」、「有德司契」，修身求諸己以治人，以此體證自然之治。

八十章

　　小國寡民。〔一〕使有什伯之器而不用，〔二〕使民重死而不遠徙。〔三〕雖有舟輿，〔四〕無所乘之，雖有甲兵，無所陳之。使人復結繩而用之，甘其食，美其服，安其居，樂其俗。鄰國相望，雞犬之聲相聞，民至老死，不相往來。

【注釋】

〔一〕小國寡民：國，都。小國，即小城。寡民，人民寡少。

〔二〕什伯之器：帛書甲本作「十百人之器」、乙本作「十百人器」，漢簡本作「什伯人之氣」、河上公本作「什伯人之器」、傅奕本作「什伯之器」。高明指出俞樾釋「什伯之器」獨謂兵器，非也，應為十倍、百倍工人之器，「其中並不排除兵器，但俞樾謂專指兵器而言，似欠全面」。見高明：《帛書老子校注》，頁 150-152。

〔三〕重死而不遠徙：重死，與〈七十五章〉言「輕死」相對，即重視生命，愛惜自己。「不遠徙」，帛書甲本作「遠送」，帛書乙本、漢簡本作「遠徙」，三者均無「不」字。傅奕本、河上公本與王弼本同作「不遠徙」。高明指出「遠徙」與「不遠徙」義相對立，帛書本「遠徙」之「遠」非作遠近解的副詞，而是作「疏」、「離」解的動詞。《廣雅・釋詁》：「遠，疏也。」《國語・周語》「將有遠志」，《晉語》「諸侯遠己」，《論語・學而》「遠恥辱也」，在此「遠」皆訓「離」。帛書乙本「不遠其甾重」，甲本作「不離其甾重」，「遠」、「離」二字互用，則取離別之義。「使民重死而遠徙」，猶言使民重死而離別遷徙，如此方能與上下文相屬。見高明：《帛書老子校注》，頁 152。案：高明之說，可備一說，若從上下文意來看，可見不論「遠徙」釋作遠離遷徙義，還是「不遠徙」釋作不必遠遷之義，均能相應「安其居」之意，不必更易今本經文。

〔四〕輿：車、轎。

【今譯】

小城少民，縱使有十倍、百倍的器械亦不使用，讓人民重視死亡而不必遠遷。即使有船隻車轎，也不必乘坐它們；即使有盔甲兵器，亦不必陳列它們；讓人民恢復使用結繩記事的生活。百姓有著甜美的飲食，好看的服飾，安適的居所，和樂的風俗。與鄰近國都相互看到，雞鳴犬吠互相聽聞，人民直到老死，都互不往來。

【義疏】

此章言達至自然境界的政治理想。

《老子》主張「小國寡民」、「民至老死，不相往來」、不遠徙，並非主張鎖國政策，亦不是表示理想的治國境界，僅能出現在人口不多的都城之內。其言不用什伯之器、無所乘舟輿、無所陳甲兵、復用結繩記事，並非主張透過文明倒退的方式，來回復純樸生活。若果如是，便有違無為而無不為的修養工夫，更不合自然的理想境界。

聖王治國、治天下的理想境界，是不必以人多取勝，城小民寡亦可過著純樸自然的生活。所謂「小國寡民」、「民至老死，不相往來」、不遠徙是以此說明國土不在乎大小，人口不計較多寡，自內政而言，在上位者不求生之厚，則百姓便不會輕死，人民生活只要有活路，便不會「不畏死」，如是政令才能有效管束百姓，此即《老子》「民之輕死，以其求生之厚，是以輕死。」（〈七十五章〉）「民不畏死，奈何以死懼之？若使民常畏死，而為奇者，吾得執而殺之，孰敢？」（〈七十四章〉）之意。「重死」

與「輕死」、「不畏死」相對，百姓沒有活路自然「輕死」，若百姓生活安逸，自然「重死」，而不必遠徙他方以避禍。自外交而言，人民彼此不必相攀，國與國之間亦不用攀緣附麗，亦能以自然的方式使家國天下相安無事，各安其生，便可「不必往來」。

不用什伯之器、不遠徙、無所乘舟輿、無所陳甲兵，並非沒有什伯之器可用，亦無舟輿可以乘、無甲兵可以列陣，而是有而不用，百姓均可過上簡樸自然的生活，不會生起機心之用。正如《莊子‧天地》篇所言「有機械者必有機事，有機事者必有機心。機心存於胸中，則純白不備；純白不備，則神生不定；神生不定者，道之所不載也。」（《莊子集釋》，頁 433-434）能抵十人、百人之功的器具，當中必定存在機心於胸中，如是便不能保存內心純樸無為，致使心神不定，心神不定即不能沖虛應物。《老子》所言「什伯之器」即《莊子》之言「機械」，凡此均擾亂心神而不能體自然之道。《老子》藉著不用什伯之器、不乘舟輿、不陳甲兵，復用結繩記事之說，寄託純樸自然的社會面貌，並不是旨在以文明倒退的方式回到純樸的生活。

若《老子》主張文明倒退、愚民政策，則不會有「甘其食，美其服，安其居，樂其俗」等說法，甘食美服是文明的表現，只是不以「損不足以奉有餘」（〈七十七章〉）的方式來達至「朝甚除，田甚蕪，倉甚虛。服文綵，帶利劍，厭飲食，財貨有餘」（〈五十三章〉），不以民脂民膏來讓人君過上甘食美服的生活，而是治人以天道，有餘以奉天下，使百姓都能過上安居樂業的生活。此甘美、安樂，是以無為而無不為方式達至，即以事無事、欲無欲的方式讓百姓「重死而不遠徙」、與鄰國「不相往來」。從「樂其俗」更見聖王的文化教育的一面，所以「古之善為道

者,非以明民,將以愚之」(〈六十五章〉)「愚之」之說,是從混沌無分別來說其「愚」,並非愚民之策,只有百姓能復其無分別心,才能歸根復命,過上自然無為的生活,真正做到「無為而無不為」,亦是《老子》道化政治的理想境界。

參考書目

一、古代典籍

孔穎達著，阮元校勘：《禮記正義》，《十三經注疏附校勘記》，臺北：新文豐出版社，1978。

尹知章注，戴望校正：《管子校正》，《新編諸子集成》五，臺北：世界書局，1991。

王卡點校：《老子道德經河上公章句》，北京：中華書局，2011。

王弼：《老子註》，臺北：藝文印書館，2001。

王弼著，樓宇烈校釋：《王弼集校釋》，北京：中華書局，1999。

北京大學出土文獻研究所編：《北京大學藏西漢竹書》貳，上海：上海古籍出版社，2012。

朱熹：《四書章句集註》，臺北：鵝湖出版社，2000。

朱熹著，廖名春點校：《周易本義》，北京：中華書局，2012。

朱謙之：《老子校釋》，北京：中華書局，2011。

吳澄著，黃曙輝點校：《道德真經吳澄註》，上海：華東師範大學，2010。

呂惠卿著，張鈺翰點校：《老子呂惠卿注》，上海：華東師範大學，2015。

杜光庭著，周國林點校：《道德真經廣聖義》，《中華道藏》第九
　　冊，北京：華夏出版社，2004。

林希逸著，黃曙輝點校：《老子鬳齋口義》，上海：華東師範大
　　學出版社，2010。

俞樾：《諸子平議》，臺北：商務印書館，1978。

段玉裁注：《圈點說文解字》，臺北：萬卷樓圖書，2002。

范應元著，黃曙輝點校：《老子道德經古本集註》，上海：華東
　　師範大學出版社，2010。

唐玄宗著，劉韶軍點校：《唐玄宗御制道德真經疏》，《中華道藏》
　　第九冊，北京：華夏出版社，2004。

唐玄宗著，劉韶軍點校：《唐玄宗御注道德真經》，《中華道藏》
　　第九冊，北京：華夏出版社，2004。

孫詒讓校注：《墨子閒詁》，臺北：河洛圖書出版社，1975。

班固：《漢書》，臺北：鼎文書局，1979。

荊門市博物館編：《郭店楚墓竹簡》，河北：文物出版社，1998。

馬王堆漢墓帛書整理小組編：《馬王堆漢墓帛書老子》，河北：
　　文物出版社，1976。

高明校注：《帛書老子校注》，北京：中華書局，2011。

郭慶藩集釋，王孝魚點校：《莊子集釋》，臺北：萬卷樓圖書，
　　1993。

陳啟天：《增訂韓非子校釋》，臺北：臺灣商務印書館，1982。

陳壽著，裴松之注：《三國志》，北京：中華書局，2008。

陸希聲：《道德真經傳》，《無求備齋老子集成初編》，臺北：藝
　　文印書館，1965。

陸德明撰，張一弓點校：《經典釋文》，上海：上海古籍出版社，
　　2012。

傅奕校定，顧志華點校：《道德經古本篇》，《中華道藏》第九冊，
　　　北京：華夏出版社，2004。

焦竑著，黃曙輝點校：《老子翼》，上海：華東師範大學，2011。

程顥、程頤著，王孝魚點校：《二程集》，北京：中華書局，2004。

馮逸、喬華點校：《淮南鴻烈集解》，北京：中華書局，2011。

戴明揚校注：《嵇康集校注》，北京：中華書局，2014。

薛蕙：《老子集解》〔明嘉靖十五年刊本景印〕，《無求備齋老子
　　　集成初編》，臺北：藝文印書館，1965。

魏源著，黃曙輝點校：《老子本義》，上海：華東師範大學，2010，
　　　頁56

瀧川龜太郎：《史記會注考證》，臺北：文史哲出版社，1993。

羅家湘輯校：《王安石老子注輯佚會鈔》，上海：華東師範大學，
　　　2013。

嚴遵著，王德有點校：《老子指歸》，北京：中華書局，1997。

蘇轍著，黃曙輝點校：《道德真經註》，上海：華東師範大學，
　　　2010。

釋德清著，黃曙輝點校：《道德經解》，上海：華東師範大學出
　　　版社，2012。

二、現代專書

丁四新：《郭店楚竹書《老子》校注》，武漢：武漢大學出版社，
　　　2010。

丁原植：《郭店竹簡老子釋析與研究》，臺北：萬卷樓圖書有限
　　　公司，1998。

尹志華：《北宋《老子》注研究》，四川：巴蜀書社，2004。

尹振環：《帛書老子釋析 ── 論帛書老子將會取代今本老子》，貴
　　　州：貴州人民出版社，1995。

王叔岷：《莊子校詮》，北京：中華書局，2007。

王博：《老子思想的史官特色》，臺北：文津出版社，1994。

牟宗三：《才性與玄理》（《牟宗三先生全集》2），臺北：聯經出
　　　版社，2003。

牟宗三：《才性與玄理》，臺北：臺灣學生書局，2002。

牟宗三：《中國哲學十九講》，臺北：臺灣學生書局，1999。

牟宗三：《政道與治道》，臺北：臺灣學生書局，2003。

牟宗三：《現象與物自身》，臺北：臺灣學生書局，2004。

牟宗三：《圓善論》，臺北：臺灣學生書局，1996。

牟宗三主講，盧雪崑錄音整理：《四因說演講錄》，臺北：鵝湖
　　　出版社，1997。

伽達默爾著，洪漢鼎譯：《真理與方法》，北京：商務印書館，
　　　2005。

余英時：《歷史與思想》，臺北：聯經出版社，1976。

余培林：《新譯老子讀本》，臺北：三民書局，2003。

李零校讀：《郭店楚簡校讀記》（增訂本），北京：中國人民大學
　　　出版社，2007。

帕瑪著，嚴平譯：《詮釋學》，臺北：桂冠圖書，2002。

唐君毅：《中國哲學原論》原道篇，卷二，臺北：臺灣學生書局，
　　　1993。

唐君毅：《中國哲學原論》導論篇，臺北：臺灣學生書局，2004。

徐在國、黃德寬：《古老子文字編》，合肥：安徽大學出版社，
　　　2007。

徐復觀：《中國人性論史》，臺北：商務印書館，1999。

袁保新：《老子哲學之詮釋與重建》，臺北：文津出版社，1997。

袁保新：《從海德格、老子、孟子到當代新儒學》，臺北：臺灣
　　　學生書局，2008。

高亨：《老子正詁》，北京：清華大學出版社，2011。

高亨：《老子注譯》，北京：清華大學出版社，2011。

崔仁義：《荊門郭店楚簡《老子》研究》，北京：科學出版社，
　　　1998。

張松如：《老子說解》，高雄：麗文文化，1993。

莊耀郎：《王弼玄學》，新北：花木蘭文化出版社，2011。

莊耀郎：《原氣》，新北：花木蘭出版社，2011。

陳柱：《老子韓氏說》，《無求備齋老子集成續編》，臺北：藝文
　　　印書館，1965。

陳鼓應、白奚：《老子評傳》，南京：南京大學出版社，2011。

陳鼓應：《老子注譯及評介》（修訂增補本），北京：中華書局，
　　　2010。

陳鼓應：《老莊新論》，北京：商務印書館，2008。

陳夢家：《漢簡綴述》，北京：中華書局，1980。

陳錫勇：《郭店楚簡老子論證》，臺北：里仁書局，2005。

彭浩校讀：《郭店楚簡《老子》校讀》，湖北：湖北人民出版社，
　　　2001。

黃釗：《帛書老子校注析》，臺北：臺灣學生書局，1991。

楊穎詩：《郭象《莊子注》的詮釋向度》，臺北：文史哲出版社，
　　　2013。

楊穎詩：《老子思想詮釋的開展 ── 從先秦到魏晉階段》，臺北：
　　　文史哲出版社，2017。

蒙文通：《道書輯校十種》，成都：巴蜀書社，2001。

劉省齋：《老子註解》，臺南：大行出版社，2001。

劉笑敢：《老子古今：五種對勘與析評引論》，北京：中國社會
　　科學出版社，2006。

劉笑敢：《老子 — 年代新考與思想新詮》，臺北：東大圖書有限
　　公司，2009。

劉笑敢：《詮釋與定向 — 中國哲學研究方法之探究》，北京：商
　　務印書館，2009。

蔣錫昌：《老子校詁》，臺北：東昇文化，1980。

錢穆：《莊老通辨》，臺北：東大圖書，1991。

魏啟鵬釋：《楚簡《老子》柬釋》，臺北：萬卷樓圖書有限公司，
　　1999。

嚴靈峰：《老子達解》，臺北：華正書局，1983。

顧頡剛主編：《古史辨》，臺北：藍燈文化，1983。

三、單篇論文

王中江：〈北大藏漢簡《老子》的某些特徵〉，《道家文化研究》
　　27（北京：三聯書店，2013），頁 58-82。

朱歧祥：〈由字詞的應用質疑北京大學藏《老子》簡〉，《中國文
　　字》新 41，2015.7 頁 1-30。

牟宗三主講，盧雪崑記錄：〈老子《道德經》講演錄〉（一），《鵝
　　湖月刊》334，2003.4，頁 1-13。

牟宗三主講，盧雪崑記錄：〈老子《道德經》講演錄〉（五），《鵝
　　湖月刊》338，2003.8，頁 5-17。

牟宗三主講，盧雪崑記錄：〈老子《道德經》講演錄〉（六），《鵝
　　湖月刊》339，2003.9，頁 2-9。

牟宗三主講，盧雪崑記錄：〈老子《道德經》講演錄〉（七），《鵝
　　湖月刊》340，2003.10，頁 2-9。

李學勤：〈太一生水的數術釋〉，《道家文化研究》17，北京：三
　　聯書店，1999，頁 297-300。

來國龍：〈避諱字與出土秦漢簡帛的研究〉，《簡帛研究 2006》，
　　廣西：廣西師範大學出版社，2008，頁 126-133。

季旭昇：〈讀郭店楚墓竹簡札記：卞、絕為棄作、民復季子〉，《中
　　國文字》新 24，臺北：藝文印書館，1998.12，頁 129-134。

莊耀郎：〈論牟宗三先生對道家的定位〉，《中國學術年刊》27，
　　2005.9，頁 59-80。

許抗生：〈初讀郭店竹簡《老子》〉，《郭店楚簡研究》，瀋陽：遼
　　寧教育出版社，1999，頁 93-102。

陳鼓應：〈從郭店本看《老子》尚仁及守中思想〉，《道家文化研
　　究》17，北京：三聯書店，1999，頁 64-80。

陳錫勇：〈讀漢簡《老子》雜記〉，《鵝湖學誌》51，2013.12，頁
　　163-184。

陳麗桂：〈〈太一生水〉研究綜述及其與《老子》丙的相關問題〉，
　　《漢學研究》23：2，2005.12，頁 413-437。

陳麗桂：〈道家養生觀在漢代的演變與轉化 — 以《淮南子》、《老
　　子指歸》、《老子河上公章句》、《老子想爾注》為核心〉，
　　《國文學報》39，2006.6，頁 35-80。

彭浩：〈郭店一號墓的年代與簡本《老子》的結構〉，《道家文化
　　研究》17，北京：三聯書店，1999，頁 13-21。

裘錫圭：〈糾正我在郭店《老子》簡釋讀中的一個錯誤 — 關於「絕偽棄作」〉，《中國出土古文獻十講》，上海：復旦大學出版社，2004 年，頁 230-241。

裘錫圭：〈郭店《老子》簡初探〉，《道家文化研究》17，北京：三聯書店，1999，頁 25-63。

裘錫圭：〈關於〈老子〉「絕仁棄義」和「絕聖」〉，《出土文獻與古文字研究》1，上海：復旦大學出版社，2006，頁 1-15。

趙建偉〈郭店竹簡《老子》校釋〉，《道家文化研究》17（北京：三聯書店，1999），頁 260-298。

鄭倩琳：〈從《郭店・老子甲》「絕智棄辯」章探析《老子》相關思想之詮釋發展〉，《國文學報》39，2006，頁 81-109。

四、學位論文

沈柏汗：《《北京大學藏西漢竹書・貳》（《老子》）釋文》，國立彰化師範大學國文學系碩士論文，2014。